版 权 声 明

本教材自2013年出版第1版起,历经作者团队从创编到修订,至今已是第3版。其间,从相关调研到资料收集与整理加工,及至成书,倾注了作者大量心血提炼核心内容,所形成的内容序化与文字表述均为创作性成果。本教材受《中华人民共和国著作权法》保护。

人民交通出版社股份有限公司依法对本教材享有专有出版权。任何未经许可的复制、传播和不当引用行为均违反《中华人民共和国著作权法》,其行为人将承担相应的法律责任。

特此声明。

"十四五"职业教育国家规划教材

城市轨道交通员工职业素养

（第3版）

徐新玉　主　编
周孟祥　主　审

人民交通出版社
北京

内 容 提 要

本书为"十四五"职业教育国家规划教材。全书包含6个模块：职业与职业化、城市轨道交通员工职业素养基础知识、城市轨道交通员工职业行为规范、城市轨道交通员工职业技能、城市轨道交通员工职业能力、城市轨道交通员工职业培养。

本书以城市轨道交通运营管理各岗位所需的职业技能与应具备的职业素养为主线，结合企业运营管理实际与教学需求，介绍了城市轨道交通员工职业道德、职业意识、职业心态、职业理念、职业行为标准、职业习惯、职业能力等内容。

本书可作为职业院校城市轨道交通类专业教材，也可作为城市轨道交通运营管理岗位的职业培训教材，同时也可供从事城市轨道交通规划、建设和运营管理的专业技术人员学习参考。

本书配有丰富助学助教资源，任课教师可加入职教轨道教学研讨群（教师专用QQ群：129327355）获取。

图书在版编目(CIP)数据

城市轨道交通员工职业素养/徐新玉主编. —3版. —北京：人民交通出版社股份有限公司，2024.11
 ISBN 978-7-114-19480-1

Ⅰ.①城… Ⅱ.①徐… Ⅲ.①城市铁路—职工—职业道德 Ⅳ.①U239.5

中国国家版本馆 CIP 数据核字(2024)第 068583 号

Chengshi Guidao Jiaotong Yuangong Zhiye Suyang

书　　名：	**城市轨道交通员工职业素养（第3版）**
著 作 者：	徐新玉
责任编辑：	钱　堃
责任校对：	赵媛媛　魏佳宁
责任印制：	刘高彤
出版发行：	人民交通出版社
地　　址：	(100011)北京市朝阳区安定门外外馆斜街3号
网　　址：	http://www.ccpcl.com.cn
销售电话：	(010)85285911
总 经 销：	人民交通出版社发行部
经　　销：	各地新华书店
印　　刷：	北京印匠彩色印刷有限公司
开　　本：	787×1092　1/16
印　　张：	12.75
字　　数：	290千
版　　次：	2013年10月　第1版 2018年8月　第2版 2024年11月　第3版
印　　次：	2024年11月　第3版　第1次印刷
书　　号：	ISBN 978-7-114-19480-1
定　　价：	45.00元

(有印刷、装订质量问题的图书，由本社负责调换)

第3版前言

编写背景

快速发展的城市轨道交通导致专业人才需求量急剧增加。为落实党的二十大报告提出的"加强教材建设和管理"要求,发挥教材立德树人核心载体、人才培养重要支撑、引领创新发展重要基础功能的作用,更好地服务于高水平科技自立自强、拔尖创新人才培养,强化交通强国建设人才支撑,着力推动城市轨道交通高质量发展,推进城市轨道交通专业人才培养与职业岗位需求的无缝对接,提高城市轨道交通专业学生的职业认同感,满足我国城市轨道交通专业教育对教材建设的需求,我们联合城市轨道交通企业资深专家组成编审团队,编辑出版本教材。

编写过程

本教材编审团队在进行大量企业调研、总结城市轨道交通运营管理企业主要岗位典型工作任务的基础上,以城市轨道交通运营管理各岗位所需的岗位技能与应具备的职业素养为切入点,结合城市轨道交通企业现场运营管理实际与职业教育规律,经过多年教学实践凝练,于2013年10月开创性地组织编写出版了第1版教材。该版教材出版问世以来,一直受到广大城市轨道交通运营企业的关注与广大职业院校城市轨道交通专业师生的好评。为跟随快速发展的城市轨道交通步伐,根据人力资源和社会保障部、交通运输部制定的《轨道列车司机(城市轨道交通列车司机)国家职业技能标准(2019年版)》与《城市轨道交通服务员国家职业技能标准(2021年版)》,以及《城市轨道交通运营管理规定》(交通运输部令2018年第8号)等现行规范、标准与规定的要求,编审团队充分吸纳广大读者的建议,对教材内容进行了调整更新与优化,现编辑出版第3版教材。

特色创新

1. 职教特色明显

本教材基于多年的课改实践,遵循职业教育理念与职业教育规律,以城市轨道交通运营管理各岗位所需的岗位技能与应具备的职业素养为切入点,结合现场运营管理实际与学生的认知规律,坚持以学习者为中心,构建知识模块编写体例,符合职业教育"以能力培养为主导,以技能训练为主线"的要求。

2. 校企双元开发

本教材由校企合作共同开发。在编写过程中,强调工学结合,以能力培养为本位,以职业素养养成为主导。教学设计是在大量企业调研工作与校企深度合作项目的基础上完成的。编审团队由具有丰富城市轨道交通企业运营管理经验的工程师与具有多年城市轨道交通岗前培训教学经验的教师组成,教材中有大量体现岗位要求、企业规范等校企合作编写的案例、知识链接、小贴士等。

3. 对接职业标准

本教材根据《轨道列车司机(城市轨道交通列车司机)国家职业技能标准(2019年版)》《城市轨道交通服务员国家职业技能标准(2020年版)》以及《城市轨道交通运营管理规定》(交通运输部令2018年第8号)等现行的行业标准规范与规定要求,以城市轨道交通运营管理企业主要岗位典型工作任务为依托,紧扣城市轨道交通专业群人才培养方案,以城市轨道交通员工所必备的职业素养为主导,围绕职业能力的形成、职业素养的培养等组织课程教学内容。

4. 配套资源丰富

本教材对城市轨道交通员工职业道德、职业意识、职业心态、职业理念进行了详细叙述,主要阐述了城市轨道交通员工职业行为规范、城市轨道交通员工职业技能、城市轨道交通职业化员工应具备的职业能力以及城市轨道交通员工职业培养等内容。教材以模块-单元形式编写,同时结合教学实践与岗位技能要求,在书中融入大量的案例、小测验、小故事、知识链接、小贴士、名人名言等,其中重点知识以二维码的形式呈现,且每模块内容后面附有复习与思考题,可帮助学生巩固复习所学知识,培养学生解决实际问题和拓展思考的能力。另外,本教材还配套有课程标准、PPT 课件、教案、案例分析、视频动画、实训工单等丰富的数字化教学资源。

5. 可活页式装订

为更好地贯彻执行《国家职业教育改革实施方案》(国发〔2019〕4 号)中"倡导使用新型活页式、工作手册式教材并配套开发信息化资源"的理念,本教材在"任务化"教学内容的基础上,可在封面印刷的活页孔位置打孔,装订成活页式教材,根据实际教学需求进行灵活调整,实现"教材""学材"的融合和提升,并具有以下特点。

(1)方便"教材"的内容组合与动态更新。

①可凸显教材内容的项目化、模块组化、任务化设计,方便教学团队组织教学,可根据教学需求调整教学顺序。

②可根据不同使用对象、不同专业的教学要求,替换、添加、删减教学内容和教辅资料。

③可结合行业热点、最新时事、典型案例等,随时补充教学素材。

④可促进"岗课赛证"融通,将岗位职业技能、专业教学标准、技能大赛、"1+X"职业技能等级证书的内容灵活补充到教材中。

⑤可方便任务实训工单的收缴,评分后返给学生。

(2)方便"学材"的内容整理和灵活使用。

①可随时添加学习笔记、学习心得到教材对应位置,方便复习。

②可灵活添加学习辅助资料,如参考资料、习题等。

③可根据上课内容携带对应页码,不用带整本书,简单方便。

④可根据自我学习进度随时调整学习顺序。

教学建议

在课程教学方法和教学手段设计方面,根据职业院校学生的认知规律和知识基础,采用启发式、互动式、讨论式等教学方法,并在若干教学单元使用角色扮演、模拟案例、模拟流程、模拟情景等方式实施情景化教学,并以此锻炼学生自主探索、合作学习的能力。在教学效果考核方面,采取过程评价与结果评价相结合的方式,重点考核学生的职业素养。

编审团队

本教材由具有丰富轨道交通企业运营管理经验的高级工程师、工程师与具有多年轨道交通岗前培训教学经验的院校教师编审。具体编审分工如下:苏州建设交通高等职业技术学校徐新玉编写模块1、模块4,苏州建设交通高等职业技术学校陈玲编写模块2,苏州建设交通高等职业技术学校孔祥睿编写模块3,苏州大学徐畅编写模块5,苏州轨道交通有限公司潘婷编写模块6。本书由徐新玉教授主编并负责全书统稿,苏州轨道交通有限公司周孟祥高级工程师担任主审。

致谢

本教材在编写过程中得到了南京地铁公司、苏州市轨道交通集团有限公司、上海轨道交通培训中心等有关人员的大力支持。在此谨向有关专家及部门致以衷心的感谢!

由于作者水平有限,书中如有不足之处,敬请读者批评指正,反馈邮箱:26485854@qq.com。

作　者

2024 年 2 月

二维码数字资源

序号	名称	图示	页码	序号	名称	图示	页码
1	见面礼仪		46	9	引导礼仪		70
2	交谈礼仪		46	10	服务用语要求		72
3	电话礼仪		48	11	OCC 的布局		105
4	男士仪容修饰要求		50	12	行车指挥系统		106
5	男士正装穿着规范		50	13	牵引供电系统组成		106
6	女士仪容修饰要求		51	14	接触网		107
7	女士正装穿着规范		51	15	站台巡视作业		121
8	微笑服务的要求		54				

城市轨道交通员工职业素养（第3版）

目录

模块 1　职业与职业化 ·· 1
　单元 1.1　职业 ·· 3
　单元 1.2　职业化 ··· 9
　复习与思考题 ··· 12

模块 2　城市轨道交通员工职业素养基础知识 ············ 13
　单元 2.1　职业素养 ··· 15
　单元 2.2　职业道德 ··· 19
　单元 2.3　职业意识 ··· 26
　单元 2.4　职业心态 ··· 37
　复习与思考题 ··· 41

模块 3　城市轨道交通员工职业行为规范 ···················· 43
　单元 3.1　职业礼仪 ··· 45
　单元 3.2　职业行为标准与职业习惯 ··························· 54
　单元 3.3　客运服务原则与规范 ··································· 68
　复习与思考题 ··· 76

模块 4　城市轨道交通员工职业技能 ··························· 77
　单元 4.1　职业生涯规划与管理 ··································· 79
　单元 4.2　高效时间管理 ··· 88
　单元 4.3　人际关系处理技巧 ······································ 100
　单元 4.4　岗位技能与职责 ··· 105
　复习与思考题 ·· 123

模块 5　城市轨道交通员工职业能力 ························· 125
　单元 5.1　学习力 ··· 127
　单元 5.2　思想力 ··· 135
　单元 5.3　执行力 ··· 138

单元 5.4 沟通力 ………………………………………………… 143
单元 5.5 时间与精力分配能力 ………………………………… 152
单元 5.6 信息处理与问题解决能力 …………………………… 156
单元 5.7 团队合作能力 ………………………………………… 159
复习与思考题 …………………………………………………… 168

模块 6 城市轨道交通员工职业培养 ……………………………… 169
单元 6.1 职业观念 ……………………………………………… 171
单元 6.2 职业人需要了解的管理理论 ………………………… 175
单元 6.3 职业理念 ……………………………………………… 182
单元 6.4 职业角色 ……………………………………………… 185
复习与思考题 …………………………………………………… 188

参考文献 ……………………………………………………………… 189

模块 1
MODULE ONE
职业与职业化

学习目标

1. 知识目标
（1）掌握职业的概念，了解职业的意义；
（2）理解职业化的概念与内涵；
（3）掌握职业化的作用与职业化观点。

2. 能力目标
（1）能简述工作、职业、事业之间的关系；
（2）能分析职业的功能。

3. 素质目标
（1）具备良好的职业理论，树立正确的职业化观点；
（2）认同城市轨道交通企业文化，并将之内化于自己的自觉言行，保障城市轨道交通安全高效运行。

建议学时

4学时

城市轨道交通员工职业素养（第3版）

单元1.1 职业

一、职业的概念

职业作为一种社会现象,不是在人类诞生之初就有的,而是生产发展和社会分工的产物,并随着生产力的提高和生产需要的增加而不断发展。在原始社会末期,出现了畜牧业和种植业、手工业和农业之间的两次社会大分工,真正意义上的职业随之产生,出现了农民、牧民、渔民以及各类工匠等。

伴随着科学技术的进步,生产社会化和专业化程度越来越高,社会分工越来越细,涉及人类社会生产生活方方面面的各行各业也随之出现。《中华人民共和国职业分类大典(1999年版)》将职业分为8个大类、66个中类、413个小类、1838个细类。《中华人民共和国职业分类大典(2022年版)》,将职业分为8个大类、79个中类、449个小类、1636个细类(职业)。

> **知识拓展**
>
> 《中华人民共和国职业分类大典(2022年版)》的8个大类职业分别是:
>
> 第一大类:党的机关、国家机关、群众团体和社会组织、企事业单位负责人。
>
> 第二大类:专业技术人员。
>
> 第三大类:办事人员和有关人员。
>
> 第四大类:社会生产服务和生活服务人员。
>
> 第五大类:农、林、牧、渔业生产及辅助人员。
>
> 第六大类:生产制造及有关人员。
>
> 第七大类:军队人员。
>
> 第八大类:不便分类的其他从业人员。

从汉语词义的角度来讲,"职业"一词由"职"和"业"构成,"职"是指职位、职责,"业"是指行业、事业。《现代汉语词典》(第7版)对"职业"的解释是:"职业是个人在社会中所从事的作为主要生活来源的工作。"对于"职业"一词的具体含义,不同学者有不同的解释。

(1)美国社会学者塞尔兹认为,职业是一个人为了不断地取得收入而连续从事的某种具有市场价值的特殊活动,它决定着该项活动的人的社会地位。

(2)日本就业问题专家保谷六郎认为,职业是具有劳动能力的人为了生活和贡献社会而发挥其能力连续从事的劳动。

(3)美国教育学家、哲学家约翰·杜威(John Dewey)对职业的解释是:"职业不是别的,是从中可以得到收益的一种活动。"

(4)我国学者潘锦棠认为,职业是劳动者比较稳定地从事某项有酬工作而获得的劳动角色。

目前大家普遍认为,职业是参与社会分工,利用专门的知识和技能,为社会创造物质财富和精神财富,获得合理报酬,作为物质生活来源并满足精神需求的工作。这个概念可以从四个层面来理解:第一是与人类的需求和职业结构相关,强调社会分工;第二是与职业的内在属性相关,强调利用专门的知识和技能;第三是与社会伦理相关,强调创造物质财富和精神财富,获得合理报酬;第四是与个人生活相关,强调作为物质生活来源,并满足精神生活的需求。

从经济的观点来看,职业生涯就是个人在人生中所经历的一系列职位和角色,它们和个人的职业发展过程相联系,是个人接受培训教育以及职业发展所形成的结果。

二、职业的功能

1. 职业的社会功能

职业是社会发展到一定阶段后随着社会分工而逐渐产生的,没有社会分工就没有职业。任何一个职业都不是孤立的,而是社会整体中的一个子系统。职业是为了满足社会化大生产的需要。从其职能上来看,职业是社会所必需的、服务社会的专门工作。

首先,职业是社会存在的表现。职业本身就是一种社会活动,是社会存在的运动形态和表现形式。人类通过职业劳动,生产物质资料,创造社会财富,为社会存在和发展提供物质保障,又通过职业行为丰富社会活动,完善社会结构。

其次,职业是社会发展的动力。职业本身就是生产力发展的表现,职业的产生是因为生产力的提升和劳动分工的发展。在职业发展进程中,生产效率不断提高,社会财富不断积累。职业成为社会进步和发展的动力,社会进步也体现在各行各业的具体劳动当中。

最后,职业是社会控制的手段。快乐的生活和劳动是社会和谐的有效保证。只有较好地解决生产和生活问题,实现充分就业,才能为建设和谐社会、维护社会稳定提供保障。因此,职业也是维持社会稳定、实现社会控制的手段。

2. 职业的个人功能

职业是人的一种社会活动和生活方式,也是人的一种经济行为,对人的生存和发展具有重要意义。

首先,职业是维持生存的重要手段。职业是有报酬的劳动,是获取生活来源的主要途径,是人谋生的手段。人们通过职业劳动,能够获得稳定的经济收入或物质生活资料,能够满足基本的生存需要,获得维持自身存在的物质基础。人们在择业和从业活动中通常会把获取较高的报酬放在重要位置考虑。但是,如果把它看成职业活动的唯一价值,人就很容易沦为金钱的奴隶,从而误入歧途,断送前途。

其次,职业是个人发挥才能的舞台。职业活动要求从业者具有与之相适应的职业能力与职业素质,不同的职业对劳动者在知识和技能、生理和心理等方面有不同的要求,也会使人们在生产和生活方式上产生差异。职业为个人发展提供了条件。人们参与职业活动不仅可以在社会岗位上发挥专长和才能,而且还能够在长期的实践过程中不断提高个人水平,完善自身素质,促进自身才能的发挥。可以说,人的一生可以称为职业的一生,每个人的人生价值只有在职业中才能得到体现。

最后,职业是个人实现社会价值的途径。职业劳动是一种社会性的活动,个人进入社会分工体系参与某种劳动,在获取个人利益的同时也为社会作出贡献。人们通过职业劳动可以创造社会财富,提供社会服务,承担应尽的社会义务。因此,职业活动的结果既满足了自己,又体现了对社会和他人的贡献。同时,职业活动能够给人们带来精神上的满足。职业劳动过程是每个人名誉、地位、权力、社会交往和尊重的重要来源。

三、职业的意义

职业在当今社会具有十分重要的意义,一是作为谋生手段,二是明确社会角色,三是促进自我实现。

职业首先是一种谋生手段,是人们为获取主要生活来源而从事的社会活动。职业活动最基本的意义就是谋利。人们从事职业活动,获得现金或实物等经济上合理的报酬,以作为生活的来源。

职业作为一种社会现象,也是与社会分工和生产内部的劳动分工相联系的。有了社会分工就有了职业。职业总是与一定的业务工作范畴相联系的,从事一定的职业就是扮演一定的社会角色,就必须承担与这一社会角色相应的职责。

职业如果仅仅是一种角色、义务和责任,它就失去了人的主体活动的目的性。成功的职业生活不只是获得多少报酬,或是否尽到岗位责任,还意味着在参与社会职业生活中,在多大程度上将自己的能力、才华和创造力发挥出来,促进社会的发展和进步。

四、工作、职业、事业之间的关系

1. 工作

工作(Work)是劳动者通过劳动(包括体力劳动和脑力劳动)将生产资料转换为生活资料,以满足人们生存需求和继续社会发展事业的过程。每个劳动者可以在工作中体现社会价值和自我价值的角色定位。

2. 职业

根据中国职业规划师协会的定义,职业是性质相近的工作的总称,通常指个人服务社会并作为个人主要生活来源的工作。在特定的组织内它表现为职位(即岗位,Position),我们在谈某一具体的工作(职业)时,其实也就是在谈某一类职位。每一个职位都会对应着作为任职者的岗位职责的一组任务(Task),而要完成这些任务就需要这个岗位上的人,即从事这个工作的人具备相应的知识、技能、态度等。职业定位是职业规划过程中必不可少的因素。从社会角度看,职业是劳动者获得的社会角色,劳动者为社会承担一定的义务和责任,并获得相应的报酬;从国民经济活动所需要的人力资源角度来看,职业是指不同性质、不同内容、不同形式、不同操作的专门劳动岗位。

职业可分为一般性职业和专门性职业。一般性职业是不需要从业者经过专门的培训与教育,相当于中文里通常所说的"工作",英文即"Occupation"一词;而专门性职业则要求从业者经过专门的培训与教育,具有较高深的和独特的专门知识和技能,中文里通常也称为"专业",英文用"Profession"一词表示。一般性职业随着其专业水平的不断提高,会逐渐发展为专门性职业,这是一个发展过程。所以,在外延上,职业包含了专业,专门性职业即是专业。

职业也是一种上班过程。在这一过程中,职业人需要考虑职业是否符合自己的性格、气质、能力、意识、价值观、爱好和专业等个人资源需求,考虑长期职业发展(也许目前收入不高,但是未来有发展前景。)

知识拓展 — 约翰·霍兰德的职业选择理论

约翰·霍兰德(John Holland)于1959年提出了人业互择理论。这一理论首先根据劳动者的心理素质和择业倾向,将劳动者分为六种基本类型,相应的职业也分为六种类型:社会型(Social,S)、企业型(Enterprising,E)、现实型(Realistic,R)、常规型(Conventional,C)、研究型(Investigative,I)、艺术型(Artistic,A)。

社会型(S)

共同特征:喜欢与人交往、不断结交新的朋友,善言谈,愿意教导别人;关心社会问题、渴望发挥自己的社会作用;寻求广泛的人际关系,比较看重社会义务和社会道德。

典型职业:喜欢要求与人打交道、能够不断结交新的朋友的工作,从事提供信息、启迪、帮助、培训、开发或治疗等事务,并具备相应能力。如教育工作者(教师、教育行政人员)、社会工作者(咨询人员、公关人员)。

企业型(E)

共同特征:追求权力、权威和物质财富,具有领导才能;喜欢竞争,敢冒风险,有野心、抱负;为人务实,习惯以利益得失、权力、地位、金钱等来衡量做事的价值,做事有较强的目的性。

典型职业:喜欢要求具备经营、管理、劝服、监督和领导才能,以实现机构、政治、社会及经济目标的工作,并具备相应的能力。如项目经理、销售人员、营销管理人员、政府官员、企业领导、法官、律师。

常规型(C)

共同特点:尊重权威和规章制度,喜欢按计划办事,细心,有条理,习惯接受他人的指挥和领导,自己不谋求领导职务;喜欢关注实际和细节情况,通常较为谨慎和保守,缺乏创造性,不喜欢冒险和竞争,富有自我牺牲精神。

典型职业:喜欢要求注意细节、精确度,有系统有条理,具有记录、归档、根据特定要求或程序组织数据和文字信息的职业,并具备相应能力。如秘书、办公室人员、记事员、会计、行政助理、图书馆管理员、出纳员、打字员、投资分析员。

现实型(R)

共同特点:愿意使用工具从事操作性工作,动手能力强,做事手脚灵活,动作协调;偏好于具体任务,不善言辞,做事保守,较为谦虚;缺乏社交能力,通常喜欢独立做事。

典型职业:喜欢使用工具、机器,需要基本操作技能的工作。对要求具备机械方面才能、体力或从事与物件、机器、工具、运动器材、植物、动物相关的职业有兴趣,并具备相应能力。如技术性职业从业人员(计算机硬件人员、摄影师、制图员、机械装配工),技能性职业从业人员(木匠、厨师、技工、修理工、农民等)。

研究型(I)

共同特点:思想家而非实干家,抽象思维能力强,求知欲强,肯动脑,善思考,不愿动手;喜欢独立的和富有创造性的工作;知识渊博,有学识、才能,不善于领导他人;考虑问题理性,做事喜欢精确,喜欢逻辑分析和推理,不断探讨未知的领域。

典型职业:喜欢智力的、抽象的、分析的、独立的定向任务,要求具备智力或分析才能,并将其用于观察、评测、衡量、形成理论、最终解决问题的工作,并具备相应的能力。如科学研究人员、教师、工程师、电脑编程人员、医生、系统分析员。

艺术型(A)

共同特点:有创造力,乐于创造新颖、与众不同的成果,渴望表现自己的个性,实现自身的价值;做事理想化,追求完美,不切实际。具有一定的艺术才能和个性。善于表达、怀旧、心态较为复杂。

典型职业:喜欢的工作要求具备艺术修养、创造力、表达能力和直觉,并将其用于语言、行为、声音、颜色和形式的审美、思索和感受,具备相应的能力。如艺术方面的从业人员(演员、导演、艺术设计师、雕刻家、建筑师、摄影家、广告制作人),音乐方面的从业人员(歌唱家、作曲家、乐队指挥),文学方面的从业人员(小说家、诗人、剧作家)。不善于事务性工作。

霍兰德认为,绝大多数人可以被归于六种类型中的一种。每一种职业的工作环境也是由六种不同的工作条件组成,其中一种占主导地位。一个人的职业是否成功,是否稳定,是否顺心如意,在很大程度上取决于其人格性向(实际性向、调研性向、社会性向、常规性向、企业性向、艺术性向)和工作条件之间的适应情况。然而,大多数人并非只有一种人格性向,霍兰德认为,这些人格性向越相似,相容性越强,则一个人在选择职业时所面临的内在冲突和犹豫就会越少。

霍兰德的职业选择理论,实质在于劳动者与职业的相互适应。霍兰德认为,同一类型的劳动和与职业互相结合,便是达到适应状态。劳动者找到适宜的职业岗位,其才能与积极性会得到充分发挥。

3.事业

所谓事业,是指人们所从事的,具有一定目标、规模和系统的对社会发展有影响的经常性活动,有时事业也可以指个人的成就。事业并不是所有的人都乐意去努力或者所有的人都能实现的,是一个很高层次的概念,事业值得一个人一辈子为之奋斗。所谓干事业正体现了一个人终其一生去为实现自己的目标而坚持不懈努力的过程,有助于让人满足最高层次的需求,获得社会认可和真正实现自我价值。在这个过程中,不管路途再遥远,不管上班事情再多,也不管工资再低,只要喜欢,人们就会去从事这个事业。事业不仅是上班过程,还可能包括一个人的人生过程。

从工作过渡到职业,从职业过渡到事业,一个人和人生理想的关系越来越强。比如,白求恩大夫不远万里来到中国,帮助中国人民抗战,路途远吗?很远。事情多吗?很多。收入高吗?很低。显然他干的是事业,不是职业,更不是工作,这是去完成他的反法西斯的理想。

知识拓展 —— 中华人民共和国职业教育法(节选)

(1996年5月15日第八届全国人民代表大会常务委员会第十九次会议通过,2022年4月20日第十三届全国人民代表大会常务委员会第三十四次会议修订通过,自2022年5月1日起施行。)

第三条 职业教育是与普通教育具有同等重要地位的教育类型,是国民教育体系和人力资源开发的重要组成部分,是培养多样化人才、传承技术技能、促进就业创业的重要途径。

第四条 职业教育必须坚持中国共产党的领导,坚持社会主义办学方向,贯彻国家的教育方针,坚持立德树人、德技并修,坚持产教融合、校企合作,坚持面向市场、促进就业,坚持面向实践、强化能力,坚持面向人人、因材施教。实施职业教育应当弘扬社会主义核心价值观,对受教育者进行思想政治教育和职业道德教育,培育劳模精神、劳动精神、工匠精神,传授科学文化与专业知识,培养技术技能,进行职业指导,全面提高受教育者的素质。

第四十七条 国家鼓励职业学校聘请技能大师、劳动模范、能工巧匠、非物质文化遗产代表性传承人等高技能人才,通过担任专职或者兼职专业课教师、设立工作室等方式,参与人才培养、技术开发、技能传承等工作。

第四十九条 职业学校学生应当遵守法律、法规和学生行为规范,养成良好的职业道德、职业精神和行为习惯,努力学习,完成规定的学习任务,按照要求参加实习实训,掌握技术技能。职业学校学生的合法权益,受法律保护。

单元1.2 职业化

一、职业化的概念

今天的企业,不仅仅强调管理的标准化、制度化、程序化、人性化,更关注员工的职业化程度。那么,到底什么是职业化呢?

职业化(Professionalism)可以定义为:普通的非专业性的职业从业人员,通过培训和开发,具备符合专业标准的道德、知识、技能和文化等素养,并获得相应的社会专业地位的动态过程。简单地讲,"职业化"就是一种工作状态的标准化、规范化、制度化,包含在工作中应该遵循的职业行为规范、职业素养和职业技能,即在合适的时间、合适的地点,用合适的方式,说合适的话,做合适的事,不为个人感情所左右,冷静且专业。职业化使员工在知识、技能、观念、思维、态度、心理上符合职业规范和标准。

二、职业化的内涵

职业化是一种潜在的文化氛围,是一种在职场中专用的语言和行事规则。在职场中的人都用这种语言说话,都用这种行为和道德准则来办事,而一个非职业的人往往不能拥有这种语言和行事规则,因此总是和职业人合不上拍。

职业化是国际化的职场准则,是职业人必须遵循的第一规则,是作为职场人的基本素质,是企业与企业之间、企业与员工之间、员工与员工之间必须遵守的道德与行为准则。想参与职场竞争,想要成为职场中的成功者,想要取得职业生涯的辉煌,就必须懂得和坚守这个规则。

职业化就是为了达到职业的要求所要具备的素质和追求成为优秀职业人的历程。

职业化有很多外在的素质表现,比如着装、形象、礼仪礼节等;也有很多内在的意识要求,诸如思考问题的模式,心智模式,内在的道德标准等。

职业化就是以最小的成本追求最大的效益,就是细微之处做得专业,就是用理性的态度对待客户、企业、同事、领导和自身,就是专业和优秀,别人不能够轻易替代,就是不断地富有成效地学习。

职业化是一种精神、一种力量、一套规则,是对事业孜孜不倦追求的精神,是追求自身价值体现的力量,是实现事业成功的一套规则。

职业化员工是能够按照既定的行为规范和标准开展工作并且能够掌握、运用一定的工作方法与技巧的员工。

如果说企业是一架飞机的话,那么企业的职业化程度如同这架飞机的发动机,决定了它可以飞多远、飞多高、飞多快。

关于职业化的常见错误认识有:衣着规范就是职业化;职业化是新员工的事情;我的职业化没问题;老员工、经理人、高学历不缺少职业化;职业化就是对员工的约束;职业化对企业有用，员工无益；职业化就是专职化，就是专业化；职业化就是只专注自己的事；等等。

从国际通行的概念来分析，职业化的内涵至少包括四个方面：一是以"人事相宜"为追求，优化人们的职业资质；二是以"胜任愉快"为目标，保持人们的职业体能；三是以"创造绩效"为主导，开发人们的职业意识；四是以"适应市场"为基点，修养人们的职业道德。

三、职业化的特征

职业化要求员工在外表、知识、技能、态度、职业价值观等方面实现全面的"职业转变"。衣着、外表以及工作行为的改变是相对容易的，知识、技能的习得以及态度的转变需要较长的时间，而职业价值观的形成则需要更长的时间，这就决定了职业化过程的长期性特征。此外，职业化过程中的专业化要求，决定了职业化过程中知识学习的重要性；职业化过程的社会化要求决定了这一过程的广泛认可性和文化性特征；职业化主体角色的重要性决定了其自我约束的特征。

职业化的特征包括以下几个方面。

1. 长期性

职业化要求职业人通过长期的训练取得该职业所需要的系统技能。

2. 知识性

职业人可树立以广博的知识为基础的权威，这种权威是以职业人高度专门化的能力为基础的。

3. 广泛认可性

职业化作为一种工作状态的标准化、规范化、制度化，在社会层面得到广泛认同。

4. 自我约束性

职业化通过某种道德标准来调整职业人与顾客、同事之间的关系。

5. 文化性

职业人不仅要具备相关知识与技能，还要有与职业相匹配的情感、态度与价值观。

四、职业化的作用

1. 职业化——21世纪的第一竞争力

21世纪，对于快速发展的中国来说，充满了各种各样的机遇和挑战。有专家预言，中国将进入一个崭新的职业化时代。

调查资料显示，中国90%以上的企事业单位已认识到，制约其发展的最大因素是缺乏高度职业化人才。事实也确实是如此，在一个职业化程度很低的企事业单位里，再高明的战略也不能得到执行，再怎么强调细节也无法得到贯彻。

企业管理的关键在于人，而人在职场发展的关键在于职业化。经理人和员工职业化的问题，已成为企业管理的核心问题。

要想在竞争中保持不败,必须打造一支高度职业化的人才队伍。正如世界著名管理学家彼得·德鲁克(Peter Drucker)所说:"职业化已成为21世纪的第一竞争力。"

2. 职业化程度与工作价值成正比

职业化的作用还体现在,工作价值等于个人能力和职业化程度的乘积,即工作价值=个人能力×职业化程度,如图1-1所示(直线斜率为职业化程度❶)。

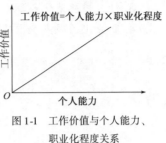

图1-1 工作价值与个人能力、职业化程度关系

如果一个人有100分的能力,而职业化程度只有50%,那么其工作价值显然只发挥了一半。如果一个人的职业化程度很高,那么能力、价值就能够得到充分、稳定地发挥,而且是逐步上升的。如果一个人的能力比较强,却自觉发挥得很不理想,总有"怀才不遇"的感慨,那就很可能是自身的职业化程度不够高造成的。

五、职业化的观点

职业化的观点可概括为一个中心、三个基本点。

1. 一个中心

职业人的核心目标是客户满意。职业人总是准备提供超过客户期望值的服务,这里的客户包括上司、同事、家人、下属和生意场上的客户。

职业化的"一个中心"是提供客户满意的服务。以客户为中心的第一个含义是你能够对客户产生影响。你能够使客户满意意味着你必须具有一定的能力,使客户接受你为他提供的服务。以客户为中心的第二个含义是互相依赖。这也就是说,要在你的职业圈子里创造互相依赖的关系,这样才能协调好各个环节,使其功能发挥达到最佳状态。

提供客户满意的服务,从另一种意义来说就是提升客户的竞争力,使客户的价值得到提升。以客户为中心还意味着关注对整体的把握,而关注整体又意味着要关注那些限制整体发展的因素。

2. 三个基本点

(1)职业人要为高标准的产出负责。最主要的是做到两点:一是行为思考的出发点是客户最感兴趣的;二是有义务保守客户的商业机密与隐私。此外,职业人很重要的一点是用数据说话。首先,你的所有建议是有数据支持的;其次,你的所有行动方案是可以实现的,有量化指标;最后,结果是可以考量的。

(2)职业人必须注重团队协作。只有团队协作,才能够提供高标准的服务。尤其在分工越来越细的现代社会,团队协作更应该被强调。

(3)职业人必须为自己的职业生涯负责。要提升客户的竞争力,就要提升职业人自己的竞争力。处在急剧发展的时代,职业人必须不断地学习,否则会被社会淘汰。

---

❶ 工作价值与个人能力、职业化程度关系。

复习与思考题

1. 什么叫职业？职业有什么意义？职业的功能有哪些？
2. 简述工作、职业、事业之间的关系。
3. 什么叫职业化？职业化有哪些特征？职业化有什么作用？
4. 职业化的观点主要有哪些？

模块 2
MODULE TWO
城市轨道交通员工职业素养基础知识

学习目标

1. 知识目标
（1）理解职业素养的概念，了解职业素养的特征、作用及构成；
（2）掌握职业道德的概念，了解职业道德的功能及特点；
（3）掌握职业意识的含义与功能；
（4）了解职业心态的意义与作用。

2. 能力目标
（1）能根据职业素养的培养策略，提升自身的职业素养；
（2）能根据职业道德的成长阶段规律，形成和发展自身良好的职业道德。

3. 素质目标
（1）城市轨道交通员工应具备良好的职业道德，爱岗敬业、奉献社会；
（2）牢固树立"以人民为中心"的理念，具有大局意识，坚定服务意识；
（3）城市轨道交通员工应修炼积极良好的职业心态，树立安全运行理念，积极主动工作，确保城市轨道交通安全高效运行。

建议学时

6学时

城市轨道交通员工职业素养（第3版）

单元2.1 职业素养

一、职业素养的概念

从汉语词义的角度讲，所谓"素养"，一是指素质，二是指修养。素质主要指偏于先天的禀赋、资质，而修养主要指偏于后天的学习、锻炼，也就是人通过长期的学习和实践（修习培养）在某一方面所达到的高度。素养在不同的学科领域中，既有一般的意义，又有由于对象差异所造成的特殊意义。但总体来看，素养一般指的是在先天遗传基础上通过后天的教育和环境的影响所获得的以社会文化为主要内容的系统社会特性，是集身心、知识、能力和非认知因素于一体的稳定的、内在的并长期起作用的主体性品质结构。

职业素养就是企业员工在从事职业的时候，不断形成的知识技能、个人素质、个人道德修养、行为规范等职业内在的规范和要求，是在职业过程中体现的综合品质，包含职业道德、职业意识、职业心态、职业技能、职业行为和职业作风等方面。其中，职业道德、职业意识、职业心态是职业素养的重要内容。

二、职业素养的特征

1. 整体性

职业素养反映了组织和社会对个体的整体要求，职业素养与职业人格是统一的。职业人所具备的各职业素养要素应作为一个整体统一在职业活动中，与职业情境紧密关联，统一于职业人的认知和实践中。因此，我们要把职业素养看作一个整体，以职业活动为载体，在与其他职业活动要素的融合中培养职业素养。职业素养作为个体心理品质与行为方式的统一，体现在职业活动中并与职业活动的其他要素紧密相连。

2. 稳定性

职业素养是在长期实践过程中形成的，会被作为经验和传统继承下来。如职业行为的道德要求的核心内容被继承和发扬，形成被不同社会发展阶段普遍认同的职业道德规范，在较长时期内起作用。职业素养一旦形成，就具有稳定性的特征。即使在不同的社会经济发展阶段，虽然服务对象、服务手段、职业利益可能发生变化，但职业责任和义务、职业行为习惯等职业素养是相对稳定的。总之，职业素养的稳定性是由职业素养形成的文化继承性，以及职业素养培育的长期性所决定的。

3. 实践性

职业素养作为与职业实践相联系的个性品质的集合，主要是后天养成的结果，是职业实践对人的要求在个体上的内化，是在个体发展过程中由先天和后天因素相互作用而形成的。虽然个人的天赋秉性在职业素养的形成中占有重要地位，但任何素养的获得都离不开后天的开发。

职业素养不能通过简单传授完成，职业素养的获得是有条件的，更具复杂性，是在与职业环境的相互作用中通过模仿、反馈以及慎思等多种途径逐渐获得的。职业素养中的职业技能更是练习的结果，强调肢体的灵活性和熟练度，要经过多次的反复练习才能获得。职业素养需要在完成工作任务的过程中进行学习，其重点是在不同的职业情境中通过完成不同性质的工作任务而逐渐积累、内化。职业素养强调对不同情境的判断和反应，而不是对程序化固定动作组织体系的掌握，因而具有实践性的特征。

4. 情境性

职业素养虽然在职业行动中体现，但它是由情境促动的。职业素养与情境相联系。如在拆卸一些特别复杂的机器时，需要特别注意拆装的顺序和小零部件的摆放位置，这就需要认真、严谨，对注意力、记忆力及动作技能提出更高的要求，而简单的拆装则不需要特别注意。也就是说，不同的情境所要求的个体行为是不同的。一个具备良好职业素养的人能够知道何种情境需要何种素养，并能够熟练地指导自己的行动。这一特性决定了职业素养培养要具体到职业活动的每一环节，不仅是在完成具体工作任务的过程中，而且是从进入工作场所到离开工作场所的整个过程中，同时对每一环节都有细致的要求。

三、职业素养的作用

《一生成就看职商》的作者吴甘霖回首自己从职场惨败到走上成功之道的过程，进而分析所看到的众多职场人士的成功经验与失败教训，得到了一个宝贵的经验：一个人，能力和专业知识固然重要，但是，在职场要成功，最关键的在于他所具有的职业素养。

公司在招聘新人时，一般综合考察毕业生的五个方面：专业素质、职业素养、协作能力、心理素质和身体素质。其中，身体素质是最基本的，好身体是工作的物质基础；职业素养、协作能力和心理素质是最重要和必需的，而专业素质则是锦上添花的。职业素养可以通过个体在工作中的行为来体现，这些行为以个体的知识、技能、价值观、态度、意志等为基础。良好的职业素养是一个人事业成功的基础，是进入企业的"金钥匙"。

人物故事 —— 全国劳动模范张郁的地铁"芯"

张郁（图2-1），上海地铁维护保障有限公司通号分公司总经理、信号技术总监，曾获2012年全国住房城乡建设系统劳动模范、2013年全国五一劳动奖章、2020年全国劳动模范等荣誉。他是上海申通地铁集团的第四位全国劳模，也是维保板块的第一位全国劳模。

张郁从业20多年，见证了上海地铁从"线"到"网"的发展。他是地铁网络的守护者，精心维护先进信号系统，保障全路网的安全运行；他是全国最短列车运行间隔的领跑

图2-1　全国劳动模范张郁（右一）

者,追求技术的不断突破和多工种联动,刷新线路运能,缓解大客流压力;他是全行业最新维保技术的探索者,为地铁信号系统的科学维护插上了智慧的翅膀,让地铁这个超大系统健康运转,保障上海地铁安全运营。

(摘编自上海国资发布网,2021年2月7日)

四、职业素养的核心要素

职业素养包含10个核心要素及作用(未计入职业技能),如表2-1所示。

职业素养的核心要素及作用　　　　表2-1

序号	核心要素	作用	序号	核心要素	作用
1	敬业	学会敬业——从平凡到卓越	6	主动	学会主动——不拨也要转
2	诚信	学会诚信——结果就会不一样	7	坚持	学会坚持——水滴石穿
3	务实	学会务实——小行胜于大言	8	学习	学会学习——步步才会高
4	表达	学会表达——说的比唱的好	9	自控	学会自控——从学生到职业人的转化
5	协作	学会协作——1+1>2	10	创新	学会创新——拥有核心竞争力

五、职业素养的构成

素质冰山理论认为,个体的素质就像水中漂浮的一座冰山:水上部分的知识、技能仅仅代表表层的特征,不能区分绩效优劣;水下部分的动机、特质、态度、责任心才是决定人的行为、鉴别绩效优秀者和一般者的关键因素。职业素养也可以看成一座冰山:冰山浮在水面以上的只有1/8,代表形象、资质、知识、职业行为和职业技能等方面,是人们看得见的、显性的职业素养,这些可以通过各种学历证书、职业证书来证明,或者通过专业考试来验证。而冰山隐藏在水面以下的部分占整体的7/8,它代表职业道德、职业意识、职业作风和职业心态等方面,是人们看不见的、隐性的职业素养。显性职业素养和隐性职业素养共同构成了全部职业素养。大部分职业素养是人们看不见的,但正是这7/8的隐性职业素养决定、支撑着外在的显性职业素养。显性职业素养是隐性职业素养的外在表现。

六、职业素养的培养策略

1. 以综合素养提高为目标

职业素养是满足一个人职业生涯发展所需的知识、能力和人格等综合要素的总和,是一个人综合素养的体现。一般来说,职场中职业人能否顺利发展在很大程度上取决于自身的职业素养,职业素养越高者获得成功的机会就越多。

如何提高综合素养呢?一是要重视职业人的知识学习。没有一定的知识积累,综合素养很难提高,也很难实现可持续发展。二是要重视关键能力的培育。既要重视专业技能或与专业相关的某些能力的培训与开发,还应重视关键能力的培养,如沟通与交流能力、信息收集与处理能力、计划与决策能力、解决问题能力等,这些能力对整体素养的提升和职业生涯的发展具有极其重要的作用。三是要重视个人人格的完善。

人格教育是职业素质教育的重要组成部分。"做事先做人",作为人力资源需求方的组织越来越看重人才的职业道德和职业精神,需要职业人具有良好的思想道德品质、健康的情绪、积极的情感、正确的价值观与职业态度。因此,要提高综合素养,必须重视人格的完善。当然,职业综合素养的提高,还与身体素养、政治思想素养、家庭组织和社会的支持等因素有密切的关系。

2. 以职业生涯发展为主线

职业生涯的可持续发展需要终身学习的愿望和能力。无论是个体身心的发展,还是职业生涯的发展,都需要具有适应社会变革、适应工作变化的知识、能力和人格品质。从职业生涯发展的角度来看,不同阶段培养职业素养的任务不同。在前期阶段,应以各种素养的储备为主,目标应该宽泛有弹性,应以定性目标为主;在中期阶段,应该有明确的方向,要有阶段性计划,重在积累;在后期阶段,要有任务导向,应该具体化、可量化。

3. 以职业市场需求为导向

"以职业市场的需求为导向"意味着按职业市场对人才素质的需求开展职业素养的培育。这就要把产业发展、组织发展的重点和方向融入专业素养的提升,密切关注产业发展的新理念、新技术、新工艺、新流程等,关注组织需求,并根据组织对劳动者的知识、能力、人格等素质的需求及时调整素养培育的重点和方向,真正做到学以致用。

4. 以知识素养培养为基础

知识素养是指个体进一步学习或成长必须具备的文化知识,是个体接受思想职业教育的基础,也是个体能力素养提升的关键。知识素养与基本素质有关,基本素质不行,知识素养也很难形成。当前,我国有些职业人的职业素养相对较低,一个重要原因是文化基础底子较薄,基本的学习能力、学习态度、学习习惯等相对较差,故组织更加需要通过加强相关课程的培训,提高其职业素养。

5. 以职业能力和技能的开发和培训为重点

职业能力是个体从事职业的多种能力的综合,是个体将所获得的知识、经验、技能和态度在特定的职业活动或情境中进行类化迁移与整合所形成的能完成一定职业任务的能力。知识经济时代的技能型人才已不再是传统意义上的技术工人,而是以现代科学技术为指导的技能型创新人才。因此,在培养职业素养时,尤其要重视职业能力和技能的开发和培训。单位组织和培训机构需要改革职业技能培训方法,开展形式多样的技能竞赛,提升培训和开发水平。

单元2.2 职业道德

一、职业道德的概念

道德是人类社会生活中所特有的社会现象,是由社会经济关系所决定,以善恶为标准,靠社会舆论、传统习惯和内心信念维系的,调整人与人之间以及人与社会之间关系的原则规范、心理意识和行为活动的总和。道德是一种特殊的规范调节方式,是人们把握世界的特殊方式,也是人们内在德性和风尚的体现。道德还是一种实践精神,具有很强的实践性特征。

职业道德是指调整从业人员与社会公众关系的行为规范和道德准则的总称,是社会道德在职业领域里的体现。职业道德的概念有广义和狭义之分。广义的职业道德是指从业人员在职业活动中应该遵循的行为准则,涵盖了从业人员与服务对象、职业与职工、职业与职业之间的关系。狭义的职业道德是指在一定职业活动中应遵循的、体现一定职业特征的、调整一定职业关系的职业行为准则和规范。不同的职业人在特定的职业活动中形成了特殊的职业关系,包括职业主体与职业服务对象之间的关系、职业团体之间的关系、同一职业团体内部人与人之间的关系,以及职业劳动者、职业团体与国家之间的关系。

职业道德是同人们的职业活动紧密联系,具有自身职业特征的道德准则和规范。它既是对从事一定职业的人员在职业活动中行为的规定,又是该职业对社会应负的道德义务。

人物故事——全国绿化标兵——杨善洲

杨善洲于1988年3月退休以后,主动放弃进省城安享晚年的机会,扎根大亮山,义务植树造林,带领大家植树造林,建成面积5.6万亩(1亩≈666.67平方米)、价值3亿元的林场。他将林场无偿捐赠给国家,获得"全国绿化十大标兵""全国绿化奖章""全国老有所为先进个人"等众多荣誉,被誉为"活着的孔繁森",2011年成为《感动中国》十大人物获奖者,2019年获得"最美奋斗者"荣誉。

(摘编自中国绿色时报网,2022年9月28日)

二、职业道德的功能

职业道德是社会道德体系的重要组成部分,一方面具有社会道德的一般作用,另一方面又具有自身的特殊功能,体现在以下几个方面。

1. 认识功能——使从业者正确认识自己应负的道德责任和道德义务

职业道德能使从业人员认识到在自己的工作中哪些行为是符合道德规范的,哪些行为是违反道德规范的;哪些事情是应当做的,哪些事情是不应当做的。同时,职业道德能帮助从业人员认清行为存在的各种问题,并正确区分为有利和有害的、善的和恶的、正义和非正义的行为,从而做出正确的选择,正确认识自己应负的道德责任和道德义务。

2. 调节功能——调节职业交往中从业人员内部以及从业人员与服务对象间的关系

职业道德的基本功能是调节功能。一方面,职业道德可以调节从业人员内部的关系,即运用职业道德规范约束职业内部人员的行为,促进职业内部人员的团结与合作。如职业道德规范要求各行各业的从业人员团结、互助、爱岗、敬业,齐心协力地为发展本行业、本职业服务。另一方面,职业道德又可以调节从业人员和服务对象之间的关系。如职业道德规定了制造产品的工人要怎样对用户负责,营销人员要怎样对顾客负责,医生要怎样对病人负责,教师要怎样对学生负责等。

3. 教育功能——教育广大从业工作者形成正确的职业道德观念

教育功能是指通过评价、说理、事实感化来培养人们的道德行为和道德品质,从而提升人们的精神境界和道德水平。可以通过对一些行为模范和先进事迹的宣传,教育广大从业工作者,使他们形成正确的职业道德观念,并把这种职业道德观念内化为自己的内心信念,变成一种道德自觉,从而提高自己的道德情操,促进行业的健康发展。

4. 激励功能——有助于提高全社会的道德水平

职业道德是整个社会道德的重要内容。职业道德会对从业人员的行为做出引导,指导从业人员做出正确的道德行为选择,摒弃错误的道德行为,从而形成一种良好的职业道德氛围。职业道德一方面涉及每个从业者如何对待职业、如何对待工作,同时也是一个从业人员的生活态度、价值观念的体现,是一个人的道德意识、道德行为发展的成熟阶段,具有较强的稳定性和连续性。另一方面,职业道德也是一个职业集体(甚至一个行业全体人员)的生活态度、价值观念的体现。如果每个行业、每个职业集体都具备优良的道德,对整个社会道德水平的提高肯定会发挥重要作用。

三、职业道德的特点

1. 职业道德具有适用范围的有限性

每种职业都负有一定的职业责任和职业义务。各种职业的职业责任和义务不同,从而形成各自特定的职业道德的具体规范。服务类要文明服务,诚实守信;教育类要教书育人,为人师表;医务人员要救死扶伤,治病救人。

2. 职业道德具有发展的历史继承性

职业具有不断发展和世代延续的特征,不仅技术世代延续,管理员工的方法、与服务对象打交道的方法也有一定历史继承性。如"有教无类""学而不厌、诲人不倦",从古至今始终是教师的职业道德。清代官员于成龙提出的官吏道德修养的六条标准:"勤抚恤、慎刑法、绝贿赂、杜私派、严征收、崇节俭",对今天的职场人也有启迪。

3. 职业道德兼有强烈的纪律性

纪律也是一种行为规范,但它是介于法律与道德之间的一种特殊规范。它既要求人们能自觉遵守,又带有一定的强制性。就前者而言,它具有道德色彩;就后者而言,它又带有一定的法律色彩。就是说,一方面遵守纪律是一种美德;另一方面,遵守纪律又带有强制性,具有法令的强迫约束性。例如,工人必须执行操作规程和安全规定,军人要有严明的纪律性。因此,职业道德有时又以制度、章程、条例的形式表达,让从业人员认识到职业道德又具有纪律的规范性。

四、职业道德的发展阶段

良好的职业修养是每一位优秀员工必备的素质,良好的职业道德是每一位员工都必须具备的基本品质,这两点是企业对员工最基本的规范和要求,同时也是每位员工担负起自己的工作责任必备的素质。从业人员职业道德的形成和发展,一般经历他律、自律和价值目标三个阶段。

1. 他律阶段

他律阶段是指从业人员的职业道德还没有发展完善的起步阶段,是靠他人或限制性的规定来进行约束的道德发展阶段,该阶段的核心是职业责任和义务的明确。他人、组织和社会为了防范从业人员的职业道德失范,要求从业人员对职业责任和义务明确态度。这是从业人员个人的欲望受到约束的一个阶段,要靠一种职业上的道德对个人工作的一些行为来进行约束以便提高工作质量。

2. 自律阶段

自律阶段是从业人员对自己进行约束的阶段,是工作上的职责朝着心理上的道德和行为进行转化的阶段。在这个阶段,个体本身对道德的追求是道德规范的重点内容。每个从业人员都具有职业良心,每个符合职业良心的职业道德行为都会被肯定,而当职业行为背叛职业良心时会受到阻止,尤其完成顺应职业良心的职业行为时,从业人员会拥有一种道德优越感,也会对自己的那些不符合道德的行为有一定的自责。这种自律性能够体现一种职业道德感,使从业人员对自己进行评价,满足他人和社会对从业人员的道德要求。

3. 价值目标阶段

价值目标阶段是指从业人员把职业上的道德目标作为个体活动的自觉要求,在职业上把职业道德规范与个体的心理行为融为一体,使外在要求和内在需求一致。这是职业道德发展的成熟阶段。如果个体的职业道德品质达到了这个阶段,从业人员就会积极接受道德规范和约束机制,主动地约束自己的行为。

五、城市轨道交通员工职业道德的基本行为规范

职业道德是所有从业人员在职业活动中应该遵循的行为准则,涵盖了从业人员与服务对象、职业与职工、职业与职业之间的关系。随着现代社会分工的发展和专业化程度的增强,市场竞争日趋激烈,整个社会对从业人员职业观念、职业态度、职业技能、职业纪律和职业作风的要求越来越高。2001年中共中央印发的《公民道德建设实施纲要》明确指出:"要大力倡导以爱岗敬业、诚实守信、办事公道、服务群众、奉献社会为主要内容的职业道德,鼓励人们在工作中做一个好建设者。"2019年中共中央、国务院印发的《新时代公民道德建设实施纲要》也要求:"推动践行以爱岗敬业、诚实守信、

办事公道、热情服务、奉献社会为主要内容的职业道德,鼓励人们在工作中做一个好建设者。"可见,社会主义职业道德的基本内容主要包括爱岗敬业、诚实守信、办事公道、服务群众、奉献社会五个方面,作为城市轨道交通员工还应加上品牌维护这一职业道德。

1. 爱岗敬业

爱岗敬业是职业道德的基础和核心,是社会主义职业道德所倡导的首要规范,是对从业人员工作态度的一个普遍要求。爱岗和敬业,两者相互联系、相互促进。荀子说:"凡百事之成也,必在敬之;其败也,必在慢之。"用今天的话说,敬业,是各项事业成功的基础;不敬业,则是事业失败的祸源。

爱岗就是热爱自己的工作岗位,热爱本职工作;敬业就是用一种恭敬、严肃、负责的态度对待自己的工作,勤勤恳恳,兢兢业业,忠于职守,尽心尽职。古代亦提倡敬业精神,孔子称之为"执事敬",朱熹解释敬业为"专心致志,以事其业"。爱岗敬业是人类社会最为普遍的奉献精神,它看似平凡,实则伟大。

只有爱岗敬业的人,才会在自己的工作岗位上勤勤恳恳,不断地钻研学习,一丝不苟,精益求精,才有可能为社会作出较大的奉献。一个人要成功,必须首先树立奋斗的目标,而有了目标之后,最重要的是喜爱他所从事的事业,并且一心一意持之以恒地勤奋工作。多少伟人为了自己的远大志向和崇高事业,几十年如一日兢兢业业地工作着,可谓"鞠躬尽瘁,死而后已"。还有许许多多的人在平凡的岗位上执着奉献,做出了不平凡的成绩。

爱岗敬业是对从业者工作态度的普遍要求,那么如何做一名爱岗敬业的职业工作者呢?首先要重业,要认识自己的职业价值,这是爱岗敬业的思想前提。其次要乐业,要从内心热爱并热心于自己所从事的职业和岗位,把干好工作当作最快乐的事,这是爱岗敬业的情感基础。再次要勤业,要忠实地履行自己的岗位职责,勤恳地积极主动地做好自己的本职工作,这是爱岗敬业的具体表现。最后要精业,要不断钻研自己的工作业务,精益求精,开拓创新,不断提高自己的工作质量和业务水平,这是爱岗敬业的必然要求。

❋ 小故事 — 第十二个棉球

有位护士首次参与外科手术,在这次腹部手术中负责清点所用的医用器具和材料。在手术就要结束时,这位护士对医生说:"你只取出了十一个棉球,而刚才我们用了十二个,我们得找出余下的那一个。"医生却说:"我已经把棉球全部取出来了,现在,我们来把切口缝好。"那位护士坚决反对:"医生,你不能这样做,请为病人着想。"医生眼前一亮:"你是一名合格的护士,你通过了这次特别的考试。"原来,精明的医生把第十二个棉球踩在自己的脚下,当看到新来的护士如此认真时,高兴地抬起了脚,露出了第十二个棉球。

2. 诚实守信

诚实守信是处理人与人之间关系和经济活动关系的一项最基本的行为规范。诚实就是要言行一致,表里如一,不弄虚作假;守信就是要言而有信,一诺千金,不背信违约。在职业活动中,特别是在市场经济条件下的职业活动中,诚实守信具有十分重要的意义。

孔子云:"人而无信,不知其可也。"诚信是职业人成功的基础。一个缺乏职业道德的人,信用等级不会很高。在不断完善的信用体制中,任何信用缺失的行为都将付出沉重的代价。职场中职业人的信用,也代表着其所在组织的信用。如果组织的信用因为员工个人的信用蒙受损失,将会带来个人难以挽回的结果。

在未来社会中,信用就是金钱。本杰明·富兰克林(Benjamin Franklin)说:"假如你是个公认的节约、诚实的人,你一年虽只有六英镑的收入,却可以使用一百英镑。"富兰克林把具有信誉的诚实人,视为具有巨大潜力的人。

信用就是遵守诺言,实践约定,从而取得别人的信任。信用等级的降低意味着个人在职场上的路越走越窄,最终将会为不诚实付出巨大代价。诚信体现在日常的工作中,约会不守时、无正当理由爽约、不兑现承诺等都是非职业化的行为。既然承诺了,就要对过程和结果负责任,这也是作为一个职业人必备的基本常识。

怎样做一个诚实守信的从业人员呢?树立诚信为荣、虚假为耻的道德观念;坚持遵守诚实守信的道德规范;信守承诺,言行一致,旗帜鲜明地反对欺诈行为。

人物故事 — 全国道德模范——刘洪安

刘洪安,河北省保定市"油条哥"餐饮管理有限公司经理。他从保定财贸学校会计专业毕业后,自考了大专文凭,曾经从事过物资、汽运等工作。2010年,他接手了一家位于保定市银杏路南侧的早餐店,和家人一起经营。他的油条因坚决不用"复炸油"而被消费者称为"良心油条",他也被网友亲切地称为"良心油条哥"。2013年9月26日,他被评为第四届全国道德模范——全国诚实守信模范。

(摘编自保定晚报网,2012年5月11日)

3. 办事公道

办事公道是指从业者在解决问题与处理问题时,要站在公平公正的立场上,按照统一标准和统一原则待人处世。各行各业的劳动者在处理各类职业关系,从事各种活动的过程中,要做到公平、公正、公开,不损公肥私,这是职业道德的基本准则。

从业人员怎样做到办事公道呢?一是要坚持真理,追求正义;二是要廉洁奉公,不徇私情;三是要遵纪守法,坚持原则;四是要平等待人,照章办事。

4. 服务群众

服务群众是社会主义职业道德的核心内容。服务群众是指听取群众意见,了解群众之所想,落实群众之所需,以端正的态度为人民服务。服务群众是为人民服务的道德要求在职业道德中的具体体现。服务是城市轨道交通员工的天职所在。服务究其实质,是一种承诺,是城市轨道交通企业对自身社会责任的承诺,是企业对乘客的服务承诺,也是城市轨道交通员工对履行自身服务职责的承诺。服务还是一种文化,不仅是企业文化,而且还是尊重和关爱乘客的文化,更是城市轨道交通文化。服务带给乘客的是城市高度文明的体验,是乘客对出行需求的体验,更是乘客价值链的体验。服务体现的是城市轨道交通的服务核心价值,体现的是城市轨道交通员工的自身价值,体现的更是企业优于平行竞争者的增值。在服务的过程中时刻注重责任、快乐和文化,从服务的承诺、践诺、尽责、尊重和关爱等多个方面进行人文价值的传递,并让乘客清晰洞察和感悟,就是尽城市轨道交通企业员工服务的天职。

从业人员如何做到服务群众呢?一是要以人民群众的利益为出发点和落脚点;二是要树立全心全意为人民服务的思想;三是要提升服务意识,提高服务质量,加强服务创新。

人物故事 — 百岁仁医——胡佩兰

胡佩兰,1938年以优异的成绩考入河南大学医学部(今郑州大学医学院),1986年70岁时从郑州铁路中心医院(今郑州大学第五附属医院)的妇产科主任位置上退休。退休后,她一直坚持坐诊。她经常说:"医患关系搞不好是因为交流不够。医生只要对病人认真负责了,病人也自然会对医生极力配合。不管面对哪一个病人,都要把患者当成自己的第一个病人来对待。"胡佩兰在一个工厂职工医院和她所在的地方,连续坐诊20年,坚持每周出诊6天,风雨无阻,8年间捐建了50多个"希望书屋"。2014年2月10日她荣获"感动中国"2013年度十大人物,颁奖词是"技不在高,而在德;术不在巧,而在仁。医者,看的是病,救的是心,开的是药,给的是情。扈江离与辟芷兮,纫秋兰以为佩。你是仁医,是济世良药"。

(摘编自大河健康报网,2019年1月29日)

5. 奉献社会

奉献社会,是职业道德的最高要求。奉献社会就是从业者要履行本职业的社会责任,履行对社会与他人的义务,积极主动地为社会与他人作出贡献。它要求从事各种职业的个人,从社会整体和长远的利益出发,努力为社会作贡献。每一个社会个体的成长与发展都离不开社会大环境的影响,同时个体的发展又必将促进社会发展和进步,个体的利益与社会利益从本质上是一致而相互促进的。奉献社会要求以社会利益为重,不苛求名利。

人物故事 — 全国劳动模范陈刚:奋战一线,为轨道交通建设贡献力量

2020年11月24日,在全国劳动模范和先进工作者表彰大会上,贵阳市城市轨道交通集团有限公司土建工程部技术主管陈刚荣获"全国劳动模范"称号。载誉归来,陈刚说:"我将立足工作岗位,发扬劳模精神和工匠精神,敢于拼搏,勇于奉献,为贵阳轨道交通建设贡献力量。"

陈刚是结构工程专业的硕士研究生,2009年8月怀着"为贵阳城市建设尽一份力"的初心,加入了刚成立不久的贵阳轨道交通公司,此后一直负责轨道交通工程建设管理工作,奋战在城市轨道交通建设第一线。"在建设一线,才能不断提高自己的专业素养和技术水平。"陈刚说。

贵阳轨道交通1号线国际生态会议中心站项目是陈刚负责的第一个项目。陈刚回忆，那时他们遇到两个难题：一是旁边的房子离基坑特别近，施工时存在安全风险；二是林城东路作为观山湖区主干道，交通不能中断。面对难题，陈刚在对施工现场进行详细的勘探后，提出了采用明挖法半幅开挖倒边施工的方法，以保障林城东路的畅行。当时，在国内已有的地铁站施工案例中，采取此施工方法的情况少之又少，找不到什么参考资料。为此，陈刚刻苦钻研，攻克施工过程中的一道道难关。富源北路站到森林公园站区间是贵阳轨道交通2号线的关键节点之一，隧道全长3043 m，下穿贵阳市森林公园景区，部分隧道为低瓦斯隧道，地质条件复杂，施工中难点多，安全风险大。陈刚多次组织勘察、设计、施工、监理等参建单位进行现场踏勘，从工期、成本、安全和可实施性等多方面综合考虑，制定了增设斜井、增设平行导洞、增加作业面的施工方案。2019年6月13日，隧道突遇充泥涌水，陈刚带领工作人员迅速赶至施工现场，连夜制定出抢险施工方案。"时间拖长了，会有其他风险，必须确保现场安全，特别是施工人员的安全。"陈刚说。一周后，遇险路段顺利恢复施工。

陈刚在做好本职工作的同时，积极发挥党员的先锋模范作用，把丰富的建设经验毫无保留地传授给新一代的城市轨道交通建设者。他常说："奉献不言苦，追求无止境。贵阳的轨道交通建设才刚刚起步，我作为一名共产党员一定要勇挑重担，为贵阳轨道交通建设出一份力。"

（摘编自贵阳晚报网，2020年12月19日）

6．品牌维护

作为一名城市轨道交通行业中的职业人，品牌维护也是一项重要的职业道德。品牌是一种错综复杂的象征，它是品牌的属性、名称、包装、价格、历史、声誉、广告风格等的组合。品牌是一种外在的标记，把产品中无形的，仅靠视觉、听觉、嗅觉和经验无法体验到的品质公之于众。品牌同时也因消费者对其使用的印象及自身的经验而有所界定。

品牌维护是指针对外部环境的变化给品牌带来的影响所进行的维护品牌形象、保持品牌的市场地位和品牌价值的一系列活动的统称。品牌建设是一个漫长的过程，广告投入、企业文化塑造、品牌竞争力分析等都对品牌的成长起关键作用。广告投入引导消费者对品牌进行认知，企业文化塑造使品牌深度扩张并趋于人性化。品牌竞争力分析则使品牌的内涵转化为营销力，帮助企业达到市场或利润最大化目标。品牌一旦为消费者所广泛称道，就表示该品牌具有了一定的忠诚顾客群，有了无形价值。

城市轨道交通行业作为公众服务型行业，高质量的服务就是它的品牌。城市轨道交通行业的品牌与所在城市的文化和软实力密切相关，城市轨道交通的成功运行也是保证居民出行方便快捷的重要影响因素，每一个城市轨道交通行业中的企业都蕴含着自身特有的品牌和企业文化。高质量的服务也是每个城市轨道交通企业必须始终注重和倡导的职业道德，其中关键就是员工的职业化，因此，每一名城市轨道交通员工都应积极地培养并提升自身的职业素养。

单元2.3 职业意识

一、职业意识的含义

职业意识（Professional Awareness）是作为职业人所具有的意识，也叫主人翁精神。职业意识具体表现为：工作积极认真，有责任感，具有基本的职业道德。

职业意识既影响个人的就业和择业方向，又影响整个社会的就业状况。职业意识由就业意识和择业意识构成。就业意识指人们对自己从事的工作和任职角色的看法；择业意识指人们对自己希望从事的职业的看法。

职业意识是人们在职业定向和选择过程中，通过学习或实践形成的对职业劳动的认识、评价、情感和态度等心理要素的综合反映，是支配和调控全部职业行为和职业活动的调节器，它包括创新意识、竞争意识、协作意识和主动意识等。

小故事——砌墙工人的命运

有三个砌墙工人在砌墙，有人看到了，过来问其中一个工人，说："你在做什么？"这个工人不耐烦地说："没看见吗？我正在砌一堵墙！"于是他转身问第二个工人："你在做什么呢？"第二个工人抬起头说："我在建造一幢漂亮的大楼！"这个人又问第三个工人，第三个工人一边干活一边哼着小调，脸上带着笑容热情地说："我在建造一座美丽的城市。"

若干年后，第一个人还在工地上砌墙；第二个人坐在办公室中绘制图纸，他成为工程师；第三个人呢，是前两个人的老板。一个人对工作的态度往往反映他的人生观，而一个人的人生观是决定其命运的关键因素。

这三个人的起点都是一样的：砌墙，盖房子。但三个人的归宿不一样，原因是：第一个人没有更多的想法，重复做一个砌房子的工人，只意识到自己的基本工作、基本职责；第二个人有自己的理想，他的目的在于"建幢漂亮的大楼"，认为当前砌墙任务是一个很宏大的任务；而第三个人有自己的思想，他倾注了自己的意识，关注了砌房子的目标，变砌"墙"为建"一座美丽的城市"，看得更高、更远，想象更为宏大，对于理想的追求也会更加执着。

二、职业意识的功能

1. 职业意识对职业人的职业发展具有主导作用

首先，职业意识有利于个体形成爱岗敬业的高尚情操。其次，职业意识是主体发挥创造性的主观条件。再次，职业意识对个体人生观的形成具有重要意义。

2. 职业意识是组织可持续发展的保障

与具体职业相关的职业意识,是对具体职业在长期建设、发展过程中所形成的组织管理思想、管理方式,以及与之相适应的思维方式和行为规范总和的反映。企业管理的核心是对人的管理。"对人的管理"经历了从注重劳动结果到强调规范员工行为,再到注重培养员工职业意识的转变。培养职工职业意识是提高企业竞争力、促进企业经济效益增长的战略性举措。

3. 职业意识是建立和谐社会的重要途径

在市场经济条件下建立和谐社会,除了发展社会主义民主、践行社会主义核心价值体系外,从职业发展的内在需要入手,大力提倡正确的职业意识是一条重要的途径。

三、城市轨道交通企业员工应培育的职业意识

1. 责任意识

从法律角度,对任何一个社会人来说,权利可以放弃,但是责任和义务必须履行,对于即将步入职场的职业人更是如此。一方面,承担自己的责任,不能让自己的责任成为别人的负担,影响整个团队的效率;另一方面,也不能推卸责任,筑起责任划分的堤坝,对于责任交叉和责任空当置若罔闻,毫不关心。

人生在世,每个人都要扮演一定的角色。在社会当中,作为国家的一位公民、社会的一名成员,也都有着自己的岗位和职业。在家庭当中,有可能既是父亲(或母亲),又是丈夫(或妻子),同时还是儿子(或女儿)。无论哪一种角色,社会都相应地有一份职责要求,需要其成员尽职尽责,做一个负责任的人——对孩子负责、对家庭负责、对岗位负责、对社会负责、对国家负责。

人生的境界,往往由于人的责任感、履行职责的程度不同,而有不同的层次。责任感既是一种高尚的情操,也是一种平凡的精神;既体现在关键时刻挺身而出,慷慨赴义,也融合和渗透在人们日常的工作和生活中。

案例 — 优秀者,就是优秀的责任承担者

小张和小王都是某速递公司的骨干成员。有一次,他俩奉命将一个非常重要的模型送到客户那儿去。没想到,客户公司的电梯坏了,但按规定,他们必须在约定的时间内将模型送到。小张仗着自己力气大,决定爬楼梯背上去。背到了8楼,小王说:"我替你一下吧。"可是,在两人换手的那一刹那,模型掉到地上,摔坏了。小王大喊:"你怎么搞的,我还没接到你就放手。"小张辩解道:"你明明伸出手了,我递给你,你没接住。"

他们都知道把模型摔坏了意味着什么,没了工作不说,可能要背负债务。果然,回到公司,管理人员对他俩进行了严厉的批评。事后,管理人员找他二人单独谈话。小王一见管理人员,竭力为自己开脱,将责任推到小张身上:"他不应该逞强将模型背上去。"小张进来将全过程告诉管理人员,然

后说:"这件事情我要负很大的责任。小王的母亲正在生病,如果要赔偿的话,他的责任由我来负,我一定会弥补我们造成的损失。"

几天后,管理人员将他二人叫进办公室,对他们说:"公司一直对你们很器重,没想到发生了这件事。不过也好,这使我们更清楚哪一个人适合在公司发展。我们需要一个勇于承担责任的人,因为这样的人值得信任。"这次意外对于小张来说,反而成了"好运"的开始。

🔬 小故事 —— 认错未必就是输

山上有两间和尚庙,甲庙的和尚经常吵架,互相敌视,生活痛苦;乙庙的和尚,却一团和气,个个笑容满面,生活快乐。

于是,甲庙的方丈便好奇地前往请教乙庙的小和尚:"你们为什么能让庙里永远保持愉快的气氛呢?"小和尚回答:"因为我们经常做错事。"

甲庙方丈正感疑惑时,忽见一名和尚匆匆由外归来,走进大厅时不慎滑了一跤,正在拖地的和尚立刻跑了过去,扶起他说:"都是我的错,把地擦得太湿了!"站在大门口的和尚,也跟着进来懊恼地说:"都是我的错,没告诉你大厅正在擦地。"被扶起的和尚则愧疚自责地说:"不,不!是我的错,都怪我自己太不小心了!"

前来请教的甲庙方丈看了这一幕,心领神会,他已经知道答案了。你知道了吗?

✏️ 小测验

请同学们检测下自己的责任感强不强?

责任感不强的典型行为有以下几种。

(1) 自认为已经做得差不多了。

(2) 明知道还有一些不完善的地方,还是留待下一个环节的人来处理。

(3) 能感觉到这样会产生一些不良后果,却抱着侥幸心理,认为也许不会出什么事。

(4) 觉得在工作时间内已经很努力了。

(5) 认为自己和别人的结果可能差不多。

(6) 觉得精益求精也没有止境,勉强过得去就行了。

(7) 认为对责任的界定没有很严格的标准,何必自讨苦吃。

(8) 放大别人的缺点,为自己开脱找借口,忽略自己的缺点。

(9) 不出纰漏,万事大吉。

2. 安全意识

城市轨道交通是现代化大城市广泛采用的一种安全、快速、舒适、无污染且运量大的有轨运输方式,由车辆、车务、机电、通号、工务等分系统组成,犹如一架庞大复杂的"联动机"。在实现运营过程中,"联动机"的各个环节、各个部门要相互配合,紧密联系,成为整体。行车安全不但关系整个城市轨道交通系统的正常运作,而且关系广大乘客生命、国家财产的安全，所以安全是城市轨道交通的生命线和效益线。作为城市轨道交通员工，应该树立"安全第一、预防为主"的安全意识。

知识链接 — 近年世界城市轨道交通主要事故一览

2003年2月18日，韩国大邱地铁某线路发生火灾，造成198人死亡，其中大多数人死于燃烧后产生的毒气中毒，另有146人受伤，298人失踪。

2004年2月6日，莫斯科地铁某列车发生爆炸，造成至少46人丧生，百余人受伤。

2017年4月3日，圣彼得堡地铁某线路一列车在隧道中发生爆炸，造成16人死亡，50多人受伤。

2017年9月15日，伦敦地铁某列车在车站发生爆炸，造成至少29人受伤。

2020年3月10日，墨西哥地铁发生列车相撞事故，造成1人死亡，40多人受伤。

2021年7月20日，郑州地铁某线路由于暴雨导致区间水淹，造成14人死亡。

2023年2月21日，洛杉矶轻轨某线路列车与一辆汽车相撞，造成2人死亡，3人受伤。

2024年1月4日，纽约地铁发生列车相撞事故，造成26人受伤。

3. 服务意识

现在很多企业会谈到员工的"服务意识"这一概念，那什么是"服务意识"呢？其实服务意识是指企业全体员工在与一切企业利益相关的人或企业的交往中所体现的为其提供热情、周到、主动的服务的欲望和意识，即自觉主动做好服务工作的一种观念和愿望，它发自服务人员的内心。

服务意识有强烈与淡漠之分，有主动与被动之分，这与个人认识程度、观念等的不同有关。认识深刻，就会有强烈的服务意识；有强烈的展现个人才华、体现人生价值的观念，就会有强烈的服务意识；有以公司为家、热爱集体、无私奉献的风格和精神，就会有强烈的服务意识。

4. 主动工作意识

能主动工作，就是工作的主人。工作就要主动、行动与热情。

如果待在一个职业化意识很强的群体里，受到周围人的感染，你也会努力勤奋起来，做最好的自己，逐渐实现自己的职业化，或成为成功的人，或成为这个群体的领导者，或者开创自己的新事业，或者在某一方面成为专家，或者成为不可或缺的人物，这对你的职业化有百利而无一害。

如果待在一个非职业化而散漫懒惰的群体里，即使是一个优秀的人，你可能也会变得懒惰。因为不能改变这个群体，就要被这个群体同化。人总是有惰性的，当周围的人都不思进取沉迷于安乐，对工作得过且过，没有计划性，没有长远性，没有良好的执行力，组织框架松散无序，在这种环境的感染下，再勤快的人也会变成一个庸碌无为的人。

当然环境与个人的因素是相互影响、相互转变的，环境可以改变人，反过来，人也可以改变环境。其中关键是人的主动性，如果自己发挥了主动性，则可以改变自己的环境，如果自己放弃了主动性，则必然会被环境改变。

案例

真正的主动工作意识就是贯彻到底、解决问题。最近有一种管理叫作"剥五层皮"，也就是任何问题问五次。

第一问："机器为什么坏掉？"答："电源开关坏了。"

第二问："电源开关为什么坏掉？"答："电源开头中的保险丝断了。"

第三问："保险丝为什么断掉？"答："材质不好。"

第四问："材质为什么不好？"答："因为掺了杂质。"

通常问了四五次之后，大概都可以摸清楚问题症结所在。这种主动的意识是工作执行中的重要意识。

小故事 —— 爱若和布若

爱若和布若差不多同时受雇于一家超级市场，开始时大家都一样，从最底层干起。可不久爱若受到总经理的青睐，一再被提升，从领班升到部门经理。布若却成长不快。终于，布若向总经理提出辞呈，并抱怨总经理用人不公。总经理耐心地听着。他了解这个小伙子，工作肯吃苦，但似乎缺少了点什么。缺什么呢？他忽然有了主意。

"布若先生，"总经理说，"请您马上到集市上去，看看今天有什么卖的。"布若很快从集市回来说，刚才集市上有一个农民拉了一车土豆卖。

"价格多少？"布若再次跑到集市上。

总经理望着跑得气喘吁吁的他说："请休息一会吧。您可以看看爱若是怎么做的。"说完叫来爱若，对爱若说："爱若先生，请您马上到集市去看看今天有什么卖的。"

爱若很快从集市回来了，汇报说，到现在为止只有一个农民在卖土豆，有10袋，价格适中，质量很好。他还带回几个土豆让经理看。爱若接着说道，这个农民过一会儿还有几筐西红柿上市，据他看价格还算公道，可以进一些货。考虑到这种价格的西红柿总经理可能会要，所以爱若不仅带回了几个西红柿样品，而且还把那个农民也带来了，现在正在外面等回话呢。

总经理看了一眼红了脸的布若，说："请那个农民进来。"

爱若由于比布若多想了几步，在工作上取得了成功。

这则故事诠释了由于主动意识不同，工作的效果有很大的差异。爱若比布若多了几分主动意识，于是在工作中得到了重用。主动意识强的人对工作的态度是积极负责的,能将工作的目标与结果统一起来考虑,并主动为达成工作目标付出更多的努力。缺乏主动意识的人往往对待工作消极被动,机械地服从命令,对结果不负责任,缺乏创造性,所以很难得到提升与重用。

初入职场,大多数人要从底层职位做起,即使这样也应把简单的工作做好,创造性地完成任务,才能有更多的发展机会。

5. 细节意识

《道德经》提到:"合抱之木,生于毫末;九层之台,起于累土;千里之行,始于足下。"成功从来都不是一蹴而就的,成功是一个不断积累的过程。对待小事、对待细节的处理方式往往也反映了一个人工作的态度。是积极面对,脚踏实地,无论什么工作都尽心尽力完成?还是整日空想成功,却不愿从身边的事情做起?这两种截然不同的态度,就是成功者与失败者的区别。

《荀子·劝说》提到:"故不积跬步,无以至千里;不积小流,无以成江海。"再高的山都是由细土堆积而成,再大的河海也是由细流汇聚而成,再大的事都必须从小事做起,做好每一件小事,大事才能顺利完成。一个细节的忽略往往会铸成人生大错,造成事业巅峰之危,而一个细节的讲究,可以让企业兴旺发达,让人成就辉煌的事业。

案例

某国际饭店集团的创始人是一个注重"小事"的人。他要求员工:"大家牢记,万万不可把我们心里的愁云摆在脸上!无论饭店本身遇到何等的困难,工作人员脸上的微笑永远是顾客的阳光。"其实,每个人所做的工作都是由一件件小事构成的。酒店工作人员每天的工作就是接待顾客、回答顾客的疑问、打扫房间等小事。行政人员每天所做的可能就是接听电话、整理报表这些小事。请记住:工作中无小事。只有注重细节,把工作中的每一件小事做细,才能为乘客提供一流的服务。

细节决定成败,态度决定一切。如果城市轨道交通员工端正自己的心态,树立细节意识,以认真的态度做好工作岗位上的每一件小事,以强烈的责任心对待每个细节,那么,城市轨道交通这个大家庭就一定会迸发出巨大的能量。

6. 客户意识

什么是"优质服务"?这是服务业一直都探寻的话题。可能100个员工会有100个不同的答案,100位顾客也会有100个不同的答案。可无论时代怎么发展,服务业如何变化,真诚与耐心地为顾客考虑一切,以客户为导向,应该是服务业恒久不变的精髓。这就是为什么勤能补拙,"耐心"同样也能补拙的道理。

服务永无止境,树立城市轨道交通企业的品牌需要所有员工优质的服务。一家企业的发展,靠的是先进的技术、高标准的质量、贴心的服务。让我们微笑着面对竞争,面对服务,面对每个客户。

7. 沟通意识

沟通是一门艺术,是一名城市轨道交通企业服务人员不可或缺的能力。对于大多数服务工作者来说,良好沟通能力往往是其服务工作成功的关键。成功了解顾客的需求,并给予良好的反馈,如此往复不已,才能推动服务工作不断跃上新台阶。在现代服务业竞争日益激烈的今天,城市轨道交通员工要用自身良好的服务素质与行动使乘客有真正被尊重和重视的真切感受。

沟通其实是一门哲学。需要是沟通的源泉,倾听是提高沟通效果的保证,人格魅力是沟通的基础,双方共赢是沟通的原则,情绪的正确表达与调节是沟通的条件。把这些理念运用到实践中是需要不断尝试的,更需要不断地总结,这样才能达到先知先觉的境界。

8. 协作意识

我们步入职场时,首先进入一个团队。每一位职业人都在追求实现个人价值的最大化,然而成功必须依赖团队的协作。在团队的协作过程中,注重经营人脉资源,是构筑职业发展平台的基础,学会与人协作,是职业人的必修课。俗话说,"一个和尚挑水喝,两个和尚抬水喝,三个和尚没水喝。""一只蚂蚁来搬米,搬来搬去搬不起;两只蚂蚁来搬米,身体晃来又晃去;三只蚂蚁来搬米,轻轻抬着进洞里。"上面这两种说法有截然不同的结果。"三个和尚"是一个团体,可是他们没水喝是因为互相推诿、不讲协作;"三只蚂蚁来搬米"之所以能"轻轻抬着进洞里",是因为团结协作。团队合作的力量是无穷尽的,一旦被开发,这个团队将创造出不可思议的奇迹。

小溪只能泛起破碎的浪花,百川入海才能激发惊涛骇浪,个人与团队关系就如小溪与大海。每个人将自己融入集体,才能充分发挥个人的作用。总之,团队精神对任何一个组织来讲都是不可缺少的,否则就如同一盘散沙。"一根筷子容易弯,十根筷子折不断",是对团队精神重要性的形象比喻。

◎ 案例

有一个人做了一个梦,梦中他来到一个两层。进到第一层时,发现一张长长的大桌子,桌子旁坐满了人,桌子上摆满了丰盛的佳肴,可是没有一个人能吃到,因为大家的手臂受到魔法师诅咒,全都变成直的,手肘不能弯曲,以致桌上的美食无法夹入口中。桌旁的人们个个愁苦满面。

二楼却充满了欢愉的笑声。他好奇地上楼一看,同样的也是一群人,手肘也不能弯曲,但是大家却吃得很开心。原来他们互相协助,互相夹菜喂对方,结果大家都享受到了丰盛的佳肴。

没有一个人可以不依靠别人而独立生活,人类社会本是一个需要互相协助的社会。先主动地伸出友谊的手,你会发现原来四周有这么多的朋友。在漫长的人生道路上,我们需要互相协助,共同成长,创造美好的生活。

9. 竞争意识

作为员工,必须懂得竞争是无处不有的。"市场不相信眼泪,竞争不同情弱者。"要想使自己变得强大,作为新时代的员工必须具有强烈的竞争意识、敬业意识,努力掌握好本岗位的工作程序、设备的操作方法,做好规范化、标准化、细节化服务,牢固树立顾客至上、一丝不苟的工作作风。只有竞争意识强、学习欲望高的员工,才能在竞争激烈的社会中不断提升自己、充实自己,才不至于遭到社会的淘汰。

案例

主人吩咐猫到屋子里抓老鼠。它看到了一只老鼠,跑了几个来回,最后也没有抓到。后来老鼠一拐弯不见了。主人看到这种情景,讥笑道:"大的反而抓不住小的。"猫回答说:"你不知道我们两个的'跑'是完全不同的吗?我仅仅是为了一顿饭而跑,而它却是为性命而跑啊!"工作的动机不同,所产生的结果往往大相径庭。

在市场经济条件下,企业要生存,要发展,必须具有强烈的竞争意识。技术创新是推动企业发展的基本力量,也是企业提高竞争力的重要源泉。

一个企业就是一个团队,能否在竞争中屹立不倒,很大程度上取决于团队成员的分工协作、相互配合是否发挥出巨大的能动作用。不管是企业还是个人,在竞争中取胜的最好办法就是提高竞争意识。作为一名员工,要加深对竞争的认识,要有一种比竞争对手做得更好的意识,在脑海里扎下竞争求胜的根,敢于竞争,善于竞争,这样才能在企业的竞争和发展中有所作为。

10. 短板意识

众所周知,木桶是由许多块木板箍成的,盛水量也是由这些木板共同决定的。若其中一块木板很短,则此木桶的盛水量就被短板所限,这块短板就成了这个木桶盛水量的"限制因素"。若要增加此木桶的盛水量,只有换掉短板或将短板加长。人们把这一规律总结为"木桶原理",又称"短板理论"。

一个组织的构成部分往往是优劣不齐的,劣势部分往往决定着整个组织的水平上限。最短的部分也是组织中一个组成部分,我们不能把它当成烂苹果扔掉。劣势决定优势,劣势决定生死,这是市场竞争的残酷法则。"木桶定律"告诉我们,人要有短板意识,如果你在哪个方面存在"最短的一块",就应该考虑尽快把它补起来。如果存在"一块最短的木板",就一定要迅速将它做长补齐,否则带来的损失可能是毁灭性的。

理解木桶定律并不足以使我们真正弥补企业和个人的弱点和短板。我们不仅仅要了解木桶定律,更要了解木桶定律产生的根源,认识到短板的危害,知道如何寻找短板、补足短板,加长木桶中的短板,还要注意木板间的结合是否紧密。

11. 学习意识

如何增加自己的知识?应遵循一个最重要的观念——不会就要问,即不耻下问。不要担心职位在你之下的员工会笑话你。

书到用时方恨少,平常若不充实学问,临时抱佛脚是来不及的。有人抱怨没有机会,然而当升迁机会来临时,自己平时没有积蓄足够的学识与能力,只好后悔莫及。

21世纪的企业需要成为学习型企业。那么个人最重要的能力是什么?同样也是学习能力。学习要有高度的自觉性,我们必须有强大的自律能力,并深信自己有足够的能力去管理自己的学习过程。学习成长的路是崎岖不平的，充满痛苦及喜悦，满是挫折、迷惑、诱惑，让人感到痛苦，但当我们看到自己脱胎换骨时，将获得极大的喜悦。

"活到老，学到老"，要永远学习；"海纳百川，有容乃大""三人行，必有我师焉"，要善于向他人学习；"少壮不努力，老大徒伤悲"，不要等到被同龄人远远甩在后面才幡然悔悟；具备"比他人学得快的能力"是唯一能保持的竞争优势，我们处在一个追赶时代；不管我们在公司的职衔是什么，总会有不明白的地方，不明白就要问。

人物故事 —— 全国劳动模范尹星：做一名永不褪色的"地铁工匠"

尹星（图2-2），青岛地铁集团有限公司运营分公司工程车检修工，曾获"全国劳动模范""山东省劳动模范""齐鲁首席技师"等荣誉称号。

图2-2　全国劳动模范尹星（左一）

尹星心无旁骛，致力轨道技术研究。通过在学习中实践、在实践中创新、在创新中提高，他一步一个脚印，成长为城轨行业车辆设备检修的行家里手。没有最好只有更好，这是他对待工作的态度。在同事们眼中，尹星是一位不折不扣的"巧"匠。他虽已年近不惑，但学业务理论钻劲十足；他言语不多，但在疑难故障面前眼睛发亮；他为人随和，但在技术标准面前"认死理、不变通"。尹星针对地铁车辆和工艺设备运行中暴露的问题，以及一线检修中工装设备上的短板，在工艺改善、先进操作法等方面进行总结提炼，完成科研项目50余项，发表技术论文35篇，编制工艺标准10部，编写故障培训教案50余项，获得国家专利10项。

一花独放不是春，百花齐放春满园。尹星认为，作为一名检修技师，必须将自身掌握的业务本领传授给更多年轻员工，助力更多工友成为能工巧匠。尹星带领的技师工作站，人才辈出。他是"优秀师傅"，培养出来的徒弟中既有"青岛市劳动模范"，又有全国轨道交通行业"维修能手"，团队成员共获得市级以上荣誉奖励10多项。尹星和徒弟们共同成就了"劳模师徒"佳话，为城轨事业发展提供了坚实的人才保障。

"青岛地铁尹星技师工作站"经过多年的摸索前行，得到了快速发展，先后升级为"齐鲁技能大师特色工作站""青岛市尹星劳模创新工作室"，成为山东省城市轨道交通行业首家技师工作站，也成为一张属于青岛地铁的亮丽名片，每年都吸引了很多公司内外的团体前来"取经"。而在尹星积极参加的"劳模工匠进校园"活动中，来听他讲课的人数也达到一千多人，且受到青岛市技师学院、青岛职业技术学院等院校师生的一致好评，使"工匠精神"在校园"开花结果"。

尹星说："满招损，谦受益。成绩只代表过去，勇于归零至关重要。一个人只有对自我不断地扬弃，才能够承载得更多，看得更远。我决心一定要发扬钻研精神，日积月累，久久为功，努力取得最佳学习效果。"

每一个进公司的人可能都有辉煌的过去,但进了公司就必须从零开始,与其他人处在同一条起跑线上。过去的成绩只代表过去,不能忘记过去,过去就会成为包袱,成为前进的绊脚石。我们每一个人都不能躺在过去的成就上吃老本,只有形成强烈的危机感,不断学习,不断进步,才能跟上这快速多变的时代。

(摘编自山东工会网,2022 年 5 月 1 日)

12. 创新意识

创新意识缔造核心竞争力。创新能力的重要性已经获得普遍的社会认知,甚至成为人才取舍的标准之一。要想在求职过程中觅得一个理想的职位,培养自身创新能力是关键之一。人无我有,人有我新,人新我奇,具备独特的创新精神,可以赢得成功。

影响创新力的几大障碍:一是功能固着心理,一个人看到一种惯常的事物功用或联系后,就很难看出其他新的功用和联系;二是思维定式效应,固定的思维模式使人们习惯于从固定的角度来观察、思考事物,以固定的方式来接受事物;三是自我选择效应,一旦个人选择了某一人生道路,就存在向这条路走下去的惯性并且不断自我强化;四是从众效应,每个人都有不同程度的从众倾向,总是倾向于跟随大多数人的想法或态度,以证明自己并不孤立。

人物故事 —— 全国劳动模范梁西军:青春无悔铸地铁,攻坚克难勇创新

梁西军(图 2-3)是中铁一局集团有限公司城轨公司西安地铁指挥部技术负责人。2003 年 7 月,梁西军从西安建筑科技大学毕业后,一直在中铁一局从事施工技术工作。在企业的悉心培养和领导、同事们的支持帮助下,他从一个"见习生"一步步成长为地铁施工技术管理人员。2020 年被评为"全国劳动模范"。

图 2-3　全国劳动模范梁西军

2014 年,梁西军担任西安地铁四号线 11 标项目负责人,这是他第一次独立负责项目。这个项目包含两站两区间,线路全长不到 5 km,却集中了全线近 40% 的重大风险,"饱和软黄土""地裂缝"和"文物保护"三大难题全部都存在。其中难度最大、风险最高、技术要求最高的是双线长 530 m 的富水饱和软黄土地质条件下浅埋大断面暗挖隧道施工,这是我国首次在饱和软黄土地质条件下进行的下穿运营的站场暗挖施工。暗挖隧道断面宽 11.7 m,高 10.05 m,覆土仅有 10.5 m,地下 5 m 就见水,隧道顶部有 5~8 m 厚的饱和软黄土,饱和软黄土失水极易失稳、变形,工程自身风险大;暗挖隧道与国铁站场道岔咽喉区股道 45° 斜交,地面铁路设施复杂,保护要求高、难度大。隧道左线下穿 15 股道 8 组道岔,右线下穿 14 股道 4 组道岔,更有蜘蛛网一样的线缆、星罗棋布的信号杆和立柱等,每天约 200 对列车通过,每隔 7 min 就有一趟列车经过。为了铁路运营安全,要求股

道单日沉降不得大于 1.5 mm,地面单日沉降不得大于 5 mm,累计沉降不得大于 15 mm,这在国内外尚无先例可循。施工前南北竖井需要拆迁车站库房、车站派出所、水塔以及棚户区民房 204 户等建构筑物,拆迁规模大、组织协调难。施工需要攻克"安全管理、施工技术、组织协调"三大难题,应对"极大的安全风险、超高的技术要求、不良的地质条件、极限的施工工期、严苛的施工环境"五大挑战,被业内喻为"给心脏做手术"的"超级下穿"工程。面对这"三大难题、五大挑战",梁西军带领团队化压力为动力,以问题为导向,采用庖丁解牛的方法仔细梳理、查清问题、找准方法,先易后难,一步步走稳,一项项做实。每天不断地调查研究,不断地模拟演练,不断地试验实践,不断地探讨优化方案、创新方法。经过艰苦奋战,2018 年 2 月 5 日 10:58,火车站暗挖隧道双线终于贯通了。

梁西军刻苦钻研,坚持创新管理与技术创新并举,攻克了多项难题,既保证了工程优质,也形成了多项成果,填补了诸多行业空白。在"西安地铁黄土地层深基坑及盾构隧道施工关键技术研究"中,梁西军历经 100 多次试验,形成了适合黄土地层的深基坑和盾构施工方法,创下了盾构掘进单班 14 环、单日 27 环和单月 485 环全国施工新纪录。他的"盾构机自动导向系统激光站吊篮""盾构施工用地面高程点安装板""盾构隧道内平面控制点强制归心托盘研究"三项发明专利获中国中铁"青年创新成果金奖"。

(摘编自搜狐网,2020 年 11 月 25 日)

单元2.4 职业心态

作为城市轨道交通的职员,不管是老员工还是新员工,不管是领导者还是被管理者,都要做一个"简单"的人,将复杂问题简单处理,把"简单"的事情办好,达到动机与效果的统一,发挥城市轨道交通每一个"螺丝钉"的作用,相互支持、密切配合,构建和谐城市轨道交通。

任何工作都离不开心态,心态"简单"了,才能把"简单"的事情做好。在职业化员工打造工作中,作为城市轨道交通职业化员工应修炼七大黄金心态,即积极心态、阳光心态、执着心态、共赢心态、空杯心态、主人翁心态、感恩心态。

试验 — 心态的力量

有一个教授找了九个人做实验。教授说,你们九个人听我的指挥,走过这个弯弯曲曲的小桥,千万别掉下去,不过掉下去也没关系,底下就有一点水。九个人听明白了,陆陆续续都走过去了。走过去后,教授打开了一盏黄灯,透过黄灯九个人看到,桥底下不仅水很深,而且还有几条在动的鳄鱼。九个人吓了一跳,庆幸刚才没掉下去。教授问,现在你们谁敢走回来?没人敢走。教授说,你们要用心理暗示,想象自己走在坚固的铁桥上,诱导了半天,终于有三个人站起来,愿意尝试一下。第一个人颤颤巍巍,走的时间多花了一倍;第二个人哆哆嗦嗦,走了一半再也坚持不住了,吓得趴在桥上;第三个人才走了三步就吓趴下了。教授这时打开了所有的灯,大家这才发现,在桥和鳄鱼之间还有一层网,网是黄色的,刚才在黄灯下看不清楚。大家现在不怕了,说要知道有网我们早就过去了。只有一个人不敢走,教授问他,你怎么回事?这个人说,我担心网不结实。

文摘 — 简单与复杂

2010年,《中华文摘》一篇《简单与复杂》的文章中写道:"这个世界其实很简单,只是人心很复杂。其实人心也很简单,只是利益分配很复杂……人与人之间的关系很简单,由于利益分配变得很复杂,才有了尔虞我诈、钩心斗角……人,一复杂就痛苦,可痛苦的人却熙熙攘攘……人,小时候简单,长大了复杂;穷的时候简单,得势了复杂;君子简单,小人复杂;看自己简单,看别人复杂。"

一、积极心态

现实生活中,消极的人允许或期望环境控制自己,喜欢一切听别人安排,但在这样的情况下,他不可能拥有控制自己命运的能力,也无法避免失败的厄运;相反,积极的人总是以不屈不挠、坚韧不拔的精神面对困难,他的成功是指日可待的。积极的人总是使用最乐观的精神和丰富的经验支配、控制自己的人生;消极者则刚好相反,他们的人生总是处在过去的种种失败与困惑的阴影里。

世间万事万物,你可用两种心态去看它,一个是正面的、积极的,另一个是负面的、消极的。心态完全取决于你自己的想法。好的心态可使人欢快进取,有朝气,有精神;消极的心态则使人沮丧、难过,没有主动性。

强者对待事物,不看消极的一面,只取积极的一面。假如摔了一跤,把手摔出血了,他会想:多亏没把胳膊摔断。假如遭了车祸,撞折了一条腿,他会想:大难不死必有后福。强者把每一天都当作新生命的诞生,充满希望;强者又把每一天都当作生命的最后一天,倍加珍惜。

用积极的态度开始和结束每一天。也许积极的心态坚持下来会很辛苦,但当你因为这种积极的心态得到他人的肯定,给你的工作、学习带来巨大的提升之后,你就会感受到这种心态在人生中的重要性。态度越积极,决心越大,对工作投入的心血越多,从工作中所获得的回报也就相应越多。

小故事

雨后,一只蜘蛛艰难地向墙上已经支离破碎的网爬去。由于墙壁湿润,它爬到一定的高度,就会掉下来。它一次次地向上爬,一次次地又掉下来……一个人看到了,他叹了一口气,自言自语:"我的一生不正如这只蜘蛛吗?生活忙忙碌碌而无所得。"于是,他日渐消沉。第二个人看到了,他说:"这只蜘蛛真愚蠢,为什么不从旁边干燥的地方绕一下往上爬?我以后可不能像它那样愚蠢。"于是,他变得聪明起来。第三个人看到了,他被蜘蛛屡败屡战的精神感动。于是,他变得坚强起来。

小故事 —— 卖伞与晒布的故事

有这样一个老太太,她有两个儿子,大儿子是染布的,二儿子是卖伞的,她整天为两个儿子发愁。天一下雨,她就会为大儿子发愁,因为不能晒布了;天一放晴,她就会为二儿子发愁,因为不下雨二儿子的伞就卖不出去。老太太总是愁眉紧锁,没有一天开心,弄得疾病缠身,骨瘦如柴。一位哲学家告诉她,为什么不反过来想呢?天一下雨,你就为二儿子兴奋,因为他可以卖伞了;天一放晴,你就为大儿子兴奋,因为他可以晒布了。在哲学家的开导下,老太太天天都是乐呵呵的,身体自然健康起来了。

积极的心态能帮人们克服困难,保持进取的斗志;而消极的心态只会让人失去信心,对一切都没有热情,对生活也只有无止境的抱怨。

强者和弱者的区别有时也只是心态上的差异,成功和失败的人生也是如此。我们不能改变生活,就要懂得改变自己;不能决定事情的成败,就要学会调整自己的心态。始终保持乐观向上的良好心态,去迎接每一天的生活和工作,去面对每一次挑战与挫败,你将充满正能量,人生也会越过越开心,越来越精彩。

二、阳光心态

阳光心态不是得意的心态,而是一种不骄不躁、处变不惊的平常心态。

事情本身不一定重要,重要的是人对这件事情的态度。态度变了,事情就变了。

改变不了环境,但可以改变自己;改变不了事实,但可以改变态度;改变不了过去,但可以改变现在;不能控制他人,但可以掌握自己;不能样样顺利,但可以事事尽心;不能左右天气,但可以改变心情;不能选择容貌,但可以展现笑容;不能预知明天,但可以用好今天。

在职业生涯和生活中,我们不可能一帆风顺,种种失败、无奈都需要勇敢地面对、豁达地处理。成功者将挫折、困难归因于个人能力、经验的不完善,强调内在,乐意不断地向好的方向改进和发展;失败者怪罪于机遇、环境的不公,强调外在的因素造就了他们的人生位置,总是抱怨、等待与放弃。

小故事 — 西邻五子食不愁

民间有这么一个故事,说的是西邻有五个儿子,老大老实,老二机灵,老三眼盲,老四驼背,老五跛足。看起来这一家真够凄惨的,但西邻却很懂得改变对现实的态度和看法。他让老实者务农,机灵者经商,眼盲者按摩,背驼者搓绳,足跛者纺线,结果全家衣食无忧,其乐融融。这个故事就叫"西邻五子食不愁"。

三、执着心态

有这样一则哲学故事,曾有人去问智者谁是谁非,智者说每个人都没有错,只是反映了不同的人生态度而已。在人生的奋斗历程中,不慎跌倒并不表示永远失败,唯有跌倒后失去了奋斗的勇气才是永远失败。通向成功的路绝不止一条,不同的人可以选择不同的路。成功与否,往往不在于对道路的选择,而在于一旦选定了自己的路,便不再彷徨。

《荀子·劝学》提到:"锲而舍之,朽木不折;锲而不舍,金石可镂。"这句话就是对执着精神的经典概括,成为人们信奉千古的治学格言。治水的大禹、卧薪尝胆的勾践、闻鸡起舞的祖逖、程门立雪的杨时、悬梁刺股的苏秦、三年不窥园的董仲舒……这些都是执着的典范。咬定青山不放松、百折千磨志不改、衣带渐宽终不悔、不到长城非好汉……这些执着的佳句同样不朽。

执着的人往往认准了目标便不回头、不迎合他人。具备这种素质的人常常能创造人间奇迹。吉尼斯世界纪录大全中所记载的诸多世界之最的创造者,性格中明显有共同的一点,那就是执着。执着让他们将所热爱的某项事业推向极致,让许多的不可能成为可能。

执着是一种精神,是一种对人生和事业的态度。执着是坚持生命不息、奋斗不止精神的本色。执着的人不甘于在平庸中虚度岁月,而是积极探寻人间的奇迹。让我们在执着和坚持的路上,迈向成功。最困难的时候,也就是我们离成功不远的时候。

四、共赢心态

什么是共赢心态?共赢的本质就是共同创造、共同进步,共赢是团队的内在气质。螃蟹在陆地上也可以生存,不过离开水的时间不能太久,所以它们就不停地吐泡沫来弄湿自己和伙伴。一只螃蟹吐的沫是不大可能把自己完全包裹起来的,但几只螃蟹一起吐泡沫连接起来就形成了一个大的泡沫团,就能营造了一个能够容纳这几只螃蟹的富有水分的生存空间,彼此都争取到了生存的机会。

在生产中,经常讲到"大班组"这样一个概念。虽然城市轨道交通系统控制中心、站务中心、乘务中心行政上不属于同一个部门,但在实际生产中人员相对固定,从另一个角度看,他们就是一个"大班组"。班组成员只有相互理解、协同合作,才能使班组或者团队走向成功。如果班组内部不团结,经常抬竹杠,制造摩擦,就容易出问题。往大了说,客运系统、设施系统和车辆系统也是一个整体、一个团队,只有消除隔阂,互相帮助,精诚合作,才能发挥团队优势,获取团队成功。共赢心态提倡的是团队成功,共赢心态运用的是博弈智慧。

在 21 世纪,全球化、信息化、网络化不仅加剧了竞争,而且促进了合作。在一个共荣共赢的时代,没有共赢思维和合作能力的人,最终将失去生存与发展的机会。共赢可以使职业价值最大化,团队协作的收获往往要超过团队各成员单独努力收获的简单累加,超出的部分就是协作的超值回报。一个人要想在事业上获得成功,除了自己的努力,还需要与人合作。如果一个人只知有己,不知有人,那么,他的努力会在别人的反对或掣肘之下劳而无功。因此,我们必须转变观念,彻底打破非输即赢的陈旧思维模式,从"我"走向"我们",从孤军奋战走向团队共赢。共赢强调发挥优势,尊重差异,合作互补。

五、空杯心态

空杯心态就是一种挑战自我的永不满足的心态,空杯心态就是对自我的不断扬弃和否定;空杯心态就是不断清空自己的大脑和心灵;空杯心态就是不断学习、与时俱进。

案例

古时候一个佛学造诣很深的人,听说某个寺庙里有一位德高望重的老禅师,便去拜访。老禅师的徒弟接待他时,他态度傲慢,心想:我是佛学造诣很深的人,你算老几?后来老禅师十分恭敬地接待了他,并为他沏茶。可在倒水时,明明杯子已经满了,老禅师还不停地倒。他不解地问:"大师,为什么杯子已经满了,还要往里倒?"大师说:"是啊,既然已满了,干吗还倒呢?"禅师的意思是,既然你已经很有学问了,干吗还要到我这里求教?这就是"空杯心态"的故事。空杯心态的象征意义是,做事的前提是有虚心求教心态。如果想学到更多学问,先要把自己想象成"一个空着的杯子",而不是骄傲自满。

"人要有空杯心态和海绵心态,让自己以学徒的心态开始学起。"我们都知道这样一个现象:如果一个杯子有些浑水,不管加多少纯净水,仍然浑浊;但若是一个空杯,不论倒入多少清水,它始终清澈如一。

在实际工作中,有些人一旦在一个岗位上工作了一段时间,就会觉得工作起来非常熟练,不用再学习;总觉得一些领导、管理、营销理论也学得差不多了,业务知识在平时的工作中也在不断地应用,虽然也想着继续学点东西,不断充实自己,但是因为有老的知识,即"杯子中的浑水",学进去的东西并不能在实际工作中好好地运用,然后慢慢地变成了"吃老本"。

社会每时每刻都在前进,周围的环境在不断变化,若有了"空杯心态",把自己完全当成新生,虚心地向周围的同事、同行、客户等学习,不执着于过去对事物的看法,调整好学习的心态与思维方式,全面接受新的知识,我们会进步得更快,也就能更好地适应当前的竞争社会要求了。

六、主人翁心态

主人翁心态是一种包含使命感、责任心和事业心的态度。它体现在个人或集体对待工作或任务的全面视角和投入,不仅关注工作的效率、效果、质量、成本和品牌等方面,而且会从长远的角度出发,考虑组织的战略问题。拥有主人翁心态的人会将自己视为工作或任务的主体,对待工作像对待自己的事业一样,全力以赴,为实现目标而努力奋斗。在具体实践中,主人翁心态要求个人或集体站在更高的立场,不仅仅是为了个人的利益,而是为了整个集体或组织的利益。

七、感恩心态

作为一名社会人,一名职业人,我们离不开周围同事的帮助和协作,没有人可以脱离其他人独自完成工作。重要的是,我们应该问自己一句,我是否关心我身边的人,在他们需要的时候,是否能够提供真心的帮助?

我们需要有一颗感恩的心,对自己所遇到的一切都抱着感恩的态度。感恩是一种美好的感情,是一种健康的心态,是良知,也是动力。

 复习与思考题

1. 什么是职业素养?其核心要素有哪些?有什么重要作用?
2. 什么是职业道德?职业道德有哪些特点?
3. 城市轨道交通职业化员工职业道德主要有哪些?
4. 什么是职业意识?城市轨道交通企业员工应具备哪些职业意识?
5. 城市轨道交通职业员工应具备哪些良好职业心态?
6. 职业道德的功能有哪些?

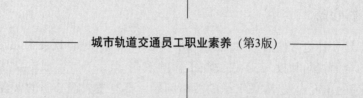

模块 3
MODULE THREE
城市轨道交通员工职业行为规范

学习目标

1. 知识目标
（1）理解职业礼仪概念，掌握职业礼仪内容与培养途径；
（2）了解城市轨道交通员工着装规定；
（3）了解城市轨道交通员工职业习惯；
（4）掌握城市轨道交通员工职业行为标准。

2. 能力目标
（1）能按照职业礼仪的培养途径，学会并提升自身职业礼仪；
（2）能按照城市轨道交通员工着装规定进行着装；
（3）认真学习客运服务有关规章制度与标准，掌握服务技能，能按照城市轨道交通客运服务原则与规范进行操作。

3. 素质目标
（1）养成个人职业礼仪的良好习惯，按城市轨道交通员工着装标准统一着装，树立企业新形象，展现员工优良的精神风貌；
（2）城市轨道交通员工应养成遵纪守时、礼貌待人、持续学习的良好职业习惯；
（3）城市轨道交通员工应执行先进管理理念和管理方法，遵守服务工作职业行为标准，让乘客享受到城市轨道交通一流的服务，创建良好的企业服务品牌、树立良好的社会形象。

建议学时

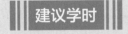

8学时

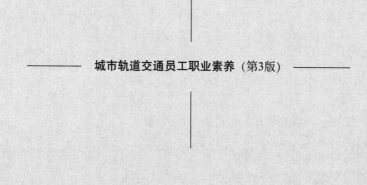

单元3.1 职业礼仪

职业行为规范主要体现在职业礼仪方面。说到职业礼仪,有人认为它是整个员工职业课程中最容易理解的一门课程,但也有人认为它最难掌握。之所以说它容易理解,是因为职业礼仪并没有什么高深的、难以理解的定理或者结论,它是我们在日常职业活动中,经过长期积累及总结而达成共识的一种行为准则。说它难以掌握,则是因为职业礼仪贯穿于我们日常工作生活的方方面面,要想养成良好的职业礼仪习惯,需要坚持不懈地努力。古代先贤孔子说过:"不知礼,无以立也。"

小故事 —— 曾子避席

曾子是孔子的弟子。有一次他在孔子身边侍坐,孔子就问他:"以前的圣贤之王有至高无上的德行、精要奥妙的理论,用来教导天下之人,使人们能和睦相处,使君王和臣下之间没有不满,你知道它是什么吗?"曾子听了,明白老师要指点他深刻的道理,于是立即从席子上站起来,走到孔子对面,恭恭敬敬地回道:"我不够聪明,哪里能知道,还请老师把这些道理教给我。"这就是"曾子避席"的故事。当曾子听到老师要向他传授知识时,他站起来走到席子外向老师请教,以表示对老师的尊重。曾子懂礼貌的故事被后人所传颂,成为后人学习的榜样。

讨论:日常我们与长辈、老师、领导相处时,应注意哪些礼节呢?

小故事 —— 汉明帝敬师

汉明帝刘庄做太子时,桓荣是他的老师,后来他继位做了皇帝,"犹尊桓荣以师礼"。他曾亲自到太常府(桓荣当时封太常)去,让桓荣坐东面,像当年讲学一样,聆听老师的指教。他还将朝中百官和桓荣教过的学生数百人召到太常府,向桓荣行弟子礼。桓荣生病,汉明帝就派人专程慰问,甚至亲自登门看望。每次探望老师,汉明帝都是一进街口便下车步行前往,以表尊敬。进门后,拉着老师枯瘦的手,默默垂泪,良久乃去。当朝皇帝对桓荣如此,所以"诸侯、将军、大夫问疾者,不敢复乘车到门,皆拜床下"。桓荣去世时,汉明帝换上丧服送葬,并对其子女做了妥善安排。

讨论:汉明帝有哪些值得我们学习的地方?

一、职业礼仪的概念

从字面上看,"礼"主要是指礼貌、礼节,"仪"主要是指仪表、仪式。礼仪是指在社会交往中受历史传统、风俗习惯、宗教信仰、时代潮流等因素的影响而形成的,为人们所认同和遵守、以建立和谐人际关系为目的的行为准则与道德规范的总和,具体表现为礼貌、礼节、仪表、仪式等。

日常生活和工作中经常会提到职业礼仪,那么什么是职业礼仪?它的核心问题是什么?职业礼仪是在职业活动中体现相互尊重的行为准则。职业礼仪是一种行为准则,用来约束职业活动中的方方面面。职业礼仪的核心作用是体现人与人之间的相互尊重。简言之,职业礼仪是职业活动中对人的仪容仪表和言谈举止的普遍要求,仪容仪表是指个人的形象;言谈举止是指一个人在职业活动中的职业表现。

职业礼仪是职业人职业素养的外在表现,是职业道德观念所反映的行为准则,是职业行为规范的重要组成部分。职业礼仪具有职业性特征,不同的职业可能会有不同的礼仪规范。职业礼仪也有引领性、示范性特征,领导的礼仪表现会影响下属员工的礼仪,因此,职业礼仪规范的遵守影响着组织文化建设。职业礼仪还具有整体性特征,一个人的职业礼仪失范可能会影响职业群体的整体形象,影响整个组织的形象。

案例 — 小节的象征

一位大公司的总经理雇用了一个没有任何介绍信的小伙子,总经理的朋友挺奇怪,便问他原因,总经理说:"其实,他带来了不止一封介绍信。他在进门前先蹭掉脚上的泥土,进门后又先脱帽,随手关上了门,这说明他很懂礼貌,做事很仔细;当看到来了一位残疾老人时,他立即起身让座,这表明他心地善良,知道体贴别人;那本书是我故意放在地上的,所有的应试者都不屑一顾,只有他俯身捡起,放在桌上;当我和他交谈时,我发现他衣着整洁,头发梳得整整齐齐,指甲修得干干净净,谈吐温文尔雅,思维十分敏捷。难道你不认为这些是极好的介绍信吗?"

二、职业礼仪的内容

1. 社交礼仪

在日常活动中,职业礼仪非常广泛,对城市轨道交通员工客运服务人员来说,除了仪表仪容之外,言谈举止也非常重要。

员工职业表现:合理运用肢体语言向对方展现你的职业,如图 3-1 所示。在与人初次见面的时候,社交礼仪方面需要注意以下问题:

(1)要和对方有目光交流,而不应该左顾右盼。

(2)称谓的选择和使用。在职业活动中,有两套称谓的方法:第一种就是称对方为某某先生或某某女士,这是最为稳妥和最为普遍的一种称谓方式;第二种可以称呼对方

见面礼仪

交谈礼仪

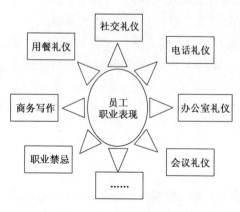

图 3-1 员工职业表现示意图

为某某经理、某某主管、某某总监,以及某某领导,就是直接称对方的职位。

(3)握手时应该注意的方面。握手的次序一般都是女士先伸手,男士再握手;领导和上级以及长辈先伸手,下级和晚辈再握手。握手的时候,等对方先伸手后,再迅速迎上去握手,同时应该避免在多人介绍的情况下互相交叉握手,握手时尽量避免过分摇动。

⚛ 小故事 — 哲理故事——握手

盲人作家海伦·凯勒说过,我接触过的手,虽然无言,却极有表现性。有的人握手能拒人千里,我握住他们冷冰冰的指尖,就像和凛冽的北风握手一样;也有些人的手充满阳光,他们握住你的手,使你感到温暖。

(4)在相互介绍的时候,应该注意顺序的选择。一般先从职位高的人开始介绍,如果分主客方的话,应该是先把主方介绍给客方,再把客方介绍给主方。

(5)互换名片时应该注意的细节。双手拿出自己的名片,将名片的方向调整到最适合对方观看的位置,再双手递过去;双手接过对方名片时,要简单看一下上面的内容,然后不要直接放在兜里或放在其他位置,也不要长时间拿在手上摆弄,要把名片放在专用的名片夹中。

🎯 案例 — 名片引起的尴尬

在一次宴会上,小王经朋友介绍认识了小张。小张热情地将自己的名片递给小王,小王接过后将名片放在餐桌上继续交谈。不一会儿,又来了一位新朋友,小王向他索要名片,那位新朋友恰巧没带,于是小王将新朋友的信息直接记在小张的名片上,之后又习惯性地将名片卷揉玩弄。宴会结束后,小王热情地邀请小张下次再聚,但小张根本不理睬小王,小王纳闷极了。

(6)社交场所禁止吸烟,禁止大声喧哗,要注意音量的控制。

🎯 案例 — 售票员的智慧

公交车售票员李素丽自1981年走上三尺售票台以来,以周到的服务、细致的关怀赢得了社会的赞誉,做出了不平凡的成绩。她为自己制定了服务原则:礼貌待人要热心,照顾乘客要细心,帮助乘客要诚心,热情服务要恒心。李素丽经常是"你发火,我耐心;你烦躁,我冷静;你粗暴,我礼貌,得理也让人"。为了搞好服务,李素丽不但学会了一些简单的哑语、英语和粤语,还自学了心理学,针对不同的乘客,艺术地为他们服务。如,一位姑娘把座位让给一位抱小孩的女乘客,这位乘客好像认为就该让给她似的,丝毫没有感谢之意。见此李素丽便上前逗女乘客怀里的孩子:"多可爱、多乖的小孩,阿姨上了一天班这么累还让座给你,还不谢谢阿姨。"小孩母亲一听,感到自己失礼了,立即向姑娘道谢。

讨论:案例中的让座女乘客和售票员分别有什么样的品质？当你与别人发生矛盾时,你会怎样做呢？

2. 电话礼仪

在现代职业活动中,电话应用范围非常广。那么,用电话沟通时需要注意哪些礼仪？

(1)接听电话。在接听电话时,电话铃响时间不要过长,一般响三声后就要接听电话,同时要报出自己的称谓,最标准的方法是说声"你好"。有的企业可能会要求报出姓名、部门的名称或者公司的名称。拿起电话之后,一定要避免说:"喂,说话。"杜绝使用不标准的用语。面对面进行交流时,可以充分利用肢体语言来进行表达,而电话只能通过声音来表达,所以要特别注意声调、语速,以及表达的准确度。

(2)拨打电话。拨打电话之前,要有一个腹稿,要有所准备,做到心里有数,这样可以节省时间和提高电话沟通的效率。电话接通后,首先做一个简单的寒暄,然后直奔主题。不要闲聊天,不要东拉西扯,以免偏离通话的主题。

(3)通电话时应该注意的几个细节。首先,要使用电话敬语。如"再见""咱们下次再谈"等。先听到对方挂断电话之后,你再挂断电话,这是职业礼仪的一个表现。在用电话进行沟通时,通话时间一般控制在三分钟以内,最长也不要超过五分钟。如果一次沟通没有完全表达出你的意思,最好约定下次通话的时间,或者约定面谈的时间,避免占用电话的时间过长。

电话礼仪

3. 办公室礼仪

在办公室礼仪中,最为突出一点,就是要对他人,包括同事、上级、下级等表现出应有的尊重,要尊重他人的隐私和习惯。

分清哪里是公共的区域,哪里是个人的空间。在办公室中要保持工位整洁、美观大方,避免陈列过多的私人物品。在和他人进行电话沟通,或者是面对面沟通时,说话的音量应控制在彼此都能够听到为好,避免打扰他人的工作。应该尽量避免在自己的工位上进餐,实在不可避免时,要抓紧时间,就餐完毕之后应迅速通风,保持工作区域的空气新鲜。

4. 会议礼仪

(1)会议的分类。如图3-2所示,会议按参会人员可分成公司外部会议和公司内部会议。公司外部会议有产品发布会、研讨会、座谈会等;公司内部会议包括工作例会、表彰会、计划会等。

(2)会议礼仪。下文以外部会议为例,介绍会前、会中、会后需要关注的一些礼仪细节。

①会议前的准备工作。会议前的准备工作中,需要注意以下几方面。

When(时间):是指会议的开始时间。要告诉所有参会人员会议召开的起止时间,以便让参加会议的人员安排自己的工作。

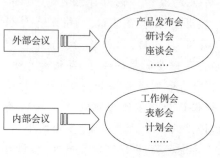

图3-2 会议的分类

Where(地点):是指会议地点的选择。会议室的布局是不是适合会议的进行。

Who(人物):会议有哪些人参加,公司谁会出席,是否邀请嘉宾。

What(会议的议题):要讨论哪些问题。

Others(会议物品的准备):根据会议的类型和目的,准备会议设备及资料,准备公司纪念品。

②会议进行中的注意事项。在会议进行中,需要注意以下几个方面。

a. 会议主持人:介绍参会人员,控制会议进程,避免跑题或议而不决,控制会议时间等。

b. 会议座次的安排:一般情况下,会议座次的安排分为方桌会议座次安排与圆桌会议座次安排两类,如图3-3所示。

方桌(包括长方形、椭圆形)会议座次安排方面,如果只有一位领导的话,他一般坐在长方形桌的短边方位。如果主客双方参加会议,一般分两侧就座,主人坐在会议桌的右边,客人坐在会议桌的左边。

圆桌会议座次安排方面,以门为基准点,靠里面的位置为主座。

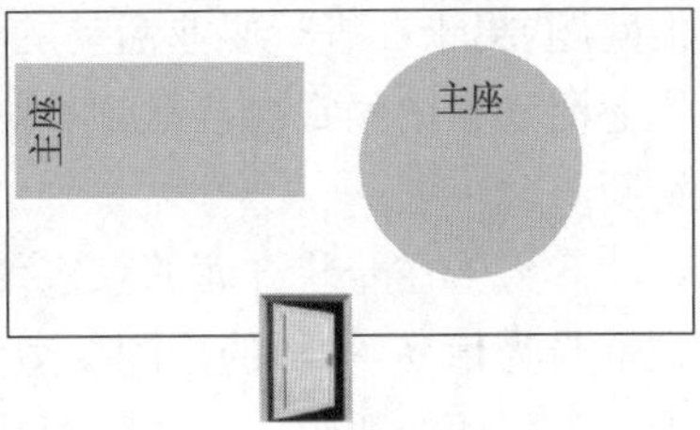

图3-3 会议座次的安排

③会议后的收尾工作。会议完毕之后,应该注意以下职业礼仪,主要包括:会议总结或决议,要落实到文字上,而且应由专人负责;可赠送公司纪念品,安排参观公司或厂房,必要的话,还要合影留念。

5. 用餐礼仪

在正式的职业会谈中,往往会安排职业用餐。职业用餐时应该注意哪些细节呢?

(1)职业用餐的分类。职业用餐的形式分成两大类:一类是比较松散的自助餐或者自助餐酒会;另一类是正式的宴会,也就是职业宴会。职业宴会通常分中式宴会和西式宴会两种形式。

(2)职业用餐的细节。职业用餐,一般以职业活动(职业话题)为主,以用餐为辅?

①参加自助餐和酒会的时候应该注意的细节。自助餐酒会通常先由嘉宾或者主办方即席发言,这时候其他人应该尽量停止手中的一切活动。自助餐没有座次的安排,大家可以来回走动。在和他人进行交谈的时候,应该尽量停止咀嚼食物。用餐时,要特别注意避免浪费。

②中餐宴会和西餐宴会要注意的细节。

a. 中餐宴会。第一,使用公筷。给其他人夹菜的时候,要特别注意用公筷夹菜。第二,敬酒。在用餐中,主办方应尽量避免不停夹菜、不停劝酒这些情况的出现。作为参与者要客随主便。作为主办方,要特别注意其他人的习惯,对方有可能不胜酒力,或者某道菜并不喜欢吃,劝酒让菜的时候,应该尽量为他人着想,尊重他人的习惯。第三,喝汤。在喝汤的时候,声音尽量要小,不要影响他人。第四,座次。一般以门为基准点,靠里面的位置为主位。

b. 西餐宴会。第一,进食的方法。主菜都需要用刀切割,一次切一块食用;面条用叉子卷食;面包要用手撕下小块放入口中,不可用嘴啃食;喝汤时不可发出声音;水果用叉子取用。第二,正确使用餐具。左叉固定食物,右刀切割;餐具由外向内取用,每个餐具使用一次;进餐没有完毕时,不要向右把刀和叉叠放在一起,而是刀、叉握把皆向右,不然,服务员会以为你用餐完毕,把饭菜撤下去。

6. 仪容仪表礼仪

(1)男士的仪容仪表标准。

①男士在发型方面的仪容仪表标准。男士的发型标准就是干净整洁,要注意经常修饰、修理,头发不要过厚,鬓角不要过长。头发不要过长,前部的头发不要遮住眉毛,侧部的头发不要盖住耳朵,后部的头发不要长过西装衬衫领子的上部。

男士仪容
修饰要求

②男士在面部修饰方面的仪容仪表标准。男士在面部修饰的时候要注意两方面的问题:男士在进行职业活动的时候,每天要进行剃须修面,以保持面部清洁;男士在职业活动当中经常会接触到香烟、酒等有刺激性气味的物品,所以要随时保持口气的清新。

男士正装
穿着规范

③男士在着装方面的仪容仪表标准。在正式的职业场合,男士的着装以穿西装打领带最为稳妥,衬衫的搭配要适宜。男士的西装一般建议选深色的,避免选有格子或者颜色艳丽的西装。男士的西装一般分为单排扣和双排扣两种。在穿单排扣西装的时候,特别要注意系扣子,一般两粒扣子,只系上面的一粒,如果有三粒扣子,只系上面的两粒,最下面的一粒不系;穿双排扣西服的时候,则应该系好所有扣子。

衬衫的颜色要和西装整体颜色协调,同时衬衫不宜过薄或过透,特别是穿浅色衬衫的时候,衬衫里面不要套深色的内衣或保暖防寒服,不要将里面的内衣或防寒服露出领口。打领带的时候,衬衫的所有纽扣,包括衬衫领口、袖口的纽扣都应该扣好。领带的颜色要和衬衫、西装颜色相互配合,整体颜色要协调,同时要注意长短配合,领带的长度正好能到腰带的上边缘或离上边缘有一两厘米的距离,这样最为适宜。

在穿西服打领带这种职业着装的情况下,一般要配皮鞋,不穿运动鞋、凉鞋或布鞋。皮鞋要保持光亮、整洁。要注意袜子的质地、透气性,同时袜子的颜色必须和西服整体颜色协调。如果穿深色皮鞋,袜子的颜色应该以深色为主,同时要避免出现比较花的图案。

④男士应携带的必需物品。

a. 公司的徽标。一些企业要求随身携带公司的徽标。徽标的准确佩戴位置是男士西装的左胸上方。

b. 钢笔。男士正确携带钢笔的位置是西装内侧的口袋,而不是西装的外侧口袋。一般情况下,应尽量避免把钢笔放在衬衫的口袋里,因为这样容易把衬衫弄污。

c. 名片夹。应该选择一个比较好的名片夹来放自己的名片,这样可以确保自己名片的清洁整齐。同时接收他人名片的时候,也应该找一个妥善的位置保存,避免直接把对方的名片放在口袋里,或者放在手中不停摆弄。

d. 携带纸巾。男士应该随身携带纸巾,或者携带一块手绢,以随时清洁自己面部的污垢,避免一些尴尬场面的出现。

e. 公文包。一般男士在选择公文包的时候,它的式样、大小应该和整体的着装配合。手机、笔记本、笔等可以放在公文包中。男士在着西装的时候,应该尽量避免在口袋中携带很多的物品,这样会使衣服显得很臃肿,不适合职业场合。

(2) 女士的仪容仪表标准。

女士的发型应该保持美观、大方,同时,选择的发卡、发带,其式样应该庄重大方。女士在正式职业场合的面部修饰应该以淡妆为主,不应该浓妆艳抹。

女士在着装时,需要注意的细节是:严格区分职业套装、晚礼服及休闲服。着职业套装时,无领、无袖、太紧身或者领口开得太低的衣服应该尽量避免。衣服的款式要尽量合身。

女士在选择丝袜以及皮鞋的时候,需要注意的细节是:丝袜的长度一定要高于裙子的下摆。皮鞋应该尽量避免鞋跟过高或过细。

女士在选择佩戴物品的时候,需要注意的细节是:饰品(如戒指)尽量避免过于奢华。

女士应携带的必备物品和男士携带标准基本相同。

女士仪容修饰要求

女士正装穿着规范

三、城市轨道交通员工着装标准

城市轨道交通企业一般要求员工统一着装,目的是树立企业形象,养成员工良好的职业行为,展现员工优良的精神风貌。为此,一般城市轨道交通企业都制定了相关规范,定制了统一的服装,且制定了严格的着装标准和要求。

城市轨道交通员工原则上在工作地点、工作时间穿着工作制服,如在企业或车站范围内当班时间应按规定穿工作制服、佩戴徽章;参加上级组织的重大活动时须穿着统一的工作制服(需戴帽)。非工作时间,但仍穿着工作制服的员工,着装和行为举止一律按上岗时的规定执行。员工在穿着制服乘车、候车的过程中,原则上不坐在座椅上,并主动维持乘客候车、乘车秩序。

1. 工帽

工帽应戴正,帽徽对着正前方,女帽保持帽檐水平,男帽帽檐前缘与眉同高。

2. 工号牌

(1) 工号牌应佩戴于领带与制服领口的中间处,呈水平状。

(2) 穿着衬衫时,工号牌应佩戴于左胸前,与袋口呈水平状。

(3) 工号牌损坏或丢失时,应佩戴胸卡,以便识别。

3. 发型与头饰

(1) 员工头发要保持干净整齐,保持天然颜色,若染发要尽量贴近天然色。

(2) 女员工短发长度不超过制服衣领。头发过衣领的女员工身着制服时,必须把长发挽于统一发放的头花发网内,头花应呈水平状。

(3) 男员工不准留长发、大包头、大鬓角和胡须。

(4) 前额蓄发不得露于帽外。

4. 饰物

(1) 女员工在穿着制服时,只能佩戴式样简洁大方的项链(不可露出制服),只可佩戴一枚简单的戒指,只可佩戴耳钉(无坠,只可在耳垂上戴一副)。其他饰品和款式夸张的项链、戒指,一律不允许佩戴。

(2) 男员工只可佩戴一枚简单的戒指。

5. 领带与丝巾

(1)领带:领带打好之后,外侧应略长于内侧。打好的领带应以领带下端正好触及腰带扣的上端为宜,不得过短或过长。

(2)丝巾:将丝巾对角相折,再对折2~3次,呈3~5 cm宽条状,围在脖子上,在胸前V领处交叉。将下端用别针固定后,塞入衣服内,外观与领口呈平行的V字形。

6. 皮鞋与袜子

(1)应穿着公司统一发放的皮鞋,鞋底、鞋面、鞋侧要保持清洁,鞋面要擦亮。

(2)男员工穿黑色或深色袜,不可穿白色或浅色袜子;女员工穿肉色无花纹丝袜,冬季可穿深色袜子。

四、职业礼仪的培养途径

1. 增强职业礼仪意识

一些职业人平时不太注意礼仪规范,举手投足都比较随便、散漫。比如走姿、站姿、坐姿不规范,说话不用文明用语,甚至不知道轻拿轻放、随手关门,穿着打扮不注意场合与身份等。这些虽然都是小事,但是在特定情况下就会成为影响职业人一生的大事。因此,企业需要通过各种途径让职业人意识到礼仪的重要性。比如,在平时的上下级接触中,上级要向初入职场的职业人说明遵守礼仪的重要性。当然,最重要的还是职业人自身需要多了解并理解礼仪知识,加强学习,在工作中增强职业礼仪意识。

2. 培养日常礼仪习惯

养成个人职业礼仪的良好习惯,不仅是提升自身竞争力、提高职业能力的需要,也是组织发展的要求。俗语说"习惯成自然"。哲学家约翰·洛克(John Locke)曾经指出,礼仪是儿童与青年需要重点培养的第一件大事。有些职业人之所以不懂职业礼仪、习惯差,都是因为在平时的生活中不注意礼仪习惯的培养。实际上,职业礼仪深受日常礼仪的影响。对于某些已经散漫惯了的职业人,要培养职业礼仪习惯,就要从最基本、最日常的要求做起。比如,做到站如松,行如风,坐如钟,不随便丢垃圾,见到上司问好,和同事或客户谈话时面带微笑,随时使用"请、谢谢、对不起"等文明用语,穿着打扮自然大方等。同时,同事之间要进行互相监督,随时纠正不良的行为习惯。如果职业人注意遵守日常礼仪规范,职业礼仪习惯的养成就指日可待。

3. 向优秀同行学习职业礼仪规范

不同行业对职业礼仪的要求是有区别的。已入职场的职业人可以向本组织的优秀同事学习,也可向其他组织的优秀同行学习。实际上,职业礼仪作为一种行为规范,需要在潜移默化中进行培育,为此,职业人需要在工作中多接触优秀员工,学习他们的优秀礼仪规范。

对于即将步入职场的学生,在实习中不仅要注意能力的提高,也要注意职业礼仪的培养,认识到本专业相关的职业礼仪,并进行实习观察和专业的训练。如城市轨道交通专业的学生可以去城市轨道交通运营公司运营管理现场,亲自了解专业工作人员的礼仪规范,亲身体会专职工作人员的专业用语和文明用语,以及其处理乘客问题和车站事务的方式方法。

4. 参加形式多样的职业礼仪培训和竞赛

虽然很多职业人在学校时就已了解职业礼仪规范,并且可能接受了基本的专业礼仪训练,但为了进一步熟练掌握礼仪规范,企业有必要组织员工开展各种形式的职业礼仪培训和竞赛。对于服务型岗位来说,更是如此。如城市轨道交通客运服务人员、银行柜台工作人员、宾馆前台工作人员、景点解说工作人员、商场柜台工作人员等。职业人要积极参加培训与竞赛,从表情、服饰、姿态、礼貌用语、热情接待服务等多方面进行训练,使自己熟悉并学会使用各种礼仪规范。

单元3.2 | 职业行为标准与职业习惯

客运服务工作是城市轨道交通运营企业的核心工作之一,是企业创建服务品牌、树立社会形象的基础性工作。为此,城市轨道交通运营企业应立足自身特点,借鉴先进企业的管理经验,开创性地提出一些通俗易懂、易于在实际工作执行的先进管理理念和管理方法,比如服务工作"12S"管理规范、"四个一"要求与"十个一点"等职业行为标准。

一、职业行为标准

1. 服务工作"12S"管理规范

(1)素质(Stuff)。素质包含哪些内容呢?我们可以用著名的"冰山理论"来解释:把一名员工的全部看作一座冰山,浮在水面上的是他所拥有的资质、知识、行为和技能,这些就是员工的显性素质;而潜在水面之下的东西,包括职业道德、职业意识和职业态度,我们称之为隐性素质;显性素质和隐性素质的总和,就构成了一名员工所具备的全部职业素质。

企业员工的职业素质决定了企业的未来发展,也决定了员工自身的发展。职业意识、道德、态度和职业技能、知识与行为,直接决定了企业和员工发展的潜力和成功的可能。具备职业素质,就拥有了相当的职业竞争力,也就迈出了获得成功的第一步。

(2)笑容(Smile)。平凡的服务岗位上,微笑能使你不同凡响。不同凡响并不是只指你能步步高升、表现出众,而是当你用心为他人服务后能真切感受到快乐。实践证明,只有热爱生活、热爱顾客、热爱工作的人,才能保持并永久拥有那种落落大方而又恬静优雅的微笑服务。同时,实践也告诉我们,微笑服务是人际交往的通行证,它不仅是缩小心理距离、达成情感交流的阶梯,而且是实现主动、热情、耐心、周到、细致、文明服务的途径,同时又是诚意与善良的表征和造成对方愉悦的良药,最后还是引起兴趣、引起好感的源泉和为服务语言增值增效的强力添加剂。

(3)诚恳(Sincere)。泰戈尔说:"当我们大为谦卑的时候,便是我们最近于伟大的时候。"对人态度诚恳、谦卑、恭敬,是成就伟大事业的基础。服务工作需要耐心、细致、技巧,更需要诚恳,车站与乘客要靠有效的沟通与交流,才能增进彼此的理解与信任。口是心非只能是一阵子,诚恳待人才能一辈子。诚恳就是要诚心待人,想乘客所想,急乘客所急,虚心听取意见,不断改进工作。

微笑服务的要求

名人名言

诚者,天之道也;思诚者,人之道也。

——孟子

(4)节约(Save)。勤俭节约的美德如甘霖,能让贫穷的土地开出富裕的花;勤俭节约的美德似雨露,能让富有的土地结下智慧的果。在建设节约型社会中,要牢固树立"浪费也是腐败"的节约意识,克服"花公家钱不心疼"的不良心态,形成"铺张浪费可耻,勤俭节约光荣"的良好氛围,使勤俭节约成为一种时尚、一种习惯、一种精神。谚语说得好,"生产好比摇钱树,节约好比聚宝盆"。对于城市轨道交通企业来说,杜绝浪费,不仅要体现在工作中,如夏天空调温度调高一点、冬天空调温度调低一点、纸张双面使用、随手关灯等,还要体现在生产中,如编制合理的列车运行图、降低电客车空驶里程、减少电力的消耗、降低车站照明系统的能耗等。

(5)规范(Standard)。规范是指群体所确立的行为标准。在企业中制定员工日常行为规范,也是为了规范员工行为,维护企业形象。古人云:"无规矩不成方圆。"个人的发展离不开规矩,人作为社会和国家的主体,直接决定着国家与社会的前进方向,个人只有尊重客观规律,遵守规矩,充分发挥主观能动性,才能达到自己预定的目标,并在奋斗中磨炼自己的意志,吸取失败的经验,不断充实自己,让个人的潜力得到最大的发挥。如果违背了规律,违反了规则,那么必将受到客观世界无情的惩罚,人与社会等不能得到协调发展。

(6)迅速(Speedy)。丘吉尔在第二次世界大战期间每天都要紧张工作18个小时,他时常会说:"没有时间去忧虑(No time to worry)。"纵观当今社会各行业中的成功人士,他们都有一个共同的特点,就是言出即行。

如何培养立即行动的习惯呢?不妨试试下面几个方法。

①不要等到条件都完美了才开始行动——如果你想等条件都完美了才开始行动,那很可能永远都不会开始。

②做一个实干家——要实践,而不要只是空想。

③记住,想法本身不能带来成功——想法是很重要,但是它只有在被执行后才有价值。

④用行动来克服恐惧、担心——行动是治疗恐惧的最佳方法。万事开头难,一旦行动起来,你就会建立起自信,事情也会变得简单。

⑤机械地发动你的创造力——人们对创造性工作最大的误解之一就是,认为只有灵感来了才能工作。

⑥先顾眼前——把注意力集中在你目前可以做的事情上。

⑦立即谈正事(立即切入正题)——如果你不避开那些让人分心的事情来开始谈正事,那它们会花掉你很多时间。一旦开始谈正事,就会变得更有创造力。

(7)坚持(Stick to)。乘古今之风,览中外画卷,无数成功人士的丰碑下都有着"永不言弃"的厚重基石。如果爱迪生在灯丝试验失败后放弃了,就不会发明电灯;如果巴尔扎克在年轻时的贫穷、病痛折磨中放弃写作,就不会有旷世巨作《人间喜剧》的出版,他的名字就不会流芳百世;如果诗人拜伦在出版第一本诗集遭到众人嘲弄时放弃写作,就不会有诗的变革,就不会有他的诗集被后人传颂。

影片《士兵突击》中有一句经典、富有哲理的台词:"光荣,始于平淡;艰巨,在于漫长。"一个人的成功往往来自坚持与执着。失败和挫折只是暂时的,当我们面对挫折、面对失败时,有了对成功的执着与坚持,有了永不言败、困难而进的精神,才能渡过难关,迎接成功。

(8)服务(Service)。服务是指为他人做事,并使他人从中受益的一种有偿或无偿的活动,不以实物形式而以提供劳动的形式满足他人某种特殊需要。服务具有不可复制性、不可分离性、品质差异性、不可储存性、所有权的不可转让性等特性。

当今世界,每个角落都充满了各式各样的服务,如运输服务、餐饮服务、旅店服务、网络服务等,对于从事城市轨道交通客运服务的人来说,应更好地为乘客做好各种服务工作。做好乘客服务,需要城市轨道交通企业员工们首先建立起服务理念。服务理念对做好乘客服务工作具有极其重要的意义。

案例 — 砸冰箱的故事

1984年创建的海尔冰箱厂因经营不善亏损数百万元,厂长张瑞敏临危受命,拉开了革故鼎新的序幕。正当一切艰难开始时,发生了一件颇有争议的事情,由于生产把控的问题,出现了几十台有瑕疵的冰箱,这样的产品当然不能投放商场,于是就有职工建议作为公关品送人,有人建议当作职工福利分发下去。张瑞敏此时却做出了一个出乎意料的举动,挥起锤子把有质量瑕疵的冰箱统统砸毁。

砸冰箱的故事表明,海尔的服务理念是:宁愿砸了自己的产品,也坚决不让一件次品落到客户手里,这也寓示着对用户"真诚到永远"。

(9)满意(Satisfaction)。什么叫"满意"? 满意是指意愿得到满足,符合心愿。按照传统的管理学说法,所谓顾客满意就是达到了顾客的预期。对于城市轨道交通企业来说,要达到满意就必须做到"乘客满意"(乘客的要求得到满足)、"职工满意"(企业员工满意)、"经营者满意"(同行业、关联企业满意)、"社会满意"(地区、国家满意)、"地球满意"(不对地球造成环境污染)。

(10)环境(Surrounding)。良好的人文环境对人们的生活和成长是十分重要的,现代的人们不仅需要高品质的物质生活,更需要高品位的精神生活。在公司中,每位员工与其他员工是相互影响的。一个人成功的主要原因在于他具有创新的能力、必要的知识和技能,并能努力工作,但是成功与否同时也依赖于周围的人,他们既可能会让你的工作充满乐趣,也可能会让你糟糕透顶。"孟母三迁"的典故,说的是孟子母亲为了教育孟子和为了孟子的成长而三次选择居住环境的故事,这说明社会环境与一个人,特别是青少年的成长有直接的关系。孟子后来成为大学问家,与社会环境对他的熏陶感染有很大关系。

(11)卫生(Sanitation)。城市轨道交通已成为当前城市公共交通系统的重要组成部分。广州市容卫生状况公众追踪调查结果显示:广州市民对地铁环境卫生的满意度超过90%。良好的环境卫生也让城市轨道交通员工在工作时都带着一份愉悦的心情,能更快、更好地完成工作,大大提高了工作效率。

(12)安全(Safety)。安全生产事关大局,是运输行业一切工作的重中之重,必须坚持"安全第一,预防为主"的方针。安全是采取系统的措施保证人员、场地、物品等的安全,系统地建立防伤病、防污、防火、防水、防盗、防损等安保措施,确保工作中的人身、设备、设施安全。安全管理最根本的目的是保护人的生命和健康,是对企业效益的最根本要求之一。保护社会生产力,使之能正常生产,保护生产关系,使企业的合法利益不受侵犯和损失,是安全管理的重要内容。

警句

生产是花,安全是根。要想花美,必须强根。违反规程,祸不单行。措施到位,安而无危。

2. 服务工作"四个一"要求

(1) 抓服务工作一丝不苟。工作一丝不苟才能提高服务质量,要重点做到八个字:端正态度,认真负责。

案例 —— 海尔工作人员在用户家中服务的要求

(1) 服务工程师进门前的准备工作。

服务工程师首先检查自己的仪容仪表,以保证海尔工作服正规整洁;仪容仪表清洁,精神饱满;眼神正直热情;面带微笑。

(2) 敲门。

虽然敲门只是一个微不足道的动作,但海尔照样严格要求服务工程师要一丝不苟。海尔规定的标准动作为连续轻敲 2 次,每次连续轻敲 3 下,有门铃的要先按门铃。海尔要求服务工程师平时多加练习,养成习惯;另外,敲门前稍微稳定一下自己的情绪,防止连续敲不停,敲的力量过大。

(3) 进门。

服务工程师按约定时间或提前 5 分钟到达用户家,第一要自我介绍,确认用户,并出示上岗证。

(4) 穿鞋套,放置工具箱。

这些准备工作,能让顾客感受到海尔工作的诚意,使工作人员和顾客能够融洽地交流和合作。

(2) 抓中间环节一着不让。城市轨道交通企业标准化管理体系的实施,关键在于处于中间环节的管理人员的执行力,尤其是面向乘客的服务工作,其执行的效果如何主要看中间各个环节有没有真正地贯彻落实到位。

城市轨道交通企业如果以规范日常运行、加快发展速度、扩大规模、提高管理水平为发展目标,除了要有好的领导班子、好的发展战略、好的管理制度外,更重要的是公司各环节管理人员要有较强的执行力。公司各环节管理人员的执行力如果很弱,与企业的管理制度要求无法完全匹配,则企业的管理制度在执行的过程当中,执行标准就会渐渐降低,甚至完全偏离企业管理制度的要求。管理措施之所以得不到有效推进,其根本原因在于执行。

（3）抓问题处理一查到底。查问题不护短，查责任到位。城市轨道交通企业可组织员工深入剖析事件案例，以此让大家充分认识到新形势下做好优质服务工作的重要性、艰巨性和复杂性；要求员工勇担社会责任、提供真诚服务，对任何违反行风服务的行为都不能等闲视之，要举一反三、认真查处；组织员工开展自我检查，重点查服务意识、服务态度、服务常识的掌握情况，如通过优质服务大检查，消除工作中的薄弱环节。

案例

2022年某日，在某购物广场，客户服务中心接到一起顾客投诉：顾客李小姐从商场购买了某品牌酸奶后，马上去一家餐馆吃饭。吃完饭李小姐随手拿出酸奶让自己的孩子喝，自己则在一边跟朋友聊天。突然听见孩子大叫："妈妈，这里有苍蝇。"李小姐循声望去，看见小孩喝的酸奶盒里（当时酸奶盒已被孩子用手撕开）有一只苍蝇。李小姐当时火冒三丈，带着小孩来商场投诉。正在这时，值班经理看见便走过来说："你既然说有问题，那就带小孩去医院，有问题我们负责！"顾客听到后，更是愤怒，大声喊："你负责？好，现在我让你去吃10只苍蝇，我带你去医院检查，我来负责好不好？"边说边在商场里大喊大叫，并说要去消费者协会投诉，引起了许多顾客围观。

该购物广场客户服务中心负责人听到后马上前来处理。首先让那位值班经理离开，又把顾客请到办公室，一边道歉一边耐心地询问了事情的经过。询问重点：①发现苍蝇的地点（确定餐厅卫生情况）；②确认当时酸奶的盒子是撕开状态而不是只插了吸管的封闭状态；③确认苍蝇是小孩先发现的，大人不在场；④询问在以前购买某品牌牛奶有无相似情况。在了解了情况后，商场方提出了处理建议，但由于顾客对值班经理"有问题去医院检查，我们负责"的话一直耿耿于怀，不愿接受商场负责人的道歉与建议。最后商场负责人只好让顾客留下联系电话，提出换个时间与其再进行协商。

第二天，商场负责人给顾客打了电话，告诉顾客：商场已与某品牌酸奶公司取得联系，希望能邀请顾客去该品牌牛奶厂家参观了解该品牌牛奶的生产线并提出意见。本着商场对顾客负责的态度，如果顾客要求，可以联系相关检验部门对苍蝇的死亡时间进行鉴定与确认。顾客接到电话时已经冷静下来了，而且也感觉商场负责人对此事的处理方法很认真严谨，态度缓和了许多。这时商场又针对值班经理的讲话进行了道歉，并对当时顾客发现苍蝇的地点（并非环境很干净的小饭店）、时间（大人不在现场）、酸奶盒没封闭、已被孩子撕开等情况做了分析，让顾客知道这一系列情况都有可能导致苍蝇落入酸奶（而非酸奶本身带有）。

通过商场负责人的不断沟通，顾客终于不再生气了，最后告诉商场负责人：她其实最生气的是那位值班经理说的话。既然商场对这件事这么重视并认真负责处理，她也不会再追究了。她相信苍蝇有可能是小孩喝牛奶时掉进去的。

> **小故事**
> 　　一天，动物园管理员发现袋鼠从笼子里跑出来了，于是开会讨论，一致认为是栅栏高度过低，所以决定将栅栏的高度加高，结果第二天他们发现袋鼠还是跑到外面来了，于是他们又决定再将栅栏加高。没想到隔天居然看到袋鼠全跑到外面。管理员们大感不解。长颈鹿和几只袋鼠在闲聊，长颈鹿问："你们看，这些人会不会再继续加高你们的栅栏？"袋鼠说："很难说。如果他们再继续忘记关门的话，我们照样跑出去玩！"

　　(4) 抓纠纷投诉一步到位。提高客户满意度，是城市轨道交通企业客户关系管理的核心；而通过有效管理方式，解决客户投诉的问题，是提高客户满意度的有效手段。客户投诉处理应把握四项原则。

　　①"理解"原则。一般而言，客户投诉的原因，基本是对企业的服务不满，只要是投诉，客户心中难免会有一丝怨气。因此，我们在处理客户投诉时要把握的第一项原则就是"理解"。不能认为客户投诉，就是有意找碴，或者提及客户投诉就谈虎色变。要知道，如果我们不能将心比心，换位思考，就不可能以宽容而积极的心态去处理客户投诉，就有可能在处理投诉时也带着怨气，因而也就不可能最大限度地化解客户的怨气。

　　②"克制"原则。客户由于心中有怨气，因而在投诉时难免会发出怨言，更有极个别修养差的客户会讲一些难以入耳的气语。在这种情况下，如果我们的投诉处理人员，不能克制自己的情绪，对客户进行反驳，甚至与客户发生争吵，不但会影响投诉处理的进程和效果，而且会影响单位的整体形象。为此，保持克制，是我们投诉处理人员必须具备的基础素质和把握的基本原则，否则就有可能出现不但解决不了问题，而且会扩大事态的情况。

　　③"真诚"原则。"真诚"是人与人之间沟通交流的大门，是化解矛盾的催化剂和润滑剂，在处理客户投诉中，我们一定要注意把握好"真诚"原则，让客户感觉到我们是实实在在为他们着想，想要用真诚化解矛盾，用真诚换得真心，用真诚融冰雪，用真诚展现企业服务理念与风采。在遇到确实因我们服务不到位而造成客户损失的情况时，要真诚道歉，并进行相应的赔偿，让客户真切感受到我们的诚意，从而理解和支持我们的工作。

　　④"快捷"原则。每一个投诉者都希望投诉举报信息发出之后，能得到及时迅速的处理。为此，在接到客户投诉以后，一定要及时处理，对能当时解决的就当时解决，不能当时解决的，也要在弄清原因后，给客户投诉处理时间的承诺，承诺之后，要尽快收集信息、分析问题、解决问题，做到能快则快，树立良好职业形象。切不可在接到客户投诉后，以各种理由拖延处理时间，或者把客户的投诉当作耳边风，放在一边不去处理，造成客户越级投诉等现象的发生。

　　总之，客户投诉处理水平的好坏，事关客户关系管理，事关客户对我们的依存度、信任度、合作度，我们只有把握好客户投诉处理的四项基本原则，建立健全客户投诉处理机制，才能有效提升客户投诉处理的质量与水平，才能不断提高客户的满意度，吸引更多的客流。

3. 服务工作"十个一点"

(1) 微笑靓一点。世间上最美丽的东西是什么？是微笑。最动人的表情是什么？是微笑。我们最喜欢看到的，也是笑容可掬的脸庞。陌生的环境中，一个微笑，就能融化不安。人际关系有了芥蒂，看到一张微笑的脸，不愉快也就烟消云散了。生活中碰到困难，一个鼓励的微笑，困难窘迫仿佛有了转圜的空间。沮丧的时候，一个理解的微笑，沉到谷底的心也就得到温暖的慰藉。微笑的魅力，有时远出意料。

某公司推行别出心裁的"微笑"治理，使销售数字一路攀升。这和目前城市轨道交通企业实施的"人性化"管理不谋而合。有一首歌叫作《笑比哭好》，我们用在管理上叫作笑比凶好。管理者要微笑上阵，给员工创造一个和谐宽松的工作环境。要知道，快乐的员工就会快乐地工作，快乐的工作就会产生快乐的效益。

微笑靓一点不仅是生活中待人处世的技能，更是展现自我的本能。微笑服务有时还可以弥补工作上的过失。

案例

在一家酒店里，值班经理正好遇上客人在对服务员说："我们点的是青菜炒千张，没有点白菜炒千张啊！"服务员查看点菜单后，发现这个菜的确上错了，微笑着说："对不起，是我们工作的疏忽，我马上给您换个菜。"这时值班经理也微笑着上前说："非常感谢各位的光临，很不好意思，请稍等片刻，马上会给您重新换个菜的。不过白菜炒千张也会有另一种口味的，如果各位有兴趣的话，就当作酒店赠送的一道菜吧。"客人一听缓和了语气说："不用换了，那我们就尝尝白菜炒千张吧。"微笑服务不仅弥补了工作上的过失，更重要的是起到了向客人推介新菜的作用，可谓一举两得。

(2) 语调柔一点。温柔是亲和力的体现，只有有亲和力的服务才能真正赢得客人的称赞。一般而言，跟乘客说话时，语气一定要亲切自然。语调要视具体的环境而定，当噪声较大时，说话的声音要适当大一些，确保乘客能够听清楚；当周围环境很安静时，说话的声音要适当低一些，只要能被对方听见即可。最好的办法是，能和乘客的语调一致。

声音是一个人魅力的重要组成部分。在沟通时吐字一定要清晰，以免乘客听不清楚。流利标准的普通话是基本功。除此之外，服务人员还要学习一些简单的英语会话，以便能够帮助国外乘客。请求、询问、安慰、陈述意见时要和声细语。

(3) 耐心足一点。一般来讲，乘客需要热情、和蔼的服务者。但从早到晚一遍又一遍地重复相同的问题，甚至还会遭到言语上的攻击等情况，会使一线工作人员产生不耐烦情绪。不是每个人都经常乘坐城市轨道交通，这个概念是工作人员应该建立的。有些乘客不了解城市轨道交通企业的规定，甚至不熟悉运营路线及操作，这都是很平常的事情。既然乘客不知道，工作人员的职责就是让大家尽可能地知道。比如，有乘客携带了违禁物品不允许进站，乘客不理解，工作人员就要耐心地解释清楚。再如，车票（卡）有问题需要补办时，工作人员就要委婉地提醒乘客，请乘客补票。外地乘客会经常因为路不熟向工作人员请教，不仅要口头指路，还要准备些小纸条，用笔写清楚路线。赢得乘客的信赖,不仅能体现工作人员职业素质,也能节省时间,提高工作效率。

案例

有一天,某站出站乘客比较多,票亭内的售票员正在为乘客办理补票,一位男乘客来票亭询问售票员:"你好,我怎么出不了站了?"售票员当时比较忙,随即回复了一句:"等一下,我帮你看看。"乘客说:"你快点,我还有事!"售票员说:"嗯,好的。"售票员回答完后继续帮助先来的乘客补票。当完成补票后,售票员帮助这位乘客仔细分析原因,结果是进站时闸机未识别车票信息。售票员说:"你进站时票没有刷好,请问你是从哪站进站的?"乘客听说后,疑惑地说:"我怎么可能进站时没刷上卡呢?"售票员回答:"你的确进站时没刷上卡。"乘客说:"不可能进站时没刷上卡,那我怎么进来的?难道逃票进来的?"售票员有点不耐烦了,说:"我怎么知道你怎么进来的?"乘客听后,有点不高兴地说:"你什么意思?你们自己设备的原因,还要怪我吗!"随后,售票员和该乘客发生了纠纷。后来,经过值班站长的耐心解释,乘客才满意地离去。

(4)行动快一点。行动快不快,体现了一家企业的执行力。在服务过程中,乘客对服务人员的行动往往有比较高的期待。

案例

一天,某站客运值班员在下午巡视闸机设备时,发现有数台闸机设备暂停服务。这在高峰运营出现大客流时,很可能会造成乘客出站不便,造成拥挤,导致服务水平下降。此时,客运值班员立即向值班站长汇报闸机故障情况。值班站长立即通知行车值班员联系设施维修调度员。7分钟后,自动售检票系统维修人员到了该车站,进行维修,并在晚高峰之前,修复了闸机故障。自动售检票系统维修人员快速行动,保障了乘客出站的需求,保障了车站的正常运营。

(5)做事多一点。服务人员需要做到"五勤",即眼勤(多看,多观察,以便及时处理有关情况)、口勤(多问、多征求意见)、耳勤(多听,从客人的语言中找问题)、手勤(多做)、腿勤(多走,在行动中发现问题)。

案例

某公司营销部经理需要提拔一名员工做经理秘书来帮助自己完成文件发送和工作布置等工作。公司营销部有两名优秀的员工,分别是老王和小林。老王自认为自己被提拔的机会很大,因为他是老员工,并且和员工们关系处理得很好,相信会有很多同事会投自己票,所以表现得并不是很积极。而小林较为年轻,工龄没有老王多,一直不停地在大家面前表现自己,以求得大家对自己的信任。公司里的其他员工看小林虽然年轻,但做事比较多,表现得特别积极,所以心里也比较支持他。当民意选举的时候,小林得到的选票比老王多得多。老王感到疑惑,就问选举小林的同事们缘由,同事们就跟老王说了一句话:"小林比你做事多一点!"

(6)效率高一点。在现代社会,时间对乘客来说是非常宝贵的资源。因此,服务的效率非常重要。现在很多企业对各个服务程序都提出了量化的时间标准,以提高服务效率。

如何提升自己的工作效率?

①全心投入工作。当你工作时,一定要全心投入,不要浪费时间,不要把工作场所当成社交场合。

②工作步调快。养成一种紧迫感,一次专心做一件事,并且用最快的速度完成,之后立刻做下一件事。

③专注于高附加值的工作。工作时长的多寡不见得与工作成果成正比。找出对达成工作目标及绩效标准有帮助的活动,投入最多时间与心力在这些事情上面。投入的时间越多,每分钟的生产力就越高,工作绩效也就提高了。

④提升工作熟练度。通过不断学习、应用、练习,熟悉所有工作流程与技巧,累积工作经验。你的工作越纯熟,工作所需的时间就越短;你的技能越熟练,生产力就提升得越快。

⑤集中处理。把许多性质相近的工作或活动,例如收发 E-mail、写信、填写工作报表、填写备忘录等,集中在同一个时段来处理,这会比一件一件分开在不同时段处理节省很多时间,也就能提高效率。

⑥简化工作。尽量简化工作流程,将许多分开的工作步骤加以整合,变成单一任务,以减小工作的复杂度,另外,运用授权或是外包的方式,避免把时间花费在低价值的工作上。

⑦合理利用碎片化时间。化整为零,合理利用碎片化时间,提升自己的学识和能力,就一定会有所收获。

(7)嘴巴甜一点。嘴巴要甜,指的是处理人际关系时需要重视有效沟通。在分工越来越细的情况下,团队合作越来越重要,要想团队合作愉快,就要与他人进行良好的沟通。

人人都喜欢听好听的话,乘客都不例外,因此,对于服务人员来说,嘴巴甜也是乘客感到满意的一个重要因素。当然,服务语言的艺术性也是需要下功夫训练的。

案例

一天,一位女乘客在某站由于上次出站未刷卡成功,造成本次无法进站。到票亭办理补票时,售票员因为解释补票原因而与乘客发生争吵。该乘客非常生气,要找本站的值班站长投诉票亭内的售票员,并记录下了售票员的员工号码。值班站长得知乘客与售票员争吵的情况后,立即来到补票亭。在初步了解情况之后,便对乘客解释说:"您好,我是本站的值班站长,非常抱歉,由于我们的服务不周到,让您对我们的服务产生了诸多误解。您今天所遇到的问题也是我们经常遇到的问题,请您放心,我们不会多扣您一分钱的。如果这次扣款后,您有任何疑问,可以凭为您开具的乘客事务处理单找我们的工作人员帮忙解决问题。我们再次向您道歉!"乘客听到值班站长一番话后,很开心,交了补票费后,扔掉了所记录员工号的纸条。

(8)肚量大一点。常言说得好:宰相肚里好撑船。古今中外,凡是想干大事、能成大事者,都有大的肚量,胸襟宽阔,虚怀若谷,能容天下难容之事,能容他人难容之人。因为只有这样,才能团结一切积极因素,凝聚各种各样的人才,形成干大事、成大事的强大合力。

案例

一天,一位醉酒的乘客,在车站站台的座椅上睡着了。车站站台安全员发现该醉酒乘客后,立即汇报了车控室,车控室又立即汇报了值班站长。值班站长得知后,随同客运值班员一起到现场查看该醉酒乘客情况。到了现场,发现醉酒乘客如站台安全员所说,睡在座椅上。值班站长上前询问:"乘客,您没事吧?"醉酒乘客没有回应。值班站长连连喊了四声毫无反应后,只能随同客运值班员、站台安全员三人共同将乘客扶到站厅。突然,乘客醒来,发现自己在移动,出于自我保护,推撞了身边的工作人员,但工作人员没有还手。没有一会儿,醉酒乘客又在地上睡着了。值班站长与客运值班员又耐心地将乘客继续扶起,送到了办公室沙发上。当乘客醒酒后,得知自己推撞了人,连连向值班站长和客运值班员道歉。值班站长和客运值班员却说:"没关系,为乘客服务,这是我们应该做的。"

(9)脑筋活一点。这主要体现在服务的灵活性方面。在服务过程中,有很多意外情况或突发事件,是服务人员难以预料的。企业要引入灵活的机制,顺应市场、开拓创新、与时俱进,想乘客所想、急乘客所急。

案例

一天,某站票务室没有计次卡库存了。一乘客来到票亭购买记次卡。便询问票亭内的售票员:"你好,请问你们这里有记次卡卖吗?"售票员回答说:"抱歉啊,记次卡早上刚卖完,现在已经没有了。"乘客问:"哦,来晚啦,请问什么时候还会有呢?"售票员回答:"抱歉,我也不是很清楚。"乘客感到很惋惜,说:"哦,这样啊,打扰了。"售票员看到这位乘客很想买记次卡,突然想出了一个法,何不把乘客电话留下来呢,有卡了好通知这个乘客。售票员对乘客说:"这样吧,你把联系方式留给我,等记次卡一到,我就立即打电话给你,行吗?"乘客听后非常高兴,说:"好啊,谢谢你!"乘客很开心地把电话留了下来。下午,票务中心送卡来了,配了200张记次卡给车站票务室。售票员得知有卡后,通知车控室打电话给乘客。乘客接到电话后,就立即来到了车站,当即就购买了66张记次卡。后来才知道,明天他要出差了,但出差前公司交代他,要在今天为他们公司员工购买66张记次卡当作补贴发给大家。乘客买到记次卡后,很感谢这位售票员。

(10) 理由少一点。任何问题都可以找到理由,但对于服务人员来说,找理由、追究责任并不能让客人感到满意,需要做的是马上想办法解决问题。遇到问题时,正确的做法是:剖析原因、找出错误之处、确定对策、积极整改。

案例

某四星级酒店在建设时,分别购买了A公司和B公司生产的电梯。A公司电梯装在左边,B公司电梯装在右边。一天,A公司电梯和B公司电梯同时故障。酒店经理特别着急,便打电话通知A公司和B公司维修人员来维修。A公司派了一名结构检修维修员来修电梯,维修员左检查,右检查,发现基础构件没有故障,便开始打电话请示公司派电路维修员过来维修。B公司派了结构检修员、电梯操作员、电路维修员三人过来。B公司维修人员很快找到了问题所在,并且迅速进行维修。A公司派电路维修员来维修的时候,B公司已经将电梯维修好,并且投入了使用。A公司随后修复了电梯。公司经理就此故障开始询问A公司和B公司工作人员:"为什么电梯会故障呢,你们不是每周都来检查吗?"A公司维修人员代表回答说:"这个不能怪我们公司,我们发现是贵公司超负荷搭乘导致系统电路短路造成电梯停运的。"而B公司维修人员代表回答说:"这个是我们的错,事先没有重点提醒贵酒店电梯不能超负荷搭乘,说明我们沟通没有到位,再次深表歉意。"酒店经理很满意B公司的回答,不久以后,酒店在扩张购置第三部电梯时选择了B公司电梯,并且规定了电梯搭乘人员的限制人数。

二、职业习惯

城市轨道交通企业是服务性很强的窗口单位,城市轨道交通企业员工应养成良好的职业习惯。

1. 遵纪守时

遵纪守时是一种传统美德,是一种习惯,是员工必备的职业习惯。人的行为改变习惯,习惯养成性格,性格决定命运。培养遵纪守时的良好习惯,是个人成功的关键。

习惯是一种重复性的、通常为无意识的日常行为规律,它往往通过对某种行为的不断重复而获得。习惯是人思维和性格的某种倾向,是一种习惯性的态度和行为。科学研究发现,坚持一个行动,关键在头三天,如果能坚持21天以上,就能形成一个习惯;如果坚持90天以上,就会形成稳定习惯。因此,我们应该从细节出发,在平日的工作生活中,做到按时到岗、主动购票、自主排队、开会守时、遵守会场纪律、遵守规章制度、规范操作设备等,培养遵纪守时的良好习惯。

遵纪守时、爱岗敬业、尽忠职守、克己奉公。我们多一分用心,乘客的安全就多一分保障。只有严格要求自己,才能顺利、出色地做好自己的工作。

2. 尊重他人

人与人之间的交流,都应建立在真诚与尊重的基础上。人唯有尊重他人,才能赢得他人的尊重。尊重他人不仅是一种态度,还是一种能力和美德,更是应具备的职业习惯。

在某种意义上,不加掩饰,直接表露或宣泄情绪是无能、自私的表现,只会导致事态恶化,造成大家都不愉快的结局。掩饰并非虚伪和造作,只是选择适当的语言和时机做适当的事情。不要不顾别人的感受对他人的缺点大肆批评,也不要用尖刻的语言去伤害他人,不要取笑他人或是对别人感到不屑,这些都是对他人不尊重的表现,是与他人愉快交流的一大障碍。

关爱特殊人群也是城市轨道交通企业员工服务大众、服务社会的基本体现。城市轨道交通企业员工应用实际行动演绎尊重每一名乘客、关爱每一个生命、帮助每一个求助的人的品德。

3. 礼貌待人

在城市轨道交通运营服务中,礼貌待人是基本的职业习惯。礼貌待人可以在服务人员和乘客之间架起理解的桥梁,减少不必要的矛盾。文雅的礼仪,和气、宽容的态度和语言,不但可沟通人们的心灵,而且反映了一个人的思想和文化修养。正如俗话说:礼到人心暖,无礼讨人嫌。

从以下两个案例可看出,同一件事,用语不当和礼貌待人所产生的结果是截然相反的。

案例

乘客:同志,请问在哪里充值?

工作人员:就在旁边,不过下班了。

乘客:你能不能帮我充一下呢,卡里面没有钱了。

工作人员:告诉你充值员下班了,你让我怎么充啊?

乘客:不就在你旁边嘛,举手之劳,帮个忙吧。

工作人员:你这人怎么这样,下班了,充不起来了!

乘客:你这人怎么这个态度,我要投诉你!

工作人员:投诉就是了,告诉你号码。

乘客:(拨打服务热线投诉……)

案例

乘客:同志,请问在哪里充值?

工作人员:您好,充值窗口就在旁边,但是现在充值员已经下班了。

乘客:你能不能帮我充一下呢,卡里面没有钱了。

工作人员:先生,实在对不起,充值员的密码只有本人知道,还需要一张验证卡,也是由充值员保管的。

乘客:不就在你旁边嘛,举手之劳,帮个忙吧。

工作人员:先生,很抱歉,充值员已经下班1小时了,我也想帮您,可是的确没有办法,您可以买一张单程票。

乘客:哦,那就算了。

工作人员:不好意思,请您慢走。

乘客:麻烦你了。

工作人员:不客气,再见。

乘客:好的,再见。

4. 勇于承担责任

无论是在工作还是生活当中,人们往往对于承认错误和承担责任怀有恐惧感,因为承认错误、承担责任会与接受惩罚相联系。有些员工在出现问题时,首先把问题归罪于外界或者他人,总是寻找各式各样的理由和借口来为自己开脱。在很多管理者看来,这些都是无理的借口,并不能掩盖已经出现的问题,也不会减轻要承担的责任。

没有责任感的员工不是优秀的员工。缺乏责任感难免会失职,与其为自己的失职找寻借口,倒不如坦率地承认自己的失职。敷衍塞责,找借口为自己开脱,会让人觉得你缺乏责任感,不愿意承担责任。没有谁能做得尽善尽美,但是,一个主动承认错误的员工至少是勇敢的。如何对待已经出现的问题,能看出一个人是否勇于承担责任。

5. 持续学习

21世纪是知识经济时代,国际化的竞争表现为学习能力和学习速度的竞争。企业要保持竞争优势,就必须努力提升企业学习力和创新力,具有比竞争对手更高的学习能力。时代的巨轮在不断向前推进,企业应倡导互相学习,倡导共同学习,倡导终身学习。

在瞬息万变的市场上,凡是依赖于旧有的知识和依循以往的方式解决新问题,终将无法避免被淘汰的命运。没有人会等待你成长,激烈的竞争只会让我们体验到不进则退的必然性。我们必须突破自身的窠臼,向一切优秀之人之事之物学习。面对一个快速变革的未来,企业和个人都必须不断地学习以往并不熟悉的知识,面对从未遭遇的困难。企业要鼓励员工保持谦逊、积极的学习心态,通过互相学习,形成良好的"比学赶帮超"氛围。还要企业敞开胸怀,走出去,行动起来,向市场学习,向外部学习,向对手学习,要敢于从中找出自身的不足,努力取得突破。在变革的年代,学习意味着一种生活方式,意味着更新和发展、灵活和进取,意味着持续超越。

职业生涯规划是员工保持学习热情的必要条件。员工进入企业必须明确职业生涯目标,列出自己的成长规划。没有目标的人和有目标的人,会是两种截然相反的学习态度。没有明确的职业生涯目标与规划的员工,不知道自我学习和提高,一旦遭到不公平的待遇和挫折便灰心丧气,抱怨环境,不思进取。而有了明确的职业生涯目标与规划,就有了学习的热情和动力,遭到挫折和失败时,就会不断改进,调整自己的状态。

员工成长工程是一项系统、长久的工程。企业的发展离不开人才,人才的培养需要企业员工持续学习。企业可通过鼓励内部竞争、创造学习型组织、营造团队氛围、完善培训体系和评价体系,激发员工的学习热情,推动员工成长。员工是企业最大的财富,推动员工成长符合企业发展的要求,也是激励员工、关爱员工的具体体现。

单元3.3 客运服务原则与规范

客运服务是城市轨道交通客运组织工作的一项重要内容,是完成城市轨道交通运营任务的重要组成部分,也是反映城市轨道交通服务质量的一个主要因素。在日常工作中,客运服务人员要以端庄大方的仪容举止,给乘客提供美好的形象服务;以热情、和蔼、谦虚的态度,给乘客提供礼貌的语言服务;以文明、和谐的乘车气氛,给乘客提供舒心的文化服务。为了体现城市轨道交通一流的服务质量,客运服务人员必须恪守职业道德,讲究服务艺术,提高服务质量。

客运服务工作必须以确保乘客安全及列车正点为目的,为及时、快速地疏导乘客而提供优美舒适的乘车环境和便利周到的各种服务。为了提高服务质量,客运人员必须认真学习客运服务有关规章制度与标准,掌握服务技能,严格按照各工种的岗位作业标准进行操作,本着全心全意为乘客服务的原则,为乘客提供一流的城市轨道交通服务。

一、客运服务工作的原则

客运服务人员在日常的工作中,必须贯彻"全面服务、重点照顾、主动热情、诚恳周到"的工作原则。我国素有"礼仪之邦"的美称,城市轨道交通正是一个反映社会文明的"窗口"。城市轨道交通的建设与发展,城市轨道交通职工的精神风貌,是社会文明的一个缩影,能从侧面反映国家的巨大变化。客运服务人员一定要从思想上重视本岗位工作的重要性。

1. 要树立服务乘客、服务社会的思想

城市轨道交通客运服务人员面对的主要对象是乘客。乘客从购买车票起,到出站为止与城市轨道交通企业建立了服务与被服务的关系。乘客除了具有流动性以外,还具有广泛的社会性。无论年龄、职业,只要持票上车,就是客运服务人员的服务对象,都应以礼相待、以诚相待。客运服务人员要有全心全意为乘客、为社会服务的精神和不计名利的豁达胸怀,平时多加强业务学习,多向各领域的模范人物学习,向城市轨道交通的先进人物学习,做好本职工作。

2. 要破除旧观念

现代社会只有分工不同,并无高低贵贱之分。从广义上讲,无论哪种职业都是服务于人,服务于社会。有人认为,服务乘客就是伺候人,因此产生自卑心理,工作上也有抱怨情绪。其实不然,在日常生活中,也有许多人在默默无闻地为你付出劳动。虽然科技日新月异,但是许多服务性工作是机械所不能替代的。社会分工都是相互依存、相互补充的,人们在这种关系中不断丰富和完善自我。

3. 不断提高自身素养

文明服务、礼貌待客,首先要求客运服务人员一定要加强思想修养和政治学习,培养良好的职业道德,热情、友好、真诚,不以貌取人,说话办事讲信誉。其次要努力学习科学文化知识,丰富头脑,开阔视野,提高自身的文化水平。再次要讲究说话的艺术性,言辞恳切,态度和蔼,即使是纠正错误,也要礼貌相待,语言明确,表达委婉,让人信服。最后要研究乘客心理,探索服务规律,针对乘客的各种要求,做好服务工作。

二、车站客运服务工作

城市轨道交通作为城市公共交通系统中一种速度快、运量大、行车间隔小的电动有轨客运系统,作为城市公共交通系统的一个重要组成部分,对缓解城市地面交通压力,减轻城市地面交通拥堵起着十分重要的作用。快速、准确、安全、舒适、便利是城市轨道交通运营宗旨。这要求城市轨道交通车站能安全、快速、方便地组织乘客乘降,为乘客乘坐城市轨道交通提供良好的服务。

城市轨道交通客运服务是指为乘客乘坐城市轨道交通提供的服务。城市轨道交通客运服务人员主要按以下基本服务程序来提供客运服务:进站服务→售票→检(验)票→疏导→组织乘降→监护列车→出站服务。

大部分岗位按照以下基本程序作业:准备作业→基本作业→整理作业。

以下介绍车站客运服务工作的售票服务、检(验)票服务、站台服务、广播服务内容。

1. 售票服务

在城市轨道交通车站客运服务中,售票服务帮助乘客用货币换取价值等同的车票,从而进入车站的计费区。虽然自动售检票系统的自动化程度很高,但是人工售检票方式在特殊情况下仍适用。因此掌握各种状态下的售票作业内容,是每个服务人员应有的技能。

(1)人工售票服务。售票员在售票前要备足零钱,售票时严格执行"一收、二唱、三撕、四找"的作业程序,准确迅速地发售车票,严禁以售代检。

(2)半自动售票服务。收款、付款、操作键盘由售票员完成,在出售面值较大的车票和智能卡时必须由售票员提醒乘客确认,报销凭证由乘客自取。售票时严格执行"一验、二售、三找、四清"的作业程序。

(3)自动售票服务。对自动售票设施应进行巡视检查,保证设备正常运转,必要时应及时采取人工售票进行补充服务。

2. 检(验)票服务

检(验)票服务是为了维护正常的站、车秩序,保证乘客的安全,对乘客所持的车票进行确认,使乘客按规定乘车。

(1)人工检(验)票服务。在进站检票或出站验票时,检(验)票员要正确佩戴工号牌。检(验)票员应进行对岗交接,认真检(验)票,严格执行"一撕、二看、三放行"的作业程序。并负责检查乘客是否携带超限物品或易燃、易爆、有毒等危险品乘车。精神病患者、1.2m以下儿童(单独乘车)等特殊乘客,要劝阻其进站乘车。

(2)自动检(验)票服务。应设人监督,保持设备的正常运转,指导乘客按要求正确使用票卡,防止携带易燃、易爆、有毒等危险品的乘客进站乘车,对不能正常进出闸机的票卡进行分析,办理补票等业务。必要时,应及时采取人工检(验)票进行补偿服务。

3. 站台服务

站台服务为候车乘客提供各种乘降信息,确保列车在站候车的安全,使车站有一个良好的乘车环境。

(1)对候车人员要做到热情服务,重点照顾。注意乘客候车动态,及时发现乘客异常,防止乘客跳下站台、进入洞内,积极疏导宣传,维护车站正常的候车秩序。

(2)列车进站前,做好乘客的疏导工作,宣传有关安全事项,引导乘客站在安全线内候车。

引导礼仪

(3)列车进站后,组织先下后上,照顾重点乘客。人多拥挤时,积极进行人工广播宣传。

(4)列车关门时,密切注意列车车门状态。如有车门关闭不上或者夹人夹物,应及时通知司机并迅速查明原因,在最短时间内排除故障。

(5)列车启动后,注意乘客候车动态及列车的异声、异味、异态。如有异常,要及时通知行车值班员,并及时向有关部门汇报。

(6)遇有清空列车到达本站时,对需要乘车的乘客,要做好解释劝说工作,使乘客乘坐下一趟列车。

(7)遇有车站发生伤亡事故,应及时向有关部门汇报,疏导乘客,不扩散事态,并协助公安人员清理现场。

4. 广播服务

广播服务是车站客运服务的一个重要组成部分,也是客运服务的一个重要宣传工具。由于其影响面较广,一定要把好关,确保广播内容准确、健康。

(1)车站应进行向导广播,如列车到、发情况,换乘介绍,疏导乘客等。

(2)车站应广播乘车规定、乘客须知、通告、公告等。

(3)车站的电视应按规定播放有关内容,宣传车站设施的使用方法及其他有关内容。

人物故事 — 2021年全国感动交通年度人物——武汉地铁汉口火车站"劳模班组"

2022年5月16日,由交通运输部和中华全国总工会共同举办的"2021年感动交通年度人物"评选结果揭晓,武汉地铁2号线汉口火车站"劳模班组"(图3-4)获评"2021年感动交通年度人物"。

据介绍,"感动交通年度人物"评选活动,由交通运输部和中华全国总工会共同举办,参评单位覆盖铁路、公路、民航、邮政、海事等全部交通行业,参选人物和团队的先进事迹受到广泛关注,在行业内外有较高的影响力。武汉地铁2号线汉口火车站开站运营近十年,"劳模班组"40名员工秉持"知你心忧、懂你所求"服务理念,培育出"通途行动"服务品牌,安全服务乘客超过3亿人次。他们探索出符合武汉特色的一套客流组织方案,并作为"样本"推广至全线网所有站点;他们自创了一套"点心工作法",提供精准而有温度的服务;他们在地铁与铁路换乘接驳处设立"姚婕服务站",提供各类咨询、帮扶服务。他们主动与火车站、站前广场、公交公司等强化精准服务对接,打造一体化出行通道。

图 3-4　武汉地铁 2 号线汉口火车站"劳模班组"

三、客运服务具体要求

客运服务人员每天面对着成千上万的乘客,一举一动、一言一行都代表着城市轨道交通的形象。除了车站环境整洁优美、列车正点安全运行外,所有客运服务人员的举止言行是构成城市轨道交通一流服务质量的重要因素。为树立城市轨道交通车站良好的窗口形象,客运服务人员要从着装、仪容等方面的小事做起,向乘客展示城市轨道交通职工的风采。

1. 着装要求

客运服务人员的服饰应整洁大方,并与城市轨道交通的工作性质相协调,上岗的员工必须统一着装,按规定佩戴服务标志。

(1)当班统一着装,严禁穿大红大绿的衣服及奇装异服。制服要清洁平整,当班时不能挽袖、卷裤脚。

(2)不歪戴帽子,不敞胸露怀,不穿高跟鞋与浅色鞋,以及带钉帽的鞋。

(3)需穿着防寒衣时,应穿戴整齐,并扣好纽扣,不得披、盖、裹。

(4)胸章一律佩戴于左胸前,沿口袋边,使乘客一目了然,不得遮掩。

(5)季节更替时,按规定更换工作衣,不得擅自替换。

2. 仪容举止要求

客运服务人员的仪容举止体现出个人的文化素养和城市的文明程度,应做到精神饱满,端庄大方,举止文明。

(1)仪容:讲究卫生,仪容整洁。

①男同志不留胡须、长发,不染发,不戴戒指、项链等首饰。

②女同志当班不戴任何首饰,不披长发,不浓妆艳抹,发型大方雅致。
③要经常修剪指甲,保持大方整洁。
④当班不吃零食。

(2)举止大方,姿势端正,注意动作细节。
①乘客问询要站稳回答,不要边走边答。
②乘客到窗口购票,要面向乘客答话,同时不可做其他事情。
③乘客到办公场所,要主动让座,没有座位时,要起立接待应答,不得冷淡无礼。

(3)服务动作。
①清扫卫生时,要先向周围的乘客表示歉意,注意清扫用具轻拿轻放,不得从乘客头上、身上接触乘客的物品。
②需挪动乘客的物品时,事先应取得乘客的同意,并轻拿轻放,不得损坏。
③交给乘客钱款时,要轻柔递给,不要重手重脚。
④维持秩序时,要加强宣传,说服动员,不要强行拉拽,训斥顾客。
⑤处理违章时,要实事求是,不得擅自对乘客搜身或扣押乘客物品。

(4)举止动作。
①站立要直。不得背手、叉腰、抱膀、抖腿或把手插在衣袋内。
②坐姿要正。不趴着,不打瞌睡,不用手托腮,不看书报。
③不准嬉笑打闹,勾肩搭背,不会客,不做与工作无关的事。
④不准推拉乘客抢道。
⑤不准随地吐痰,乱扔杂物。
⑥不准在乘客面前搔痒、挖耳朵、抠鼻子、剔牙齿、脱鞋或吸烟。

3. 用语要求

语言是一门艺术,在日常的服务工作中,得体的语言会使乘客倍感亲切,反之效果会截然不同。城市轨道交通作为一个展示的窗口,文明之风更应蔚然。因此要求客运服务人员在工作中做到:亲切和蔼、语言文明,使用普通话。

(1)在服务中,应使用普通话(对外国人宜使用外语),口齿应清晰。
(2)服务用语应文明、简练、规范、通俗易懂。
(3)对乘客的称呼应礼貌得体。
(4)服务用语使用"您好、请、谢谢、对不起、再见"十字文明用语。
(5)具体文明用语如下。
①当乘客询问时,应面带微笑:"您好,请讲。"
②检票时:"请您出示车票。"
③检查危险品时:"对不起,请您将包打开,谢谢。"
④整理队伍时:"请您按秩序排队。"
⑤当乘客人多,要穿行时:"请让让路,谢谢。"
⑥打扫卫生时:"对不起,请让让,谢谢。"
⑦遇到疑有困难的乘客时:"请问您有什么困难?……不用谢。"
⑧对待乘客失礼时:"对不起,请原谅。"
⑨纠正乘客的违规行为时:"请……谢谢。"

服务用语要求

⑩受到乘客表扬时:"我们做得还不够,请多提宝贵意见。"
⑪受到乘客批评时:"对不起,谢谢您的批评。"
⑫售票时:"请问您买到哪里的票?"
⑬售票窗口拥挤时:"请大家按顺序排队,不要拥挤。"
⑭乘客之间发生矛盾时:"请您不要争吵,有问题我们可以商量。"
⑮误售车票时:"对不起,请您稍等,马上更正。"
⑯当乘客无法使用磁卡车票时:"请右手持票,按箭头方向插入。"

4. 态度要求

每个客运服务人员只有端正了态度,才能做到全心全意为乘客服务。全体客运服务人员应做到:主动、热情、诚恳、周到、文明、礼貌。

(1)全面服务:做到"三要""四心""五主动"。

"三要":接待乘客要文明礼貌;纠正违章要态度和蔼;处理问题要实事求是。

"四心":接待乘客热心;解决问题耐心;接受意见虚心;工作认真细心。

"五主动":主动迎送;主动扶老携幼,照顾重点;主动解决乘客困难;主动介绍乘车知识;主动征求乘客意见。

(2)重点照顾:做到"二知""二有"。

"二知":知困难,知去向。

"二有":有服务,有登记。

以上内容看似平凡,但要真正做到不容易。服务人员只有真诚地去为乘客服务,只有所有的一切都发自内心,才不会让乘客觉得态度生硬,才能收到预期的效果。

5. 纪律要求

城市轨道交通需要各部门联合协作,任何一个部门都不可擅自行动。对于每一个客运服务人员来说,纪律观念不可忽视。在日常工作中,要求大家坚守岗位,服从指挥,严守规章制度,执行作业程序。

(1)班前点名。按时参加集体点名,学习上级文件,接受任务,明确责任。

(2)班后总结。按时参加班后总结,对照岗位责任制,进行考核。讲成绩,找问题,总结经验教训,不断改进工作。

(3)岗位纪律。

①不许离岗,在岗到位,履行岗位责任;不许聚堆聊天、互相开玩笑、打斗、大声喧哗。

②不在值班岗会客和办私事。

③不在岗位吃零食、看书、看报及做与本岗位无关的事情。

④班前及值班用餐不准饮酒,不准在规定不许吸烟的场合吸烟,不准乱扔、乱倒杂物。

⑤说话和气,语言亲切,不讥笑乘客,不讲有伤乘客自尊心的话,不讲有伤乘客人格的话,不讲怪话、埋怨乘客的话,不讲粗话、脏话、无理的话和讽刺挖苦的话。

⑥不许打骂乘客,无理不强争,得理要让人。

⑦清扫卫生不能影响乘客乘车。

6. 卫生要求

城市轨道交通车站是人来客往的公共场所,保持车站的整洁是最基本的要求,每一位客运服务人员都应保持本岗位的整洁,要求做到:窗明几净、四壁无尘、内外整洁,消灭"四害"。

(1)地面、台阶达到"三无一光",即无痰迹、无杂物、无污垢,并见到原物的一定光泽。

(2)墙、柱、门、窗达到"四无",即无痰迹、无脏印、无积尘、无泥点。

(3)边、角、棱、沿达到"三无",即无污垢、无积尘、无蛛网。

(4)厕所达到"四不见",即便池不见干便,尿池不见尿碱,坑外不见手纸,地面不见泥脚印。

(5)果皮箱达到"三不得",即箱口不得有堵塞,箱外不得有污垢,箱内不得有过多杂物。

(6)站台、道床达到"三无",即无污水、无污迹、无污物。

(7)脸池、水池达到"四不",即池内不堵塞,池边不挂污,池面不见积尘,池上不乱放东西。

(8)门前三包达到"三无",即无痰迹烟头、无自行车、无杂物污物。

7. 安全要求

安全是客运服务的核心,所有工作都必须在安全的条件下进行,为了确保运营安全,应坚持"安全第一、预防为主"的方针。

(1)站内严禁吸烟、使用明火。

(2)严禁携带和存放易燃、易爆、有毒等危险物品。

(3)保证乘客安全乘车。

8. 接(送)车要求

站务人员在列车进(出)站时应目迎目送,并做到"二转体"。

(1)迎车进站,站在安全地方,面向列车,目光左右巡视。

(2)送车,当车尾部越过送车位置时,转身面向列车运行方向。

9. 基本业务要求

各岗位的服务人员都必须掌握本岗位的工作技能,熟练地为乘客服务。

(1)服务人员应精通客运规章中的各项规定。

(2)服务人员做到"三熟知",即熟知乘车注意事项,熟知岗位责任制和作业标准,熟知城市轨道交通沿线简况。

10. 客运物品摆放要求

车站客运物品摆放要求整齐、有序,不得影响列车运行、乘客通行和车站站容。

(1)各种服务设施、清扫用具应按规定地点摆放,不得影响列车运行、乘客通行和车站站容。

(2)室内物品摆放要整洁,属于公用的物品要放在规定的位置,属于个人的物品要放在个人衣柜中,个人所携带的饭菜要摆放整齐。

(3)大厅排拖、拖把、扫帚等清扫用具及备用品应放在墙边或隐蔽处,不得影响乘客通行、列车运行、车站站容。

(4)对升降梯等设施及用具应加固加锁,不能加锁加固的应放在易观望处。

(5)各车站服务于乘客的休息椅、果皮箱、报架等设施要按规定数量摆放。

(6)非站属物品,应督促有关人员进行清除或协助放置在不妨碍列车运行的隐蔽处。

(7)票亭内的各种设备要摆放整齐有序,并保持物品的清洁。

四、客运服务人员服务承诺与服务五规范

1. 服务承诺

服务承诺:安全第一,乘客至上,准点高效,方便快捷,环境舒适。以下以某城市轨道交通企业相关指标为例进行说明。

(1)安全第一:确保列车正常运行,保持良好的运营秩序,为乘客提供安全可靠的运营服务;无大、重大安全事故,无乘客伤亡事故。

(2)乘客至上:热情周到,耐心迅速处理乘客事务,想乘客之所想,急乘客之所急,帮乘客之所需。乘客投诉要 24 小时内答复;乘客来电或来信询问要 100% 回复;乘客满意度在 90% 以上;乘客责任投诉率低于 2 件/千万人次。接到乘客求助后,工作人员在 3 分钟之内到达现场。

(3)准点高效:确保列车正点运营率在 98% 以上。

(4)方便快捷:列车全程运营时间控制在规定时间以内;在服务时间内,自动扶梯的正常运转时间不低于 90%(不含人为故障停梯时间);闸机、自动售票机在运营时间内时刻开启,状态良好。城市轨道交通与其他交通方式接驳良好。

(5)环境舒适:确保城市轨道交通列车和车站无污染、清洁明亮、温度适宜、通风良好;车厢温度 27℃ 以下的时间多于 95%;地下站站台温度在空调季节保持在 28℃ 以下的时间多于 90%;地下站站厅温度在空调季节保持 29℃ 以下的时间多于 90%。

2. 服务五规范

(1)服务规范:安全乘车,站车洁净,主动服务,语言文明,秩序井然。

(2)道德规范:主动服务,文明礼貌,安全正点,方便周到,旅客整洁,卫生达标。

(3)岗位一句话规范。

①值班站长岗:贯彻站规,认真交接,顶岗查岗,纠正违章。

②售票员岗:积极售票,准确迅速,严守秩序,账款相符。

③检票员岗:认真验票,严控禁品,有序进站,以理罚款。

④站务员岗:积极宣传,热情接待,疏导巡视,组织乘降。

(4)语言规范:在工作岗位上坚持使用"您好、请、谢谢、对不起、再见"十字文明用语。

(5)岗位形象规范:上岗要穿识别服,仪表要达标。

知识链接 —— 城市轨道交通服务工作"警戒线"

(1)"没有办法"。规范操作：尽力解决问题，有相关规定的应做好耐心而诚恳的宣传和解释工作，或者向乘客承诺去向有关部门反映乘客的需求。

(2)"我不知道"。规范操作：尽可能通过其他途径尽快告知，或者让乘客留下电话号码，说："我会告知您有关问题的回复。"

(3)"这件事你找我们领导"。规范操作："我有责任接待乘客并处理好事情，如果您不满意，我让站长来处置"。

(4)"你去投诉好了"。规范操作："您有权批评，我会认真听，注意改正。请您今后监督我的工作整改情况。"

(5)"你自己去看(买)"。规范操作：应尽力、主动地解决问题，如实在忙，应向乘客表示"对不起，请稍等"随后立即过去处理。

复习与思考题

1. 员工的职业礼仪有哪些要求？
2. 城市轨道交通员工着装有什么规定？
3. 城市轨道交通员工应养成哪些良好职业习惯？
4. 城市轨道交通员工职业行为标准有哪些？
5. 城市轨道交通客运服务具体要求有哪些？
6. 城市轨道交通站台服务应注意什么？

模块 4
MODULE FOUR
城市轨道交通员工职业技能

学习目标

1. 知识目标
（1）了解职业生涯规划的概念，掌握职业生涯规划的原则及职业生涯规划的基本步骤；
（2）理解时间管理的概念，掌握时间管理的基本原则以及时间管理的方法和技巧；
（3）了解人际关系处理技巧与处理方法；
（4）掌握城市轨道交通员工岗位技能与职责。

2. 能力目标
（1）能应用职业生涯规划的基本理论，进行职业生涯设计与职业生涯管理；
（2）能应用时间管理的基本理论，培养克服时间管理误区的技能，进行高效的时间管理；
（3）能正确处理好组织外部、组织内部的人际关系。

3. 素质目标
（1）以工匠精神为指引，牢固树立责任意识，强化基本职业技能，胜任相关岗位工作；
（2）树立交通强国担当，具备城市轨道交通各工种岗位技能，适应相关岗位工作职责。

建议学时

8学时

职业技能是企业员工对工作的胜任能力。职业技能是工作岗位对工作者专业技能的要求。职业技能的提高需要增强以下能力：职业生涯规划与管理、高效沟通技巧、高效时间管理、商务写作技巧、团队建设与团队精神、人际关系处理技巧、商务谈判技巧、演讲技巧、会议管理技巧、客户服务技巧、情绪控制技巧、压力管理技巧、高效学习技巧等。

文摘 — 国家职业教育改革实施方案

2019年1月24日，国务院以国发〔2019〕4号文件印发了《国家职业教育改革实施方案》。其中有一则内容如下。

提高技术技能人才待遇水平。

支持技术技能人才凭技能提升待遇，鼓励企业职务职级晋升和工资分配向关键岗位、生产一线岗位和紧缺急需的高层次、高技能人才倾斜。建立国家技术技能大师库，鼓励技术技能大师建立大师工作室，并按规定给予政策和资金支持，支持技术技能大师到职业院校担任兼职教师，参与国家重大工程项目联合攻关。积极推动职业院校毕业生在落户、就业、参加机关事业单位招聘、职称评审、职级晋升等方面与普通高校毕业生享受同等待遇。逐步提高技术技能人才特别是技术工人收入水平和地位。机关和企事业单位招用人员不得歧视职业院校毕业生。国务院人力资源和社会保障行政部门会同有关部门，适时组织清理调整对技术技能人才的歧视政策，推动形成人人皆可成才、人人尽展其才的良好环境。按照国家有关规定加大对职业院校参加有关技能大赛成绩突出毕业生的表彰奖励力度。办好职业教育活动周和世界青年技能日宣传活动，深入开展"大国工匠进校园""劳模进校园""优秀职校生校园分享"等活动，宣传展示大国工匠、能工巧匠和高素质劳动者的事迹和形象，培育和传承好工匠精神。

单元4.1 职业生涯规划与管理

一、职业生涯规划的概念

"职业"比较好理解,"生涯"却有诸多解释。美国生涯理论专家舒伯(Donald E. Super)认为,生涯是个人终其一生所扮演角色的整个过程,生涯的发展是以人为中心的,只有个人在寻求它的时候,它才存在。职业生涯规划是指个人发展与组织发展相结合,通过对职业生涯的主客观因素分析、总结和测定,确定一个人的奋斗目标,并为实现这一目标,而预先进行生涯系统安排的过程。这个过程包括制订相应的规划,以及每一时段的发展方向及顺序。有时,职业生涯规划也被简称为生涯规划。

二、进行职业生涯规划的原因

现代企业每一位员工,无论是刚入职的毕业生,还是已在职的员工;无论是拥有高等学历,还是仅初中毕业,人人都想在事业上获得成功。然而,事业的成功,并非人人都能如愿,问题何在?如何做才能使事业获得成功?职业生涯规划是基于理性设计的一条走向成功的路径。

职业生涯规划有助于个人树立明确的目标与管理,发挥个人的专长,克服生涯发展困难,避免人生陷阱,不断修正前进的方向,最后获得事业的成功。

理想与目标是事业成功的先决条件。人生的可贵在于对未来抱有理想和目标。有了理想,生活才会过得充实,生命才有意义。有了人生目标,困难才能克服,挫折才能突破,潜能才能充分发挥。所以理想与目标是工作的动力,是美好生活的源泉,而科学的生涯规划是实现理想与目标的重要手段之一。

每个人都是自己人生事业的规划者、设计师,同时也是耕耘者。人们不仅要有短期的打算、中期的计划、长期的规划,还须有终生的目标。近年来,随着社会的发展、人们文化素质的提高,多数人想施展自己的才能,成就一番事业,然而,由于社会的快速变迁、经济竞争的不断加剧,一些不能体察时代变异和环境变迁的人,在这种多变时代手忙脚乱,不知所措,造成内心的惶恐与紧张不安,不知何去何从,其结果是不仅事业无成,身心也受到严重的影响。因此,应及早做好职业生涯规划,认清自己,不断开发潜能,正确掌握人生方向,创造成功的人生。

不做职业生涯规划,也可能获得事业成功。但是如果你做了职业生涯规划,你的事业会取得更快的进展,取得更大的成就。

假如你要装修现在住的房子,当你确定装修房子这个目标后,就会收集装修资料,挑选装修队伍,制定装修方案,注意装修材料,安排装修时段,等等。如果你没有装修房子这个目标,走在街上,就不会注意收集装修资料,也不会注意装修材料。甚至一本有关室内装饰的书摆在你的面前,你也不会认为它有用。这就是说,两个人在同一条街走过,一个有目标意识和一个没有目标意识的人,其收获大不相同。人生在世,要干成一番事业,就如同装修房子一样,只有树立明确的目标,才能向着目标努力,才能有意识地收集有关素材,创造有利条件,使你的事业尽快获得成功。

此外,职业生涯规划是满足人才需求、留住人才的手段。人才的流失原因主要有三个:一是报酬问题,待遇偏低,人才难留,这是人才流失的一个重要原因;二是才能发挥问题,一个人在某一岗位上,如果才能得不到发挥,专长得不到利用,也难以安心工作;三是社会角色问题,对于一个人才而言,尽管待遇较高,才能也得到了发挥,但如果没有适当的职务,心理也会不平衡。人们往往认为职称和职务的高低是一个人能力大小、贡献多少的体现。如果不能量其才、任其职,担任一定的角色,人才也难以留住。

"才能发挥""社会角色""获得报酬"就好比一个圆桌的三条腿,如果这三条腿中的任一条腿出现问题,桌子都会倾斜,使人才"流失"。职业生涯规划就是使这三条腿稳定的重要手段。

员工职业生涯规划的重要内容之一,是对个人进行分析。通过认识自己、了解自己,评估自己的能力、确认自己的性格,判断自己的情绪,找出自己的特点,明确自己的优势,衡量自己与他人的差距,以此来开发自己、改变自己、塑造自己,跨越障碍,充分发挥自己的才能,所以职业生涯规划能解决"才能发挥"的稳定问题。

通过职业生涯规划,我们可选择适合自己发展的职业,确定符合自己兴趣与特长的生涯路线,正确设定自己的人生目标,运用科学的方法,采取有效的行动,担当起一定的社会角色,实现自己的人生理想。所以,职业生涯规划能解决"社会角色"的稳定问题。

当一个人的才能得到相应的发挥,并担任一定的社会角色时,他的地位及职务也得到了提高,其待遇和报酬也会相应提高。例如,担任了综合工长、生产经理、项目经理、部门经理、工程师或高级工程师等,其待遇和报酬会较高。所以,职业生涯规划能解决"获得报酬"的稳定问题。

综上所述,职业生涯规划是员工个人发展和企业留住人才的重要方法和手段之一。当然,员工的职业发展目标只有与组织的发展相一致、相吻合,才能发挥其作用,产生其效力。

小故事

在唐太宗贞观年间,有一匹马和一头驴子,他们是好朋友。后来,这匹马被玄奘大师选中,出发前往印度取经。17年后,这匹马驮着经书回到长安,再次到磨坊会见驴子朋友。老马谈起这次旅途的经历,讲述浩瀚无边的沙漠,高耸云霄的山岭,凌云的冰雪,壮阔的波澜……神话般的一切,让驴子听了大为惊异,好生羡慕!驴子惊叹道:"你有多么丰富的见闻呀!那么遥远的路,我连想都不敢想。""其实,"老马说,"我们跨过的距离是大体相等的,当我向西域前进的时候,你一步也没停止。不同的是,我同玄奘大师有一个遥远的目标,按照始终如一的方向前进,所以我们走进了一个广阔的世界。而你被蒙住了眼睛,一生就围着磨盘打转,所以永远也走不出这个狭隘的天地。"

故事启示:要像故事中的马一样,做事情有一个长远的目标,并为之奋斗。对于人生来说，尤其如此，要懂得合理规划自己的职业生涯，有目标、有计划地前进。

三、职业生涯规划应遵循的原则

职业生涯规划按期限长短一般划分为短期规划、中期规划和长期规划。短期规划为三年以内的规划，主要是确定近期目标，规划近期完成的任务。中期规划一般为三至五年的规划，应在短期规划的基础上加以设计。长期规划的规划时间是五年至十年，主要设定长远目标。确定职业生涯规划应遵循以下原则。

（1）清晰性原则。目标与措施是否清晰明了，实现目标的步骤是否直截了当。

（2）变动性原则。目标与措施是否有弹性或缓冲，是否能依据环境的变化而调整。

（3）一致性原则。主要目标与分目标是否一致，目标与措施是否一致，个人目标与组织发展目标是否一致。

（4）挑战性原则。目标与措施是否具有挑战性。

（5）激励性原则。目标是否符合自己的性格、兴趣和特长，是否能对自己产生激励作用。

（6）合作性原则。个人的目标与他人的目标是否具有合作性与协调性。

（7）全程原则。拟定职业生涯规划时必须考虑到生涯发展的整个历程，做全盘的考虑。

（8）具体原则。职业生涯规划各阶段的路线划分与安排，必须具体可行。

（9）实际原则。实现职业生涯目标的途径很多，在做规划时必须考虑到自己的特质、社会环境、组织环境以及其他相关的因素，选择确定可行的途径。

（10）可评量原则。职业生涯规划的设计应有明确的时间限制或标准，能进行客观评量、检查，使自己随时掌握执行状况，并为规划提供参考的依据。

四、职业生涯规划应考虑的因素

从职业生涯发展的规律看，每个人有不同的发展阶段与历程，职业生涯规划的重点也就有所不同；不同的人在做其职业生涯规划时，所考虑的因素也有所不同。一般而言，在做职业生涯规划时至少考虑以下四个方面的因素。

1. 关于自我认识方面的因素

（1）个人的兴趣、爱好与特长。

（2）个人的性格与价值观。

（3）个人所选定的目标与需求。

（4）个人的情商。

（5）个人的优缺点。

（6）个人的学历与能力。

（7）个人的工作经验。

（8）个人的生涯情况。

2. 关于外部环境方面的因素

(1) 组织的需求。

(2) 家庭的期望。

(3) 社会的需求。

(4) 科技的发展。

(5) 经济的兴衰。

(6) 政策、法律法规的影响。

3. 关于个人目标选择方向的因素

(1) 设定该目标的原因。

(2) 欲达到该目标的途径。

(3) 欲达到该目标所需的能力、训练及教育。

(4) 达到该目标可能得到的助力。

(5) 达到该目标可能遇到的阻力。

4. 落实生涯目标措施方面的因素

(1) 教育、训练的安排。

(2) 获得发展的安排。

(3) 排除各种阻力的计划与措施。

(4) 争取各种助力的计划与措施。

五、职业生涯规划的要素

俗话说"知己知彼,百战不殆",这句话点出了职业生涯规划的要素。所谓"知己"就是自我认识与自我了解。"知彼"就是熟悉周围的环境,特别是与生涯发展有关的工作环境。知己与知彼相互关联,若确定的个人生涯目标符合现实,而不是一厢情愿;若对从事的职业极感兴趣,而不是被动地去干;若从事的工作能发挥专长,而不是暴露自己的短处;若对工作的环境适应,而不是感到处处困难,难以生存,这就说明你的生涯规划不但做到了"知己""知彼",而且做出了正确的"抉择"。所以,"知己""知彼""抉择"是职业生涯规划的三要素,即生涯规划 = 知己 + 知彼 + 抉择,如图4-1所示。

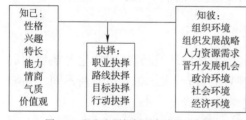

图4-1　职业生涯规划要素关系示意图

六、职业生涯规划的基本步骤

职业生涯规划是一个周而复始的连续过程,其过程包括确定志向、自我评估、生涯机会评估、确定目标、制订行动计划、执行、评估与回馈七个基本步骤。

1. 确定志向

志向是事业成功的基本前提。没有志向,事业的成功也就无从谈起,俗话说"志不定,天下无可成之事"。立志是人生的起跑点,反映着一个人的理想、胸怀、情趣和价值观,影响着一个人的奋斗目标及成就大小。所以,在确定生涯规划时,首先要确立志向,这是确定职业生涯规划的关键,也是生涯规划最重要的一步。

2. 自我评估

自我评估的目的是认识自己,了解自己。因为只有认识了自己,才能对自己的职业做出正确的选择。一般来说,自我评估包括自己的兴趣、特长、性格、学识、技能、智商,以及组织管理、协调、活动能力等。

3. 生涯机会评估

生涯机会评估主要是评估各种环境对自己生涯发展的影响,每一个人都处在一定的环境之中,离开了这个环境,便无法生存与成长。所以,在确定个人的职业生涯规划时,要分析环境条件的特点,环境的发展变化情况,自己与环境的关系,自己在这个环境中的地位,环境对自己提出的要求,以及环境对自己的有利条件与不利条件等。只有对环境因素充分了解,才能做到在复杂的环境中避害趋利,使生涯规划具有实际意义。例如,组织环境因素评估包括评估组织发展战略、人力资源需求、晋升发展机会等。

4. 确定目标

生涯目标的设定是职业生涯规划的核心。一个人事业的成败,很大程度上取决于有无正确适当的目标。没有目标如同大海的孤舟,四野茫茫,没有方向,不知道自己应走向何方。只有树立了目标,才能明确奋斗的方向,犹如海洋中的灯塔,引导人们避开险礁暗石,走向成功。目标应以自己的最佳才能、最优性格、最大兴趣、最有利的环境等信息为依据来确定,通常分短期、中期、长期和人生目标。

5. 制订行动计划

在确定了生涯目标后,行动变成了关键环节。没有达成目标的行动,就不能达成目标,也就谈不上事业的成功。这里所指的行动是指落实目标的具体措施,主要包括工作、训练、教育、轮岗等方面的措施。例如,为达成目标,在工作方面计划采取什么措施来提高工作效率,在业务素质方面计划如何提高业务能力,在潜能开发方面采取什么措施开发潜能等,都要有具体的计划与明确的措施,并且这些计划要特别具体,以便定时检查。

6. 执行

如果不采取行动,职业生涯规划只能是"纸上谈兵"。我们应根据自己的职业生涯目标,积极行动。

7. 评估与回馈

俗话说"计划赶不上变化",影响生涯规划的因素诸多,有的变化因素是可以预测的,而有的变化因素难以预测。在此情况下,要使生涯规划行之有效,就需要不断地对生涯规划进行评估与修订。其修订的内容包括职业的重新选择、生涯路线的选择、人生目标的修正、实施措施与计划的变更等。

职业生涯规划的流程如图 4-2 所示。

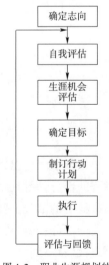

图 4-2 职业生涯规划的流程

七、职业生涯设计

1. 个人因素分析

个人因素分析也就是"知己"的过程,实质上就是自我认识的过程。自我认识是职业生涯规划的基础,关系到职业生涯发展成功与否。人们在规划或希望之前应先自我认识与了解,才不致使梦想成为幻想。因此,要有充分的自我认识,除了职能、兴趣、性格,还要充分了解人格特质,即个人的优点、缺点和特点。唯有如此,才能确切地掌握自我,超越自我,促进自我成长。只有充分地认识自我后,才能正确定位,确定目标,走出自己的路来。

自我认识是对自我性格、行为、情感、价值、社会角色等与自我有关的一切因素的认识,包括生理自我、心理自我、理性自我、社会自我等部分。在生理自我部分,自我认识主要包括自己的相貌、身体、穿着打扮等方面。在心理自我部分,自我认识主要包括对自己的性格、兴趣、气质、意志、能力等方面的优缺点的评判。在理性自我部分,自我认识主要包括对自己的思维方式和方法、道德水平、情商等因素的评价。在社会自我部分,自我认识主要包括对自己在社会上扮演的角色,在社会中的责任、权利、义务、名誉,他人对自己的态度以及自己对他人的态度等方面的评价。

那么,如何对以上四个部分进行自我认识呢?方法有很多,如橱窗分析法、自我测试法、计算机测试法等。这里仅对"橱窗分析法"做一个简单的介绍。

心理学家们曾将对个人的了解比作橱窗。为便于理解,我们把橱窗放在直角坐标中加以分析。坐标的横轴正向表示别人知道,坐标横轴负向表示别人不知道;纵轴正向表示自己知道,坐标横轴负向表示自己不知道。坐标橱窗示意图如图4-3所示。

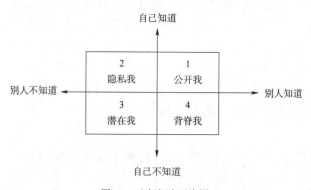

图4-3　坐标橱窗示意图

橱窗1为自己知道、别人也知道的部分,称为"公开我",属于个人展现在外,无所隐藏的部分;橱窗2为自己知道、别人不知道的部分,称为"隐私我",属于个人内在的私有秘密的部分;橱窗3为自己不知道、别人也不知道的部分,称为"潜在我",是有待开发的部分;橱窗4为自己不知道、别人知道的部分,称为"背脊我",犹如一个人的背部,自己看不到,别人却看得很清楚。

通过四个橱窗分析可知,需加强自我了解的是橱窗3和橱窗4。

橱窗3是"潜在我"。每个人都有巨大的潜能。心理学家奥托指出,一个人一生所发挥出来的能力,只是他全部能力的4%,也就是说一个人还有96%的能力未开发。

由此可见,认识"潜在我"是自我认识的重点之一。

橱窗4是"背脊我"。如果自己诚恳地征询他人的意见和看法,就不难了解"背脊我"。要做到这一点,需要开阔的胸怀,有则改之,无则加勉。否则,别人不会说实话。

2.环境因素分析

所谓环境因素分析,就是"知彼",具体包括对他人的了解,对组织环境的了解,对社会环境的了解,以及对经济环境的了解。这些因素对职业生涯的发展都有直接影响。

(1)对他人的了解。现今多数工作是群体性的组织活动,你所工作的单位与部门多由不同数量、不同年龄、不同专业、不同性格的人组成。你的发展与他人或多或少发生关系。因此,在确定职业生涯规划时,须了解他人的情况,通常要了解他人的学历、他人的工作业绩、他人的年龄层次、他人的专业技术职称、他人的性格、他人的情商、他人的竞争实力、他人的发展趋向等。只有全面了解他人的情况,才能确定自己的优势与强项,才能准确把握自己的奋斗目标与方向。

(2)对组织环境的了解,主要包括以下五个方面。

①组织特点:包括组织文化、组织规模、组织气氛、组织阶层、组织结构、人员流动等。

②经营战略:包括组织的发展战略、竞争实力及发展态势等。组织是处于发展期,还是处于稳定期,抑或处于衰退期,其发展态势不同,人的生涯发展速度也就不同。

③人力评估:包括人力需求的预测、人力规划、人力供需、升迁政策、培训方法等。

④工作分析:诸如工作基本能力的需求,工作绩效评估等。

⑤人力资源管理:包括人事管理方案、薪资报酬、福利措施、员工关系、发展政策等。

(3)对社会环境的了解。人是社会的一员,无论从事何种工作,其发展均应适应社会环境的变迁。社会因素主要包括以下四个方面。

①社会政策:国家的政策对人的成长与发展影响极大。例如,政策规定破格提拔年轻干部,就为年轻人拓宽了升迁的渠道,使职业生涯的成功期提前。

②社会变迁:诸如手工业社会的没落,工业化、自动化、信息化社会的演进等,都会对人的职业生涯发展产生较大的影响。

③社会价值观:随着社会的进步、人们生活水平的提高,人的价值观在发生变化。人的需求层次在不断提高,由过去的生存、安全的需求上升为尊重及自我实现的需求。这些价值观念的变化,对人的职业生涯发展产生直接的影响。

④科学技术的发展:诸如技能的补充、理论的更新、观念的转变、思维的变革等,在人的职业生涯规划中是不可忽视的。

(4)对经济环境的了解。经济环境诸如经济增长率、经济建设的速度等,对人的生涯发展也会产生影响。当经济振兴时,百业待举,新的行业不断出现,新的组织不断产生,机构增加,编制扩容,为职业的选择及晋升创造了条件。

3.职业选择

职业选择是人生事业发展的起点,选择正确与否,直接关系到人生事业的成功与失败。在认识了自己,了解了内外环境后,就要考虑选择职业的问题。那么哪些因素与职业有关呢?一般对个体因素来说,性格、兴趣、能力是最主要因素,因为无论从事什么工作都与这三项因素有关。

4. 职业生涯路线的选择

所谓职业生涯路线是指当一个人选定职业后,是向专业技术方向发展,还是向项目管理方向发展,抑或是向企业管理方向发展。由于发展方向不同,对其要求也不相同。因此,当你的职业确定后,便可规划你的生涯路线,是走企业管理路线,还是走专业技术路线,还是先走专业技术路线再转项目管理路线,这些在规划中须做出抉择。

在抉择过程中,须问自己三个问题:一是我想往哪一路线发展;二是我适合往哪一路线发展;三是我可以往哪一路线发展。

回答上述三个问题的过程,其实也是对"知己""知彼"有关情况的综合分析并加以运用的过程。第一个问题是通过对自己的兴趣、价值、理想、成就动机的分析,确定自己的目标取向。第二个问题是通过对自己的性格、特长、情商、学历、技能的分析,确定自己的能力取向。第三个问题是通过对自己身处的组织环境、社会环境、经济环境、政治环境的分析,确定自己的社会取向。三个取向确定后,进行综合分析,即可确定自己的职业生涯路线。职业生涯路线分析过程示意图如图4-4所示。

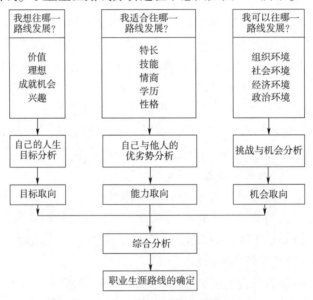

图4-4　职业生涯路线分析过程示意图

5. 职业生涯目标的选择

确定职业生涯路线后,就要考虑目标的抉择问题了。所谓目标抉择就是明确自己想成为什么样的人,比如,在行政管理职务上达到哪一级(层面),担任什么角色;在专业技术职务成为哪一领域、哪一级别的专家。所以目标是职业生涯发展的方向,目标明确是人生事业成功的先决条件。

一个人要获得事业的成功,就必须按照人生成功的规律来确定行动的目标和规划。一般来说,一个成功者,必定是一个目标意识很强的人。所谓"目标意识"就是头脑中始终有清楚的目的,一直"咬"着目标不放,直到达到目标。当这个目标实现以后,他又会盯住另一个目标,直到事业成功。当然,在有目标的人中也有没成功的,有的是因为目标失当,有的是因为行动力不够、半途而废,有的是因为失误或遇到职业变迁等。目标抉择的基本步骤有以下六步。

第一步：自我分析，认识自我，了解自我，找出自己的特点。

第二步：对内外部环境进行分析，准确进行自我定位。

第三步：根据第一、第二步的分析结果，确定职业岗位。

第四步：选择自己的生涯路线，决定向哪一方面发展。

第五步：确定事业目标。把目标具体详细地写出来。

第六步：确定行动计划。按照目标的要求，确定详细的行动计划与措施。行动计划包括十年计划、五年计划、三年计划、明年计划、半年计划、月计划、周计划等。

目标的基本参数，要根据主客观条件来加以确定。一般来说，目标应符合社会与组织需求。有需求，才有位置；目标要符合自身的特点；要高低适度，长短结合；同一时期的目标不宜过多；目标要求明确具体，并适当留有余地。

八、职业生涯管理

职业生涯管理是指组织和员工个人对职业生涯进行设计、规划、执行、评估和反馈的过程。员工和组织经共同努力，可使每位员工的生涯目标与组织发展目标一致，使员工的发展与组织的发展相吻合。因此，职业生涯管理包括两个方面：一是员工的职业生涯自我管理，员工是自己的主人，自我管理是职业生涯成功的关键；二是组织协助员工规划其职业生涯，并为员工提供必要的教育、培训、轮岗等职业生涯发展的机会，促进员工目标的实现。

人是无价的资源，是组织中最宝贵的资产，通过员工的职业生涯发展和组织的职业生涯管理活动，员工能发挥其潜能，从而实现组织的战略目标。在职业生涯管理中，员工和组织是伙伴关系，彼此有如一体之两面，车之两轮，鸟之两翼，相辅相成。组织与员工互相鼓励和支持，自然能营造出信任、和谐、安全的环境，最终实现员工和个人不断成长、组织不断发展的目的。

职业生涯发展过程如图4-5所示。

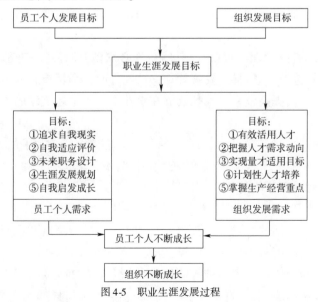

图4-5 职业生涯发展过程

单元4.2 高效时间管理

一、时间的概念

"时间就是效率""时间就是金钱""时间就是生命""一寸光阴一寸金,寸金难买寸光阴",诸如此类关于时间的描述每个人都可以脱口而出,但时间究竟是什么呢?

哲学家这样定义时间:"时间是物质运动的顺序性和持续性,其特点是一维性,是一种特殊的资源。"

要想能够真正地了解时间并且管理时间,必须对时间的本质有深刻的认识。首先要了解时间的四项独特性。

(1)供给毫无弹性:时间的供给量是固定不变的,在任何情况下既不会增加,也不会减少,每天都是24小时。

(2)无法蓄积:时间不像人力、财力、物力和技术那样被积蓄储藏。不论愿不愿意,人们都必须消费时间。

(3)无法取代:完成任何一项活动都要花费时间,这就是说,时间是完成任何活动所不可缺少的基本条件。因此,时间是无法取代的。

(4)无法失而复得:时间无法像失物一样失而复得。它一旦丧失,则会永远丧失。花费了金钱,尚可赚回,倘若挥霍了时间,任何人都无力挽回。

二、时间管理的概念

时间管理探索的是如何减少时间浪费,以便高效地完成既定目标。由于时间所具备的四个独特性,所以时间管理是指面对时间而进行的"自管理者的管理",它的管理对象不是时间。

所谓"自管理者的管理",可以这样理解:你必须抛弃陋习,引进新的工作方式,形成新的生活习惯,包括订立目标,妥善计划、分配时间,权衡轻重和权力下放,加上自我约束、持之以恒,从而提高效率。大凡能够在事业上做出卓越成绩的人,都是时间管理的专家。

实际上,时间管理的核心是人的自我管理。人们研究它是为了最大限度地利用自己宝贵的时间资源。一个人能否有效地管理时间,不单单是方法和技巧是否掌握的问题,还与这个人对时间价值的认识、自身素养(包括文化素养、知识素养、智力水平、性格等)以及对工作和休闲的看法有关。时间管理强调目标和方向,这实质上是将时间管理放在人生这一宏阔的背景下,使之与个人的人生观、价值观联系起来,与个人的发展联系起来。这是时间管理的深层内涵,也是其终极价值所在。

时间在各种资源中往往容易被人们忽略。每天都有24小时,每小时由60分钟组成,每分钟由60秒组成,总计就是8.64万秒。怎样处理这样的一笔财富?这个问题恐怕需要花点时间来考虑。有人曾粗略地统计过某个72岁的人的时间分配:睡觉21年,工作14年,个人卫生7年,吃饭6年,旅行6年,排队6年,学习4年,开会3年,打电话2年,找东西1年,其他2年。看了上面的这一组数据,你有何感受?

三、时间管理误区

探索克服时间浪费的途径便是"培养克服时间管理误区的技能"。时间管理误区是指导致时间浪费的各种因素。以下列出时间管理的五个误区。

1. 误区一:工作缺乏计划

尽管计划的拟定能给员工带来诸多好处,但有的人从来不做或不重视做计划,原因不外乎如下几条:因过分强调"知难行易"而认为没有必要在行动之前多做思考;认为不做计划也能获得实效;不了解做计划的好处;计划与事实之间极难趋于一致,故对计划丧失信心;不知如何做计划。

2. 误区二:组织工作不当

组织工作不当主要体现在以下几个方面:职责权限不清,工作内容重复;事必躬亲,亲力亲为;沟通不畅;工作时断时续。

3. 误区三:时间控制不够

人们通常在时间控制上容易陷入一些陷阱,如习惯拖延时间、不擅长处理不速之客的打扰、不擅长处理无端电话的打扰。

小测验 — 拖延商数测验

请据实选择以下每一个陈述中最切合你的答案。

(1) 为了避免对棘手的难题采取行动,我于是寻找理由和借口。
　　A. 非常同意　　B. 略表同意　　C. 略表不同意　　D. 极不同意

(2) 为使困难的工作能被执行,给执行者压力是必要的。
　　A. 非常同意　　B. 略表同意　　C. 略表不同意　　D. 极不同意

(3) 采取折中办法以避免或延缓不愉快的事是一项困难的工作。
　　A. 非常同意　　B. 略表同意　　C. 略表不同意　　D. 极不同意

(4) 我遭遇了太多足以妨碍完成重大任务的干扰与危机。
　　A. 非常同意　　B. 略表同意　　C. 略表不同意　　D. 极不同意

(5) 当被迫从事一项不愉快的决策时,我避免直截了当的答复。
　　A. 非常同意　　B. 略表同意　　C. 略表不同意　　D. 极不同意

(6) 我对重要的行动计划的追踪工作一般不予理会。
　　A. 非常同意　　B. 略表同意　　C. 略表不同意　　D. 极不同意

(7) 我试图令他人为管理者执行不愉快的工作。
　　A. 非常同意　　B. 略表同意　　C. 略表不同意　　D. 极不同意

(8) 我经常将重要工作安排在下午处理,或者带回家里,以便在夜晚或周末处理它。
　　A. 非常同意　　B. 略表同意　　C. 略表不同意　　D. 极不同意

(9) 我在过分疲劳(或过分紧张,或过分泄气,或太受抑制)时,无法处理所面对的困难任务。

  A.非常同意 B.略表同意 C.略表不同意 D.极不同意

(10) 在着手处理一件艰难的任务之前,我喜欢清除桌上的每一个物件。

  A.非常同意 B.略表同意 C.略表不同意 D.极不同意

评分标准:每一个"非常同意"评4分,"略表同意"评3分,"略表不同意"评2分,"极不同意"评1分。总分小于21分,表示你不是拖延者,你也许偶尔有拖延的习惯;总分在21与30分之间,表示你有拖延的毛病,但不太严重;总分多于30分,表示你或许已有严重的拖延毛病。

4. 误区四:整理、整顿不足

办公桌的杂乱无章与办公桌的大小无关,因为杂乱是人为因素导致的。"杂乱的办公桌显示杂乱的心思"是有道理的。让一个不富条理的人使用一个小型办公桌,这个办公桌会变得杂乱无章,即使给他换一个大型办公桌,不出几日,这个办公桌又会遭受同样的命运。

✏️ 小测验 — 文件处置测验

请快速给出以下12个事件的处置方法。如你无法即刻对某些事件提供确切的处置方法,则请在题目前写上问号。

(1) 收到一本管理杂志,其中可能具有值得阅读的文章,但目前你无暇阅读。

(2) 来自上司的会议通知(下周一举行会议)。

(3) 某大学企管系学生寄来的问卷。

(4) 下属交来的(或是你个人的)一份用于准备下一个月业务报告的有关资料。

(5) 一封需要尽快回复的信,但你必须先打数次电话才能回复。

(6) 一位你经常接触的人告知新地址及新电话号码的电子邮件。

(7) 组织内其他平行部门的来函,要求取得你的部门的市场(或其他)调查报告。

(8) 某管理顾问公司中寄来的出版物宣传单,你认为其中一两本书也许值得订购,但你无法确定是否真正值得订购。

(9) 客户寄来的一封投诉信。

(10) 人事部门发出的有关员工考核程序的函件。

(11) 提醒自己明年及早准备财务预算的备忘录。

假如你在以上12个事件的前面写上了两个或两个以上的"?",则表示你仍欠缺一套完整的文件处置系统。你最好尽快设计这样的一套系统(包括你的纸面文件夹和电脑文件夹)。

5. 误区五：进取意识不强

有些人之所以能够让时间白白流逝而毫无悔痛之意，最根本的原因就是他缺乏进取意识，缺乏对工作和生活的责任感和认真态度。主要表现在以下几个方面：个人做事的态度消极；做事拖拉，或找借口不干工作；不将自己的所思所想付诸行动。

❋ 小哲理

昨天是一张已被注销的支票，明天是一张尚未到期的本票，今天则是随时可用的现金。请善用它！

四、时间管理的基本原则

1. 明确目标

（1）目标刺激我们奋勇向上。在人生的旅途上，没有目标就好像走在黑漆漆的路上，不知往何处去。虽说目标能够刺激人们奋勇向上，但是，对许多人来说，拟定目标实在不是一件容易的事。另外，有些人没有目标，是因为他们不敢接受改变。

（2）如何制定目标。一个目标应该具备以下五个特征：具体的（Specific）；可衡量的（Measurable）；可达到的（Attainable）；相关的（Relevant）；基于时间的（Time-based）。

① 具体的。有人说："我将来要做一个伟大的人。"这就是一个不具体的目标。目标一定要是具体的，比如你想把英文学好，那么你就制定一个目标：每天一定要背十个单词、一篇文章。

◎ 案例

有人曾经做过一个试验。他把人分成两组，让他们去跳高。两组人的个子差不多，先是一起跳过了1米。他对第一组说："你们能够跳过1.2米。"他对第二组说："你们能够跳得更高。"经过练习后，让他们分别去跳，由于第一组有具体的目标，结果每个人都跳过1.2米；而第二组的人因为没有具体目标，所以大多数人只跳过了1米，少数人跳过了1.2米。这就是有和没有具体目标的差别。

② 可衡量的。任何一个目标都应有可以用来衡量目标完成情况的标准，目标越明确，就能提供越多的指引。比如你要盖一栋房子，先要在心里有个底。房子要多大，是几层楼？需要多少间卧室？要木头的还是钢筋水泥的？要多少平方米？坐落地点在哪里？你的预算是多少？这些问题有了这些明确的答案，你才有可能顺利地盖好房子。

③ 可达到的。不能达到的目标只能说是幻想，太轻易达到的目标又没有挑战性。所以目标最好"跳一跳就够得着"。

◎ 案例

15个人被邀请参加一个套圈的游戏。在房间的一边钉上一根木棒，给每个人几个绳圈套到木棒上，与木棒的距离可以自己选择。站得太近的人很容易就把绳圈套在木棒上,很快就觉得简单不想玩了;有的人站得太远,老是套不进去,于是也很快就泄气了;但有少数人站的距离恰到好处,不但觉得游戏具有挑战性,而且觉得很有成就感。实验者解释,不断地设定具有挑战性但做得到的目标,人们会有高度的成就动机。

④相关的。目标应和自己的生活、工作有一定的相关性,如果一个公司的普通职员,整天考虑的是如何成为明星,又不肯努力,最终会被公司辞退。

案例

一位青年满怀烦恼去找一位智者。他说大学毕业后,曾雄心勃勃地为自己树立了许多目标,可是几年下来,依然一事无成。智者微笑着听完青年的倾诉,对他说:"来,你先帮我烧壶开水!"

青年看见墙角放着一把极大的水壶,旁边是一个小火灶,可是没发现柴火,于是便出去找。他在外面拾了一些枯枝回来,装满一壶水,放在灶台上,在灶内放了一些柴火便烧了起来。可是由于壶太大,那捆柴火烧尽了,水也没开。于是他跑出去继续找柴火,可回来时却发现那壶水已经变凉。这回他学聪明了,没有急于点火,而是再次出去找了些柴火。由于柴火准备得充足,水不一会儿就烧开了。

智者这时问他:"如果没有足够的柴火,你该怎样把水烧开?"

青年想了一会儿,摇摇头。智者接着说:"你一开始踌躇满志,树立了太多的目标,就像这个大水壶一样,而你又没有足够的柴火,所以不能把水烧开。要想把水烧开,你或者倒出一些水,或者先去准备柴火!"

青年恍然大悟。回去后,他把计划中所列的目标删了许多,只留下几个,同时利用业余时间学习各种专业知识。几年后,他的目标基本上实现了。

⑤基于时间的。任何一个目标都应该考虑时间的限定,比如你说:"我一定要拿到律师证书。"这个目标不是很明确,没明确是在一年内完成,还是十年后才完成。

2. 有计划、有组织地开展工作

所谓有计划、有组织地开展工作,就是把目标分解成工作计划,通过采取适当的步骤和方法,最终取得有效的结果。这通常会体现在以下五个方面。

(1)将有联系的工作进行分类整理。

(2)将整理好的各类事务按流程或轻重缓急加以排序。

(3)按排列顺序进行处理。

(4)为制定上述方案,需要安排一个考虑的时间。

(5)明确工作应该按什么次序进行,哪些工作可以同时进行,这是保障工作按计划进行的重要前提。

有了计划,就必须有行动。切实落实你的计划,才能发挥计划的价值,否则永远没有收获。行动时要预估困难、做好准备、及时调整。

> **小故事**
>
> 　　一位哲人看见一位农夫在砍树,每一斧下去都只能砍下一小块树皮,因为斧头太钝了。于是哲人问农夫:"你为什么不把斧头磨快了再砍?"农夫回答说:"我没有时间磨斧头!"

3. 分清工作的轻重缓急

请看下面的行事次序,看看你自己平时喜欢用哪种方式。

(1)先做喜欢做的事,然后做不喜欢做的事。

(2)先做熟悉的事,然后做不熟悉的事。

(3)先做容易的事,然后做难做的事。

(4)先做只需花费少量时间即可做好的事,然后做需要花费大量时间才能做好的事。

(5)先处理资料齐全的事,然后处理资料不全的事。

(6)先做已排定时间的事,然后做未排定时间的事。

(7)先做经过筹划的事,然后做未经筹划的事。

(8)先做别人的事,然后做自己的事。

(9)先做紧迫的事,然后做不紧迫的事。

(10)先做有趣的事,再做枯燥的事。

(11)先做易于完成的整件事或易于告一段落的事,然后做难以完成的整件事或难以告一段落的事。

(12)先做自己所尊敬的人或与自己关系密切的人所拜托的事,然后做其他人所拜托的事。

(13)先做已发生的事,后做未发生的事。

以上的各种行事准则,从一定程度上说都不符合有效的时间管理的要求。既然是以目标的实现为导向,那么在一系列以实现目标为依据的待办事项中,到底哪些应该先着手处理,哪些可以延后处理甚至不予处理?一般认为应按照事情的紧急程度来判断。假如越是紧迫的事,其重要性越高,越不紧迫的事,其重要性越低,则可依循上面的判断规则。可是在多数情况下,越是重要的事偏偏不紧迫。例如,参加管理技能培训、向上级提出改进营运方式的建议等。如果按事情的紧急程度办事,不但使重要事情的履行遥遥无期,而且经常使自己处于危急或紧急状态之下,后果是导致原本重要但不紧急的事转化为重要且紧急的事。

因此,处理事情优先次序的最重要的判断依据是事情的重要程度。所谓重要程度,即指对实现目标的贡献大小。在考虑行事的先后顺序时,应先考虑事情的"轻重",再考虑事情的"缓急",也就是采用时间管理四象限图(图4-6)进行分析。

图4-6　时间管理四象限图

第一象限是紧急且重要的事情,比如需要准时完成的重要工作等。这类事情的处理非常考验人们的经验、判断力。注意,很多重要的事都是因为一拖再拖或事前准备不足,而变得迫在眉睫。

第二象限是重要但不紧急的事情,比如长期的规划、问题的预防、参加培训、向上级提出问题的处理建议等。多投入一些时间在这个领域有利于提高实践能力,缩小第一象限的范围。做好事先的规划、准备与预防,很多急事将无从产生。这个领域的事情不会对你造成催促,所以必须主动去做,是发挥个人领导力的领域。

第三象限是紧急但不重要的事情。表面看与第一象限相似,因为迫切的呼声会让人产生"这件事很重要"的错觉。电话、临时会议、突来访客都属于这一类。

第四象限属于不紧急也不重要的事。

小测验 — 急迫性指数测验

选取你最可能做出的反应行为或态度,看看你在做事情的急迫性上是什么样的情况。

(1)我在压力之下表现最好。
　　A.从不　　B.有时候　　C.常常

(2)我常归咎于外在环境太匆忙或紧张,以致无法进行深入的自我反省。
　　A.从不　　B.有时候　　C.常常

(3)我常因周围的人或事动作太慢而不耐烦,我讨厌等待或排队。
　　A.从不　　B.有时候　　C.常常

(4)我休息时会觉得不安。
　　A.从不　　B.有时候　　C.常常

(5)我似乎永远在赶时间。
　　A.从不　　B.有时候　　C.常常

(6)我常为了完成某项事情而拒人于千里之外。
　　A.从不　　B.有时候　　C.常常

(7)我只要片刻没和办公室联系就觉得不安。
　　A.从不　　B.有时候　　C.常常

(8)我在做一件事时常常会想到另一件事。
　　A.从不　　B.有时候　　C.常常

(9)我处理危机时表现最好。
　　A.从不　　B.有时候　　C.常常

(10)处理突发状况的兴奋感,似乎比慢工出细活更让我觉得有成就感。
　　A.从不　　B.有时候　　C.常常

(11)我常为了处理突发状况,牺牲和亲友共处的时间。
　　A.从不　　B.有时候　　C.常常

(12)当我为了处理突发状况,必须取消约会或中途离开,我认为别人应该能谅解。

　　　　　A. 从不　　　B. 有时候　　　C. 常常
　（13）我觉得处理突发状况让一天的生活更有意义。
　　　　　A. 从不　　　B. 有时候　　　C. 常常
　（14）我常边工作边吃饭。
　　　　　A. 从不　　　B. 有时候　　　C. 常常
　（15）我一直认为总有一天能做我真正想做的事情。
　　　　　A. 从不　　　B. 有时候　　　C. 常常
　（16）一天下来办公桌上"已办"文件如果堆得高高的,我会很有成就感。
　　　　　A. 从不　　　B. 有时候　　　C. 常常
　　评分标准:选 A 得 0 分,选 B 得 2 分,选 C 得 4 分。0～25 分属于低度急迫性心态,26～45 分属于强烈急迫性心态,46 分以上属于严重急迫性心态。

案例

　　员工 M 刚进入公司的月薪是 1600 元,但满怀雄心壮志的他拟定了一个月薪 10000 元的目标。当 M 逐渐对工作感到得心应手后,他立即拿出客户资料及销售图表,以确认大部分的业绩来自哪些客户。他发现,80% 的业绩都来自 20% 的客户,同时,不管客户的购买量大小,他花在每个客户身上的时间都是一样的。于是,M 的下一步计划就是全力服务重要的 20% 的客户。
　　结果如何? 第一年,他就实现了月薪 10000 元的目标,第二年超越了这个目标,最后他成为该公司的董事长。

　4. 合理安排时间
　　上述案例除了告诉我们树立正确的目标的重要性,还体现了二八定律:总结果的 80% 是由总消耗时间中的 20% 所形成的。按事情的"重要程度"编排行事优先次序的准则建立在"重要的少数与琐碎的多数"的原理基础上。例如:80% 的销售额源自 20% 的顾客;80% 的电话来自 20% 的朋友;80% 的总产量来自 20% 的产品。
　　二八定律的一个重要启示便是:避免将时间花在琐碎的多数问题上,因为就算花了 80% 的时间,也只能取得 20% 的成效。所以,我们应该将时间花在重要的少数问题上,因为处理好这些重要的少数问题,只需花 20% 的时间,即可取得 80% 的成效。
　　掌握重点可以让工作计划不致偏差。一旦一项工作计划成为危机,犯错的概率就会增加。人们很容易陷在日常琐碎的事情处理中,但是有效进行时间管理的人,总是确保最关键的 20% 的活动具有最高的优先级。

　5. 与别人的时间配合
　　认清并适应组织的节奏性与周期性是成功的要素。任何组织,不论大小,都有其节奏性、周期性。作为社会或是团体组织中的一员,必然要与周边部门或周围的人员发生联系。在这种情况下,我们需要互相尊重对方的时间安排,也就是说要与别人的时间配合。当你要到某一部门去参观学习时,需要提前与该部门人员进行预约,双方共同达成一个有关时间、地点、人员安排等的约定。否则,突如其来的打扰会令对方措手不及,甚至将你拒之门外。

6. 制定规则,遵守纪律

人们在成长的过程中,常被各种纪律所束缚,"没有规矩,不成方圆",因为有规矩,才有秩序。在时间管理中,同样强调纪律与规则。

制定规则、遵守纪律的核心主要体现在以下三个方面。

(1)在进行工作的时候,一定不要忘记这个工作的截止时间。

(2)即使其他人没有规定截止的日期,自己也要确定一个完成的时间。

(3)由于不得已原因而不能按期完成时,一定要提前和相关部门取得联系,将影响降到最低。

五、时间管理的方法和技巧

1. 制订计划

(1)计划类型。

①计划根据广度可分为战略计划与作业计划。应用于组织,为之设立总体目标和寻求组织在环境中地位的计划称为战略计划;规定目标如何实现的细节性的计划称为作业计划。战略计划趋向于覆盖较久的时间间隔,通常以年为单位,涉及较宽的领域,不规定具体的目标;作业计划趋向于覆盖较短的时间间隔,如月度计划、周计划、日计划,主要偏重于实现的方法。

②计划根据时间可分为短期计划、中期计划与长期计划。短期一般指一年以内,长期一般超过 5 年,而中期介于两者之间。

③计划根据明确性可分为具体计划与指导性计划。具体计划具有明确的目标,不容易引起误解;指导性计划只规定一些一般的方针,指出重点,计划内容不限定在特定的行动方案上。例如,一个增加利润的具体计划,可能具体规定在未来 6 个月中,成本要降低 4%,销售额增加 6%;而指导性计划也许只提出未来 6 个月使利润增加 5% ~ 10%。显然,指导性计划具有内在的灵活性,具体计划则更具有明确性。

(2)工作任务分解。

①定义。工作任务分解(Work Breakdown Structure,WBS)跟因数分解是一个原理,就是把一个项目按一定的原则分解成一个个任务,把任务再分解成一项项工作,再把一项项工作分配到每个人的日常活动中,直到分解不下去为止,即项目—任务—工作—日常活动。工作任务分解可得到所需进行的全部活动的清单,它是分层计划以及预算和人员分配的基础。

②基本构架。基本构架一般包含阶段、步骤、任务、活动。

③衡量标准。是否全部分解完毕;WBS 分解的所有活动是否全部定义了项目的工作;所分解的活动是否可行;是否包含临时的里程碑和监控点;WBS 的分解结构是否合适;分解后的活动在逻辑上是否能形成一个大的活动;是否集成了所有的关键因素;逻辑上是否合理、清楚和简单。

2. 不要让电话、来访、邮件等浪费太多时间

在办公室时,电话、来访、邮件等不可避免。对于这些,有全面出击的,也有消极应

付的,更有甚者视而不见。全面出击的人终会变得疲劳不堪,消极应付和视而不见的人终究会错失良机或贻误大事。那么究竟怎样做才是可取之道呢?正确的策略是将被打扰的时间缩短,将其负面影响降至最低。

(1)处理打扰电话的方法。

①事先的约定与准备。约定时间可以避免你在需要安静工作的时候被不断打扰,避免没准备好就开始沟通。

②保持简短而明确的开场白。生活中打电话一般是为了联络感情,在开场白中经常会有一些寒暄,然而在办公室场合就应该少有寒暄,尽量从工作角度出发,使用简短而明确的开场白。

假如你正在将电话打给某人,不妨开门见山:"你好,我是×××,我给你打电话是因为……"或者说:"你好,我是×××,有这样一件事需要……"如果是某人打电话给你,你可以说:"接到你的电话真高兴,有什么事需要帮忙吗?""你打电话来我真高兴,能为你做点什么吗?""好久没有收到你的消息了,请问有什么事需要帮忙吗?"等。

③控制通话时间,保持通话主题。在打电话的时候,要注意做好适当的记录,以免挂断电话后忘记某些信息。另一个需要注意的就是控制好打电话的时间并保持通话的主题。许多人喜欢拿起电话就喋喋不休,而且经常缺乏主题。在这种情况下,你不妨直言:"你现在需要我们解决的问题是什么呢?""你的重点是什么?""你看我们今天的沟通(讨论)是不是到这里呢?"

虽然一次电话省下的时间可能只有2~3分钟,但按照你每天接10个电话来算,每个月你就可以省下7~10个小时,一年就是84~120个小时。

④过滤电话。你一定经常遇到一些不想接的电话,这个时候你就需要"过滤电话"了。首先解释你现在不能接电话的原因,如马上要出门了、要去开会了、正在与主管或其他同事商量工作等,但是在拒绝的时候一定要注意有礼貌,并约定回电或对方再次来电的时间,在保证自己时间的前提下,不要给对方留下不良印象。

(2)当你工作被打断时的处理方法。

①来自上级管理人员的打断。

来自上级管理人员的打断最难控制,尤其是当你正在全心处理一项紧急且重要的事情时。如果你就是一名上级管理人员,请你想想,你是不是也会对下属这样呢?

案例

以下是处理类似问题的一个实际例子:有一位职员,每当管理人员叫他开会时,他手上总是带着一件仍待完成的工作,如编写一份报告、检查报告草案,或者阅读必要的资料等,一来可以利用在一旁等待上级管理人员打电话或处理其他事务的时间;二来可以提醒上级管理人员自己也是很忙的,希望可以尽快结束对话;三来可以让上级管理人员对他的工作态度留下深刻的印象。

②来自下属的打断。

请你思考以下问题。

你是否曾经要求你的助理,将他人可能的打扰集中起来,然后每天或每星期一次性向你汇报?

你是不是尽可能地把例会列为每日/周工作的一部分?

你是不是每天都会保留一段固定的时间,供下属向你提出问题?在一旦发觉某些工作日程发生改变时,会告诉对方何时见面较合适?

你是不是曾经鼓励下属以电话/电子邮件方式提出问题,而不必亲自上门?

你是不是能快速回复下属的问题,使他们认为不需要经常打扰你才能获得回应?

③来自同事的打扰。

双方应事先达成共识。你应该力求对他们的要求保持热心、同情以及随时愿意加以协助的态度,可是,你更应该让他们知道这么做往往会影响到你的工作效率。

不要随意打扰对方。你可以从容地、预先地与同事联系你的要求、时间等,只有如此,你才有可能获得相同的回报。

想想为什么你的中断情形无法受控:你不喜欢得罪他人,你喜欢参与每一件事,别人经常来询问你的意见,使你觉得自己很重要,你不善于结束他人的来访,你让别人习惯于经常咨询你的意见,你就是喜欢不断地和他人交谈。你要想办法中止这些现象。

3. 省时之道

我们有时会听到这样的说辞:"等我有空再做。"这句话通常表示"等手上没什么重要的事情时再做"。但事实上,没有所谓"空"的时间。你可能有休闲时间,却没有"空"的时间。凡在事业上有所成就的人,都有一个成功的诀窍:变"闲暇"为"不闲",也就是不偷清闲,不贪逸趣。实际上,在生活和工作中,有不少时间是零碎的,还有一些时间是用来等待的。所以,除了能够认识到时间管理的误区和掌握一些基本的技巧外,还要了解一些省时之道。

案例

假设有人向你挑战比试腕力,时间限定在60秒内,比赛规则是扳倒对方次数较多者便是赢家,而旁观的人提供给赢家1角钱。比赛双方各就各位后,一场激战即将开始。假设一开始那人便把你扳倒,但是他并不停在那儿,反而立即放松施加的压力,让你把他扳倒,接着他迅速反应,将你再度扳倒,而你基于以往的习惯全力抗拒。

这时候你心中只有一个念头:"我要赢!"你的肌肉紧张、全神贯注以至于眉头紧锁,但就在僵持不下的当儿,你和那人脑中突然灵光一闪,发现一个事实:你们现在已各赢1角钱!倘若你让他赢一回,接着他让你赢一回,不断相互扳倒,那么60秒结束后,双方都会赢超过1角钱……于是,你们两个人同心协力,不断地进行你扳倒他、他扳倒你的动作,反复地互相扳倒对方的手臂。在60秒结束的那一刻,你们各赚了3元钱,改写了只有一人能获得1角钱的局面。

4. 追求双赢模式

双赢的精髓便是:人与人之间存在着合作的潜力,合作将能取得远大于个人凭一己之力创造的成绩。

"赢"的真正意义是实现目标,所以若用合作代替竞争,便能在有效的时间或较短的时间里达成更多的目标,甚至有意想不到的收获。

单元4.3 人际关系处理技巧

一、人际关系概述

人际关系不是一条绳索,并非越长越好;它是一张网,连接点越多,越结实有效。

> **小知识**
>
> 专业知识在一个人成功中的作用只占15%,而其余的85%则取决于人际关系。
>
> ——戴尔·卡耐基

1. 人际关系的定义

人际关系(Interpersonal Relationships)是在某个范围内人与人之间的关系,是指人们在人际交往过程中结成的心理关系、心理上的距离。交往双方在个性、态度、情感等方面的融洽或不融洽、相互吸引或相互排斥,必然导致双方人际关系的亲密或疏远。人际关系包括三种成分:认识成分(指相互认识、相互了解)、动作成分(指交往动作)和情感成分(指积极情绪或消极情绪、爱或恨、满意或不满意),其中情感成分是核心成分。人际关系反映了交往双方需要的满足程度。若交往双方能互相满足对方的需要,就容易结成亲密的人际关系;反之,则容易造成人际排斥。

2. 人际关系的建立和发展

人际关系是社会关系的一个侧面,其外延很广,包括朋友关系、夫妻关系、亲子关系、同学关系、师生关系等。它受生产关系和政治关系的制约,是社会关系中较低级的关系;同时,它又渗透到社会关系的各个方面,是社会关系的"横断面",因而又反过来影响社会关系。它对群体内聚力的大小、心理环境的好坏有重要作用。

人际关系的建立与发展过程,实际上是一个情感卷入和交往由浅入深的过程。在这个过程中,交往双方通过采用自我暴露的方式来增加相互间的接纳性和信任感。自我暴露水平越高,表明人际关系交往水平越深。

根据交往双方的情感卷入水平、自我暴露水平的不同,心理学家奥尔特曼认为,良好的人际关系的建立和发展需要经历四个阶段,分别为定向阶段、情感探索阶段、感情交流阶段和稳定交往阶段。

(1)定向阶段。对交往对象的注意、选择和初步沟通等。

(2)情感探索阶段。随着双方共同情感领域的发现,双方沟通话题越来越多,越来越广泛,自我暴露的深度与广度也逐渐增加。人们的话题仍避免触及别人私密性的领域。

（3）感情交流阶段。人际关系发展到这个阶段，双方关系开始出现实质性变化，此时的人际关系中的安全感已经确立，谈话也开始广泛涉及自我的许多方面，有较深的情感卷入。

（4）稳定交往阶段。人们心理上的相容性进一步增加，自我暴露也更加广泛深刻，可以允许对方进入自己高度私密性的个人领域，分享自己的生活空间和财产。

 小试验——"霍桑实验"

乔治·埃尔顿·梅奥在1924年到1932年做了一个非常著名的霍桑实验，其包含一系列实验内容，如改变工厂的照明环境、提高工资、把六天工作制改成五天工作制等。结果发现，影响生产力最重要的因素是工作中发展起来的人际关系，而不是待遇及工作环境。

1936年，戴尔·卡耐基出版了《如何赢得友谊与影响他人》。此后，该书在全球一版再版。书中介绍了赢得友谊和影响他人的方法。卡耐基认为，随着社会变迁与发展，一个人不可能成为全才，但是任何一个成功人士，都有一个共同点，就是能够处理好人际关系。

二、人际关系的分类

人际关系可分为组织内部的人际关系和组织外部的人际关系，如图4-7所示。

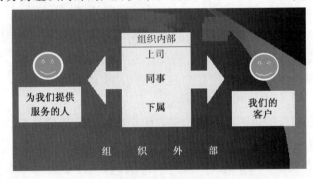

图4-7 人际关系的分类

（1）组织内部的人际关系涉及人群主要是上司、同事、下属。

（2）组织外部的人际关系涉及人群包括两类：一类是为我们提供服务的人，如供应商；另一类是我们的客户。

赢家和输家对同一种事物的交往心态有着天壤之别，如表4-1所示，所以在组织内部或组织外部进行交往的时候，首先要摆正自己的心态。

交往心态　　　　　　　　　　　　　　　　　　　　表4-1

参照事物	输家	赢家
看待周围的人	是竞争者	是帮助者
看待上司	是讨厌的工头	是可敬的教练

续上表

参照事物	输家	赢家
看待对手	是摩擦的来源	是灵感的源泉
看待异己分子	是一种对立	是一种差异
看待抱怨者	是问题人物	是有特别需要的人

三、处理组织外部的人际关系的方法

1. 社交活动中的不变法则

社交活动中的不变法则,主要有以下三点。

(1)看准了再说。

(2)在任何情况下,一切争辩都应尽量避免;用质问的口气说话最伤感情;说服别人最好的方法是把自己的想法慢慢移植给他,让他自己修正观点;对于你不知道的事情,不要充当内行;别向陌生人夸耀你的个人生活。

(3)不好的事"往肚子里咽"。

2. 客户关系——采用"套近乎原则"

要保持良好的客户关系,需要消除客户对你的恐惧感,让客户接受你的观点。这时可遵循"套近乎原则",具体内容如下。

(1)了解客户的爱好。比如,在进行客户拜访时,首先要从两个方面了解客户:一方面是个人情况,另一方面是企业情况。个人情况包括个人爱好、工作方式、禁忌;企业情况包括企业概况、发展历史等。

(2)少用专业术语。在某些行业,过多使用专业用语不仅无法显示你的职业水平,反而会适得其反,使沟通产生隔阂,进而产生人际关系的障碍。

(3)避免当面否定对方。即使双方的观点有冲突或差距,也应尽量避免当面否定对方。

(4)了解对方期待的价值。明确希望彼此交往能够取得的结果,以及为达到这种结果,自己还需要做什么。

(5)注意自己和对方的表情。在进行交流时,既要注意自己的表情,还要注意对方的表情。如果对方正忙于某项工作,或者他正在思考某个问题,表示他对你谈话的主题是不感兴趣的,这时要及时修正你的谈话内容。

(6)引导对方多谈他高兴或者得意的事情。比如,有些人喜欢在办公室摆放照片,你可以对这些照片进行赞赏。又如,有些人喜欢得到别人的尊重,那么你可以提及他非常得意的事情。

(7)给对方必要的回应。如果交流中对方没有回应,那就很难知道自己说的是对还是错、对方是否认同你的观点。所以交流中一定要给对方必要的回应。

(8)找出双方的共同点。在交往时,找出双方的共同点,是迅速套近乎的一个诀窍。

(9)征求对方的意见。交往中不要总是发表自己的看法,要经常征求对方的意见。

(10) 记住对方"特别的日子"。比如,记住客户公司的店庆时间,客户及其家人的生日等。

(11) 表现出对对方的关心。可以体现出对对方的身体健康、饮食的关心,以及对其信仰的认同。

(12) 选择让对方家人也认可的礼物。在进行客户拜访的时候,如果给客户送礼物,其原则是:选择让对方家人也认可的礼物。

3. 谈判的技巧

当双方对某项产品的价值和价格有异议的时候,或当双方对某一件事情的观点不同时,往往采用谈判的形式来解决。在谈判当中,处理人际关系需要注意以下几方面。

(1) 谈判的原则。谈判成员的态度要保持一致,注重团队精神。谈判中要遵循认同原则,只有认同对方,才能彼此合作。谈判还应遵循让步原则、截止期原则、理解和尊重原则等。

(2) 谈判的程序。谈判程序分为谈判初始阶段、交锋阶段、妥协阶段、签订协议阶段。谈判之初应营造和谐的气氛,这样可以拉近彼此的距离,消除双方的敌视,这对于谈判非常重要。

(3) 谈判人员的素质。谈判人员需要具备的素质包括诚信、沉稳、自信,观察和思考能力、估测能力、应变能力、情绪控制能力、语言表达能力,回答技巧等。如果谈判人员是一个正直、诚信的人,同时沉稳、自信,那么会有一个好的谈判结果。在谈判中还需要运用多种语言技巧,有控制情绪的能力。在谈判之前,你并不十分了解你的对手,很多信息只有在谈判桌上才会发现,这就需要你具备良好的观察能力和思考能力。

四、处理组织内部的人际关系的方法

在组织内部主要和三类人员产生联系,或者主要和这三类人员打交道,即上司、同事和下级。

1. 与上司相处

首先要了解上司的人品、爱好、工作能力和工作方式,了解你的上司是喜欢授权,还是喜欢掌控全局,最后要了解他的价值观。在和上司交往时,应遵循以下原则。

(1) 关系适度原则。同上司之间的距离既不能太远也不能太近,距离要适度。

(2) 交流原则,也叫汇报原则。下属要让上司知道自己的工作情况,知道工作进行到什么阶段,现在面临什么问题等。这种交流和汇报是必不可少的。

(3) 服从原则。每一个组织都拥有自己的团队,作为团队的一员,服从是必不可少的。个人利益要服从组织利益。

(4) 尊重原则。每个人所处的位置不一样,承担的压力也是不一样的。要多站在上司的立场思考问题,要相互尊重。

(5) 坚持原则。当你所做的与企业的目标没有偏差(或者偏差较小)时,你可以坚持自己的原则、信念和理想。

2. 与同事相处

与同事交往中需要注意下面几点。

(1)正确寻求帮助。寻求帮助的原则包括以下几条。

①有诚意。首先要尊重对方,要有诚意,特别是在向别的部门的同事寻求帮助时。

②有的放矢。

③不能什么事都要别人帮。坚持自己能做的事情自己做的原则,不能什么事都要别人帮。

(2)要乐于助人,礼尚往来。

(3)指出他人的不足。指出他人的不足是需要技巧的。心直口快的人往往不受欢迎。

(4)多参加集体活动。多参加集体活动,有利于增进感情、促进合作。

(5)避免非正式组织的存在。非正式组织这个概念是在梅奥的霍桑实验中提出来的。非正式组织的目标往往同组织的目标有偏差,所以一个团队里非正式组织的存在,不利于组织目标的实现,应尽量避免。

3. 与下级相处

与下级相处的技巧包括授权、激励以及绩效考核等方面。有人曾经说:一个主管,不管他拥有多少知识,如果他不能带动人完成使命,他是毫无价值的。

单元4.4 岗位技能与职责

城市轨道交通运营企业是多部门、多工种协同作业才能完成运输任务的综合性企业,虽然城市轨道交通运营企业组织架构各不相同,但是主要作业岗位基本一致。其主要生产部门有车务部、AFC管理中心、车辆管理中心、自动化控制中心及维修工程部等,主要作业岗位有行车调度员、电力调度员、环控调度员、设备维修调度员、信号楼调度员、电动列车司机、中心站站长、值班站长、客运值班员、行车值班员、售检票员、站台安全员、站厅(厅巡)岗站务员等。

一、行车调度员

1. 行车调度员应具备的基本技能

(1)具有运输专业大专以上学历,具有运输专业实践工作经验,并经过调度专业知识的学习,熟悉《调度工作规则》《行车工作规则》以及所在公司的各项运输类规章,并取得调度员上岗资格证。

(2)熟悉"人、车、天、地、电、设备、规章"等各种和运营相关的专业知识。

(3)熟悉司机、车站值班员等与列车运行有关的作业人员情况,如工作经历、业务水平、性格特点等,充分调动有关人员的工作积极性。

(4)身体健康,无色盲、色弱、高血压、心脏病、传染病、肠胃系统等疾病。

(5)熟悉车辆技术状态、使用性能和特点等情况。

(6)掌握气候变化、节假日、重大活动等因素对客流增减及对列车运行影响的一般规律。

(7)熟悉与行车有关的各种技术设备,如信号、联锁、闭塞、车站折返、调度集中和通信广播设备等。

(8)具备高度的责任心,爱岗敬业;能承受较大的心理压力,具有良好的心理素质,扎实的专业知识,较强的语言表达、人际沟通能力和应急决策能力。

OCC 的布局

2. 行车调度员的岗位职责

行车调度员是运输调度工作的核心工种,担负着指挥列车运行、贯彻安全生产、实现列车运行图、完成运输计划的重要任务。行车调度员是列车运行的组织者和指挥者,其基本职责如下。

(1)组织指挥各部门、各工种严格按照列车运行图的规定和要求行车。

(2)组织列车到发和途中运行,监控列车行车和设备运转状况。

(3)根据客流变化,及时调整列车开行计划。

(4)列车晚点、运行秩序紊乱时,通过自动或人工列车运行调整,尽快恢复行车。

(5)发生行车事故时,按照规定立即向上级和有关部门报告,迅速采取救援措施,最大限度地减少人员伤亡、降低事故损失、防止事故升级,及时恢复列车的正常运行。

(6)安排各种检修施工作业、组织施工列车开行。

二、电力调度员

1. 电力调度员的基本技能

电力调度员是负责地铁供电系统运行、检修和事故处理的指挥工作的人员。其基本技能如下。

(1)熟悉供电系统运行和操作的监督指挥,供电设备检修作业的审批,供电设备故障处理的指挥方法。

(2)能充分发挥供电设备能力,满足各类设备的用电需求。

(3)能监督供电系统安全运行和连续供电。

(4)根据供电系统实际情况,能按供电模式要求监督整个供电系统在最经济方式下运行。

行车指挥系统

2. 电力调度员的岗位职责

(1)在值班主任的领导下,负责所辖范围内的供电生产工作;按值班主任的要求协助处理突发事件。

(2)认真贯彻执行有关规章、制度、命令和上级指示。

(3)执行供电协议有关条文。

(4)执行供电系统的运行方式;制定事故情况下的供电运行模式。

牵引供电系统组成

(5)对电力调度员管辖范围内的设备进行操作管理。

(6)按照《施工行车通告》的要求审核所辖设备检修计划并批准这些设备的检修计划。

(7)根据《施工行车通告》和日补充计划、临时补修计划的要求,组织设备的检修和施工,并负责审核工作票、填写操作票。

(8)指挥供电系统内的事故处理,参加事故分析,制定系统安全运行的措施。

(9)负责对供电系统的电压调整、继电保护、安全自动装置设备进行运行管理。执行继电保护及自动装置的运行、更改方案。

(10)收集整理本系统的运行资料并进行分析工作,总结交流调度运行工作经验,不断提高系统调度运行和管理水平。

三、环控调度员

1. 环控调度员的基本技能

(1)环控调度员负责环控系统的调度和管理工作,能监督环境监控系统(Building Automation System,BAS)、火灾报警系统(Fire Alarm System,FAS)及气体灭火系统的运行;能负责指挥环控系统,实现安全、高效、经济的运行,为乘客提供安全、舒适的乘车环境。在发生火灾时,通过指挥环控设备执行相应的通风模式,协助、配合火灾扑救工作,确保国家财产、乘客和工作人员的生命安全。

(2)环控系统调度管理实行集中领导、分级管理制度,采用中央级(运行控制中心调度员)和车站级(车站值班员)两级管理架构。中央级和车站级管理部门应密切配合,服从统一指挥,树立整体观念,加强管理,严格执行行车调度制度,以确保整个系统正常运行和紧急状态下火灾扑救工作的顺利进行。

2.环控调度员的岗位职责

(1)运行控制中心(Operating Control Center,OCC)调度员通过环境监督系统、火灾报警系统中央级工作站监控车站机电设备,如各车站通风、空调、隧道通风设备和装置,气体灭火系统等系统设备,以及扶梯、照明、给排水等设施。

(2)环控调度员负责监控全线车站环控系统按设定时间运行,确保车站环境温度及空气质量达标。

(3)环控调度员负责监视全线车站的火灾报警情况,确保火灾报警及时被确认。

(4)环控调度员负责监视全线车站环控设备、防灾报警设备、环境监督系统、火灾报警系统、气体灭火系统以及电扶梯、照明、给排水设施的运行状态,发现故障及时通报设备维修调度,由设备维修调度通知相关维修部门进行维修。

(5)环控调度员负责指挥环境监督系统、火灾报警系统、气体灭火系统及机电设施的故障处理及维修施工。

(6)环控调度员负责火灾、大客流、列车阻塞等紧急情况下的环控系统的指挥及监控工作,确保相关设备在紧急情况下能够正常运行,协助抢修救灾工作。

(7)环控调度员负责在中央级失控时指挥车站设备值班员进行车站级控制。

(8)环控调度员负责在地铁发生火灾时向市公安局110指挥中心报告火灾情况,请求消防队支援。

接触网

(9)环控调度员负责随时了解和掌握所管辖设备的运行情况,负责定期、定时收集设备运行数据及信息,记录及跟踪设备故障。

环控调度员要及时了解关键设备的运行情况:影响车站舒适度的关键设备(冷水机组、冷却塔、水泵、组合空调机等),影响消防安全的设备(隧道风机、站台站厅排烟风机),由设备保障部门及时将设备故障及修复情况报环控调度员;对于一般设备,由设备保障部门定期上报设备完好情况;同时在收集数据方面,针对一些尚未传输到中央级但作为调度必须了解的关键重要数据进行收集,如站台站厅公共区的温湿度、冷水机组进出水温度等,其余一些数据如运行电流、电压等参数由设备保障部门进行记录收集。

四、设备维修调度员

1.设备维修调度员的基本技能

设备维修调度工作是物资设施系统的生产调度工作。设备维修调度员的基本技能如下。

(1)能负责物资设施系统设施设备故障(事故)信息接收、传递与反馈。

(2)会一般性故障(事故)处理的组织、协调。

(3)能正确对重大故障(事故)进行上报。

(4)会故障(事故)的统计分析。

(5)能对检修作业计划进行汇总、协调、监控。

(6)能完成自动售检票(Automatic Fare Collection,AFC)系统故障的信息接报、传递。

(7)能配合运行控制中心主任(值班主任)、行车调度员、环控调度员、电力调度员启动应急预案等。

2.设备维修调度员的岗位职责

(1)接收物资设施系统设施设备和 AFC 系统故障(事故)报告,并记录有关情况。

(2)对接收的物资设施系统设施设备的故障(事故)报告信息进行初步分析判断,报相关部门,并向各中心发布设备维修调度命令,同时跟踪设备维修调度命令的执行情况,对故障(事故)处理过程中发生的各类事项进行必要的协调。

(3)在故障(事故)处理完成后,向各有关部门通报处理情况,并记录。

(4)对物资设施系统设施设备的故障(事故)进行分类、分析、统计,按时填写物资设施部故障(事故)分析日(月)报,并报物资设施部。

(5)校核物资设施部管理范围内的维修计划并协调、配合计划实施,监督、跟踪作业令执行与完成情况,对作业令的执行进行必要的协调;对计划完成情况进行统计,将统计结果报物资设施部。

(6)合理调配工程抢险用车和其他用车。

(7)协助运行控制中心主任(值班主任)校核检修计划和临时计划。

(8)业务范围内的其他工作。

五、电动列车司机

1.电动列车司机的岗位技能

(1)电动列车司机必须牢记"安全第一、便民第一"的宗旨,能遵守和学习有关的安全规定和运行规则,能严格按照安全制度、行车规则执行乘务驾驶任务。

城市轨道交通必须由具有良好职业素质的人去完成各种行车任务,而电动列车司机是第一线的操作者,所以必须有高度的安全意识,并且要有不断学习与遵守规则的素质,才能确保列车运行正常。我们把富有纪律性、严格执行规章制度的电动列车司机看作保证安全行车的基本因素之一。在人与技术设备的有机联系中,人是最主要的方面,如果经常性发生人为失误造成的事故,最精良、最先进的设备也会不那么可靠;国内外多次事故的分析与调查结果都表明,由于人为失误造成事故的比例大于技术缺陷所造成的事故的比例。因此,行车人员树立安全意识、学习和遵守安全规定是十分重要的。

(2)电动列车司机必须掌握列车的基本构造、性能,具有一般的故障处理能力,熟悉运行线路和停车场等基本设施情况,熟练掌握驾驶区段、停车场线路纵断面等的情况。

电动列车司机对列车必须有一个较完整的了解,主要表现在对操纵列车技能的掌握和对主要部件构造、性能的知晓上。只有在掌握和了解性能、作用的基础上,才能够具备处理故障的能力。在列车运行过程中,故障经常发生,特别是功能性的故障出现较多,所以在规定时间内及时、准确地排除故障是电动列车司机技术业务的重点之一。

电动列车司机的技术业务还表现在对线路纵断面的熟悉程度上。经过学习和经验积累较好地掌握线路纵断面,是驾驶列车、应对各种运行过程中突发事件的前提。

(3)电动列车司机还必须掌握其他相关的业务能力和具有一定的应变能力。如懂得救援的过程和方法、懂得消防灭火的要求、学会扑灭初起火灾的方法、知道常用灭火器的使用方法等。

特殊情况下的处置方法,对电动列车司机来说同样是必备的基本常识。因为在城市轨道列车的运行中,突发事件由于各种因素的存在,有着不可预测性,在事件的初期往往只有电动列车司机能够最早发现,所以一名职业素质较好的电动列车司机应该而且必须掌握有关事件初期的处理方法,使事件能够在初期阶段得到控制和处理,减小损失,稳定局面,包括组织乘客共同应对突发事件,等待进一步救援等。

鉴于电动列车司机在整个运行过程中的重要作用,城市轨道交通管理部门规定了电动列车司机上岗值乘的必要条件。

电动列车司机必须经过考试合格,取得"电动列车驾驶证"后方准独立驾驶电动列车;脱离驾驶岗位6个月以上,如再需驾驶列车,必须对业务知识和安全运行知识等进行再培训与考核并且合格;电动列车司机的纪律性和身体状况、心理状况要由相关管理部门以及有关领导作出鉴定。符合以上条件才能够上岗驾驶列车,以保证行车工作安全和行车秩序正常。

2.乘务工作纪律

(1)司机在执行手指口呼时,必须做到"眼到、手到、口到、心到"。口呼时,应使用普通话,做到声音清晰、洪亮;手指时,手心应垂直于地面。

(2)司机工作禁令。

①严禁在接受口头命令时,未按规定进行复诵。

②严禁擅自改变列车运行方式。

③严禁人车冲突后未确认人员状况,即再次动车。

④严禁在挤岔后未经专业人员确认,即再次动车。

⑤严禁在列车压警冲标、冒进信号时未及时报告行车调度员。

⑥严禁有夹人(物)情况或车门未关闭且未采取有效措施时动车。

⑦严禁擅自通过按规定应停车的车站或在规定应通过的车站停车。

⑧严禁在非涉及行车事宜时,使用手机。

⑨严禁在运营线路抛弃杂物。

(3)除遇特殊情况外,司机因事需要请假者,应提前3天向班组长请假并办理请假手续;因病需要请假者,应提前1天向班组长请假并办理请假手续;未经批准不得擅自休假,遇急病或特殊情况,应提前1小时向班组长请假。

(4)司机在值乘过程中,如遇列车5分钟以上晚点、列车救援、信号设备故障、人车冲突、异物侵入线路、行车事故、重大服务投诉事件、班组或上级部门认为有必要书面澄清的事件时,退勤司机应填写书面报告,并积极配合相关部门的调查。

(5)在停车库内,司机上车前,应对列车车底及两侧进行检查,以防止人员及设备侵入限界,如司机室挂有"禁动牌"时,严禁启动列车,并向运转值班员报告。

3. 电动列车司机心理素质

(1)心理素质要求。

心理素质是人的整体素质的组成部分,是在先天素质的基础上,经过后天的环境与教育的影响而逐步形成的。心理素质对个体身体素质和行为具有决定性作用。心理素质好,其身体素质的水平就高,维持的时间较长,工作效果好;反之亦然。心理素质包括很多方面,一名优秀的电动列车司机应努力加强心理承受能力、快速反应能力以及危机处理能力的培养。

①心理承受能力。心理承受能力是个体对逆境引起的心理压力和负面情绪的承受与调节的能力,主要是对逆境的适应力、容忍力、耐力、战胜力的强弱。一定的心理承受能力是个体良好的心理素质的重要组成部分。

压力源是引起压力的具体的人和事,大致包括非人为的压力源和人为的压力源两种。电动列车司机压力源大致包括:行车工作繁重辛苦,持续工作时间较长,对人体精力和体力消耗较大;工作内容单调繁复引起的厌倦情绪;处理行车事故,不可避免地要面对乘客的抱怨;行车工作必须遵守各项严格的规章制度;城市轨道交通企业管理模式变化,新设备、新技术投入使用,需要不断适应新的环境;必须面对各种考核与评比;对行车事故的恐惧;家庭、经济的负担等。

压力每个人都有,压力过大,容易让一个人失去信心、丧失自我,影响生活和工作。因此当压力来临时,必须学会自我调节、掌握压力应对方式,可以参考如下方式。

一是形成正确认知。电动列车司机要正确评估自己,接受自己,认识环境,适应环境;正确理解城市轨道交通企业各项规章制度的重要性,换位思考,自觉遵守规章制度;不断学习专业知识,勇于面对新技术的挑战,适应新的岗位要求和素质要求。

二是调整心态。电动列车司机在行车工作中要引导自己关注行车要点,关注职业形象,树立起司机的职业荣誉感;利用幽默、积极的自我暗示,保持乐观,保持良好的心境。

三是善于应对工作。电动列车司机要做好职业规划,提升个人工作能力,挖掘工作中的积极面,学会分解压力,做时间的主人,把工作和休息分开;要充分认识到本岗位与其他岗位的相关性,搞好工作中的人际关系,团结协作,积极营造和谐的工作环境。

四是掌握减压技术。电动列车司机可通过学习心理知识来掌握减压技术,自我放松,进行放松舒缓训练;在工作之余,积极参加各种文化体育活动,通过阅读等各种活动转移注意力,缓解紧张的心理。

②快速反应能力。电动列车司机在行车过程中常常会遇到一些突发事件,需快速反应,准确判断,果断采取措施。快速反应能力的提升应从平时训练入手。

一是要努力加强技能训练,提高业务水平,积累工作经验。电动列车司机要加强技术业务学习,熟悉列车基本技术性能,熟练掌握应知必会知识、故障处理指南、非正常行车办法、事故救援流程等专业知识,并积极参加技术竞赛、预案演练等活动,不断提升技术水平。

二是要勤于思考、善于分析、果断判断。电动列车司机要养成归纳总结的习惯,及时总结日常行车的经验体会,互相交流,取长补短;要克服在驾驶车辆过程中常常出现的麻痹心理、急躁心理、紧张心理;在行车过程中遇到问题能适时采取措施,需要立即决定时,应当机立断,毫不犹豫;在无法避免事故发生的时候,应以最小损失为前提进行处理。

三是要加强身体素质训练。电动列车司机需要有较好的身体素质、良好的视觉特性和反应特性;平时要注重身体素质训练,行车前应充分休息,调整情绪,确保精神状态良好。

③危机处理能力。处理危机事件时,必须按照一定的原则妥善处理,赢得公众的谅解和信任,尽快恢复企业的信誉和形象。危机处理应当遵循以下原则。

一是积极主动原则。遇到危机出现,要以积极的态度投入危机处理工作中,寻求最佳解决方案,争取专家的帮助和公众的支持与谅解。电动列车司机是行车事故现场第一目击人,必须积极主动参加危机处理的全过程;要挺身而出,勇于承担责任,寻找解决问题的契机,变被动为主动。电动列车司机在危机面前不能推诿,回避调查,应主动配合,说明情况,妥善处理危机。

二是及时真实原则。危机发生后,要迅速反应,争取时间,果断处理,避免事态恶化和蔓延。电动列车司机必须在第一时间向上级领导汇报事故现场的所有信息,帮助上级领导作出正确的判断,及时采取措施,把危害降到最低限度。当现场情况出现变化时,列车司机还要把新的情况及时汇报。电动列车司机汇报现场情况要本着实事求是的态度,公布事实真相,才能防止流言蔓延。

三是冷静客观原则。发生危机事件,电动列车司机要沉着冷静、不骄不躁、有这样的心态才能应对自如;要勇于承担责任,不推卸、不埋怨,客观对待。

四是灵活处置原则。由于危机多属于突发事件,电动列车司机要严格按照相关事故预案的要求进行处置,对于在预案中没有包含的事项,在取得上级领导的同意后,根据实际情况灵活处理。

(2)突发事件时的心理变化与心理危机干预。

①面对突发事件的心理变化。

突发事件不仅造成生态环境破坏、经济财产损失、人员伤亡,还会给涉及的人群带来极大的心理冲击,这其中也包括前往突发事件现场进行救援处置的响应人员。各类自然灾害、人为灾难、危机事件,其突发性容易导致人们心理失衡,引起混乱、不安。这些情绪心理方面的压力首先会影响身体健康,其次会影响情绪与认知,削弱工作热情,导致工作效率降低,严重的可能会产生持久的心理创伤。每个人对严重事件都会有所反应,但不同的人对同一性质事件的反应强度及持续时间不同。

一般的应对过程可分为三个阶段:第一个阶段(立即反应),当事者表现麻木、否认或难以置信、震惊、恐慌、不知所措;第二个阶段(完全反应),当事者感到激动、焦虑、痛苦、责备、愤怒和无助感,也可有罪恶感、退缩或抑郁;第三个阶段(消除阶段),当事者接受事实并为将来做好计划。应对过程持续不会太久,如果反应时间超过了6个月,或出现了下述征兆,则应视为异常。

一是出现强迫性的重复回忆。一想到特别悲伤的事,心里觉得很空虚,无法想别的事;创伤事件的画面在脑海中反复出现,一闭上眼就会看到最恐惧、最悲伤的画面。

二是失望和思念。不断地期待奇迹出现,却一次一次地失望;有一种爱的失落感,比如对已故亲人的怀念常有如针扎心般的感受。

三是过度反应。对于与遭遇事件相关的声音、图像、气味等感到过敏、反应过度;感到没有安全感,易焦虑;失眠,做噩梦,易从噩梦中惊醒。

四是身体出现不适的症状。易疲倦;发抖或抽筋;呼吸困难,喉咙及胸部感觉梗死;记忆力减退;肌肉疼痛(包括头、颈、背痛);晕眩、头昏眼花;心跳突然加快等。

②心理危机干预。

为了进行有效的心理危机干预,必须了解危急状态下会有哪些心理需要。一般在危机期间,人们会更关心个体基本的生存问题,如环境是否安全、健康是否有保障等;会担心自己及所关心的人,如父母、亲戚、子女、朋友、老师;会表现惊慌、无助、逃避、退缩、恐惧等行为;想吐露自己对突发事件的内心感受;渴望生活能尽快安定,恢复到正常状态;希望得到他人情感的理解与支持等。这些心理需要为危机心理干预提供了依据。

心理学研究发现,人们对危机的心理反应通常经历四个不同的阶段:首先是冲击期,即危机发生时或发生后不久;其次是防御期,表现为想恢复心理上的平衡,控制焦虑和情绪紊乱,恢复受到损害的认识功能,但不知如何做,会出现否认、合理化等;再次是解决期,积极采取各种方法接受现实,寻求各种资源,努力设法解决问题,焦虑减轻,自信增加,社会功能恢复;最后是成长期,经历了危机变得更成熟,获得应对危机的技巧。但也有人消极应对而出现种种心理不健康的行为。

心理危机通常具有自限性,多于1~4周内消失;在危机期,个人会发出需要帮助的信号,并更愿意接受外部的帮助或干预;预后取决于个人的素质、适应能力和主动作用,以及他人的帮助或干预。

危机干预是指对处在心理危机状态下的个人采取明确有效的措施,使之最终战胜危机,重新适应生活的整体方案、实施过程和后期评估。心理危机干预的主要目的:一是避免自伤或伤及他人;二是恢复心理平衡与动力。在任何突如其来的事件中,有效的危机干预就是帮助人们获得生理和心理上的安全感,缓解乃至稳定由危机引发的强烈的恐惧、震惊或悲伤的情绪,恢复心理的平衡状态,对自己近期的生活有所调整,并学习到应对危机有效的策略与健康的行为,增进心理健康。

(3)处理突发事件应具备的心理素质。

一是要有危机意识。突发事件在发生前并非没有迹象可寻,这些突发事件也有一个累积、激化直至爆发的过程,有自身的特点和规律。正所谓"凡事预则立,不预则废"。现代应急管理工作的核心理念就是做好事前的预防与准备,在心理上有了相应准备,而不会被打个措手不及。心理健康工作也是如此,突发事件发生前的准备工作可以减轻突发事件对个体心理、生理上的冲击,降低心理问题发生的概率,增强司机面对危机时的自我调控能力和复原力。危机意识的培养也是与预防和处理突发事件的措施相联系的,例如制订处理突发事件的应急预案,进行处理突发事件的演练等。突发事件应急预案必须具有可操作性。

二是要有良好的临场心理状态。面对突发事件,必须冷静、理智,要保持好自己良好的心态,不要因为发生了事情就心焦气躁。越是这样的时候,越要稳住自己的情绪,只有冷静了才能作出正确的处理。作为电动列车司机面对一些突发事件,要具有快速反应、准确判断、果断采取措施的良好临场心理状态。

三是要有勇气和责任担当。作为电动列车司机处理突发事件容不得半点拖延,在这种情况下做决策和采取措施的思考和准备时间非常有限,带来的处理结果难以预测,具有一定的风险。可能突发事件没有得到处理,有时甚至起到相反的作用,有时采取的措施本身就具有一定的危险性。这种情况下,要求电动列车司机要有承担风险的勇气和决心,本着对企业负责,对乘客负责的态度,根据有关应急处理流程与应急处理预案,果断地采取措施进行处理。

四是要有大局观。处理突发事件的重要原则是要以大局为重,这个大局就是构建和谐社会。处理突发事件要以保障乘客的利益、解决问题、维护社会稳定和城市轨道交通企业形象为首要目标。在整个过程中要时刻紧紧围绕这个大局,迅速采取有效措施处理突发事件。有了这样的大局观,便能在紧急情况下找准问题的切入点,稳住阵脚,不至于面对复杂的情势畏首畏尾,耽误事件的处理,导致事态扩大。

人物故事 ——"安全行车第一人"张晓雨

张晓雨(图4-8),北京地铁运营有限公司电客车司机、高级技师,曾先后被评为北京市经济技术创新标兵、北京市国企十大明星、北京市劳动技术能手、北京市优秀共产党员、北京市城建系统优秀共产党员、北京市国资委优秀共产党员十大英才、全国城市公共交通先进个人,2005年荣获"全国劳动模范"光荣称号。

图4-8 "安全行车第一人"张晓雨

1975年,19岁的张晓雨高中毕业被分配当一名地铁司机学徒工。"手柄轻四两,责任重千斤。"张晓雨一直用这句话警示自己,只要坐在司机台前,就要为乘客安全负责。到2009年,张晓雨在地铁司机的岗位上已经度过了30多个寒暑。30多年来,他驾驶过的车型不断更新,列车前行的轨迹不断延伸……在见证北京地铁发展壮大的同时,也创造并刷新着全国电客车司机安全驾驶里程的纪录。截至2009年3月底,他的安全行车里程已达到814732千米,是当之无愧的全国地铁行业"安全行车第一人"。

张晓雨在平凡中创造着奇迹,在坚守中收获了赞誉。在突破80万千米无事故的新纪录后,张晓雨并没有停下前进的脚步,而是一如既往地踏实工作,依然保持严谨的品行和朴实的作风,并将自己多年钻研、总结、编写出的经验材料无私地传授给其他同事。长期工作在地铁运营第一线，张晓雨积累了丰富的实际操作经验，他毫无保留地将自己的心得整理出来与人分享，多次参与了各种车辆教材的编写和修订。一本本厚重的列车原理及使用说明，渗透了张晓雨同志多年来的心血与汗水，为其他同事的技术学习提供了借鉴和参考。"别人会的，我要尽可能地学到手；凡是我会的，我就毫无保留地教给别人。"张晓雨在实际工作中言传身教，将掌握的技术和行车经验传授给年轻同志。

现在，作为地铁员工学习的楷模，张晓雨同志"立足岗位忠于职守的敬业精神、心系安全追求卓越的进取精神、热情服务乘客至上的创优精神、钻研业务精益求精的创新精神、团结协作默默耕耘的奉献精神"正激励和鼓舞着广大地铁员工，促使广大地铁员工在各自的岗位中奋发努力，勤奋工作，共同为推动新地铁又好又快地发展贡献力量。

（摘编自北京交通网，2023年4月12日）

六、车站各工种岗位技能与职责

1. 站区长（中心站站长）

（1）站区长（中心站站长）岗位技能。

①能指导所管辖范围内的车站工作，负责全站区范围内的行车、客运和票务管理、乘客服务、事故处理、员工管理、班组管理、安全管理、员工培训等工作。

②能协助部门领导管理站区日常工作，认真贯彻执行各项规章制度和上级指示。

③能进行车站巡视和查岗，了解情况，解决问题，遇到重大事件及时汇报，检查、督促值班站长开展各项日常工作。

④会制订各项工作计划，并按照计划实施（例如培训、演练），同时做好总结工作，定期召开全站区大会，分析总结工作情况。

⑤能处理乘客投诉、来信、来访，汇总服务案例、服务技巧，提高员工服务质量，确保各车站人员提供高品质的乘客服务。

⑥会监督各级人员的管理情况（准确掌握当日员工岗位安排情况），掌握员工思想状况，定期与员工谈心，听取员工意见和建议，及时反映情况并反馈解决办法给员工。

⑦能严格执行考评制度，确保所管辖车站内工作的安排、指导、检查、监督、评价和考核，能适当及公平公正地执行，减少内部冲突，保持车站团队的伙伴合作精神，营造积极向上的工作气氛。

⑧能负责指导并加强车站系统的安全作业，检查排除安全隐患，确保与公安及政府应急抢救部门及其他公交机构保持沟通合作，以便在发生重大交通故障或事故时能及时处理。

⑨有重要任务、事故、事故苗头、设备不正常时必须到现场，在处理故障或事故时，能指导各车站人员根据相关的规则及程序协助处理故障或事故，并做好恢复、善后及预防的工作，保证及时、安全、高效地处理突发事故和恢复客运服务。

(2)站区长(中心站站长)岗位职责。

①管。

a.组织车站行车、客运和票务工作,编制、执行车站行车、票务和客运组织方案。

b.根据上级的要求和本站培训需求制订车站培训计划。

c.所属辖区内各项制度落实到位,服务工作秩序井然。

d.定期计划、检查、总结车站行车、客运和票务工作。

e.监督各层级人员的工作情况,统筹安排班表并协调各岗位的工作。

②查。

a.严格检查各项服务设备的运转情况,发现问题及时报修或采取有效防护措施。

b.根据规定认真执行票、卡、款、账管理制度。

c.及时查询乘客的来信、来访,妥善处理服务纠纷。

d.所管辖区周边环境良好,站内卫生环境达标。

③讲。

a.对本管辖区人员错误督导或操作不当、业务不精等情况,需及时指出,以便消除隐患。

b.对本站存在的问题敢讲敢管,有明确的是非观。

2.值班站长

(1)值班站长岗位技能。

①能管理并监督车站内的所有活动,负责本站日常的行车客运和票务管理、乘客服务、事故处理、设备日常管理、安全管理、员工培训等工作。

②能监督行车值班员日常工作,负责管理本车站的有效列车运作及客运服务工作,确保站务人员按要求提供安全、可靠及高效率的车站服务。

③按客运方案组织乘客服务,能主动与行车调度员、司机、邻站及有关岗位员工密切配合,随时保持与中心行车调度员、电力系统调度员和站务人员的联络畅通,掌握有关行车和相关设备的情况。

④会做好车站票务工作(票款的管理、收缴、填写日常台账),统计、汇总当日的客运量和营收情况报行车调度员。

⑤能处理本站乘客投诉、来访事件,汇总当班的服务案例、服务问题,及时处理车站发生的行车事故,减少对乘客的影响,并每月向站长汇报。

⑥当车站的设施、设备发生故障或出现突发情况时,担任"事故处理主任"的工作,能按应急方案操作,应组织车站员工处理事故,采取有效措施保证车站的正常使用,并将故障情况通知有关单位。

⑦能协助编制站务人员的排班表,加强对本班组员工管理,组织召开接班会和交班会;合理安排和调配本班组人员工作;对当班人员进行监督、检查、考核;对当班员工进行培训、教育,掌握员工思想状况,营造及维持站务室内的团队合作精神。

⑧能进行车站日常安全检查,每月向站长汇报安全情况。

⑨能监督车站保安、保洁等的工作,并提出考核意见。
⑩能完成上级交办的其他工作等。

(2)值班站长岗位职责。
①坚持阶梯形交接班制度,加强交接班工作,贯彻值班站长"三字"工作法。
②加强票务管理。确保票务结算单、票务台账的记录准确。
③落实安全工作措施,确保安全指标全面完成。
④接待好乘客来电来访,按规定妥善处理各类服务纠纷。在发生异常情况及突发事件时,要结合实际,认真按上级规定进行汇报及处理。
⑤坚持组织每月不少于两次的班组活动,并认真做好记录。
⑥加强车站设施、设备的管理,发生故障及时报修。
⑦搞好车站综合治理,协调各单位关系,争创安全文明车站。
⑧执行上岗统一着装的规定,如发生气候的变化需要进行相应调整的须向上级报备。
⑨认真对待上级部门检查,对存在的问题采取有效措施,积极整改。
⑩完成上级交办的任务。

> 🔍 小贴士 — 值班站长"三字"工作法

1. 站

(1)加强对设备的检查,确保车站设施、设备的正常使用,有问题按规定报修。

(2)坚持巡视制度,对各岗位纪律、标准化作业,岗位服务形象检查不少于四次。

(3)确保车站卫生状况良好。

2. 做

(1)熟练掌握本工种及班组各工种的操作规程。

(2)顶岗时,严格按作业程序熟练操作并督促各岗规范作业。

(3)正确规范填写车站各类台账、资料并及时上报。按规定保管及使用硬币箱钥匙。确认硬币数及记录。

(4)妥善解决各类服务纠纷。

(5)对突发事件按操作规程妥善处理。

(6)掌握列车运营情况,把好行车安全关。

(7)搞好车站综合治理,协调各兄弟部门关系。

(8)结合实际,认真贯彻上级规定,做到有令必行,有禁必止。

3. 讲

(1)对班组存在的问题敢讲敢管,有明确的是非观念。

(2)经常结合工作情况,对职工进行相对有效的思想工作。

(3)按上级要求,对本班工作进行评估和总结,具有相应的口头、书面表达能力。

3. 客运值班员

(1) 客运值班员岗位技能。

①能够处理简单的自动售检票系统设备故障。

②掌握相关的票务报表、账册的填写。

③掌握车站计算机(Station Computer,SC)的有关知识,能够熟练操作车站计算机。

④按照公司规定掌控车票、钱款的操作,确保车票、现金安全。

⑤处理与乘客相关的票务事宜。

⑥掌握车站的客流动态,协助值班站长合理安排售检票员岗位。

⑦其他需要掌握的相关技能。

⑧掌握车站周边的地理环境及交通状况。

(2) 客运值班员岗位职责。

①执行运营公司、部、中心、车站的有关规章制度,做到有令必行,有禁必止。

②在值班站长的领导下,主管车站客运管理,组织站务员从事客运工作。

③负责车票的收发、回收和保管工作。

④本班组售票组织及车站营收统计工作,各种票务收益单据填写及保管。

⑤车站收益解行的实施和安全。

⑥协助值班站长组织管理安全员、售票员,处理乘客问题,提供优质服务。

⑦监督售票员、安全员在岗行为。

⑧在非运营时间值守车站,统计汇总当日的客运量和营收情况并报行车调度员。

⑨每班巡视车站两次,维护车站安全,防止意外事件发生。

⑩完成上级领导临时交办或外部门需协办的其他工作。

4. 行车值班员

行车值班员在值班站长的领导下,主管行车组织工作,协助值班站长开展客运、票务等相关工作,协助值班站长监督站务员工作;按列车运行图及行车调度命令监护列车运行,负责监控操作控制区域的列车运行;非运营时间做好巡道、设备维修的登记和注销手续;监控站厅、站台情况,观察车站客流及列车到发情况,按要求播放广播等;完成上级领导交办的其他工作。

(1) 行车值班员岗位技能。

①了解车站突发及紧急情况下的处理方法。

②熟悉列车时刻表,并严格按照列车时刻表办理行车。

③掌握现场操作员工作站(Local Operator Workstation,LOW)的操作使用,闭路电视(Closed Circuit Television,CCTV)、环境监控、火灾报警等系统的监控。

④熟练使用车站广播系统,能够做到及时广播。

⑤做好对现场施工及施工过程的监控。

⑥其他需要掌握的技能。

(2) 行车值班员岗位职责。

①执行运营公司、部、中心、车站的有关规章制度,做到有令必行,有禁必止。

②在值班站长的领导下,负责车站行车工作。
③服从行车调度员指挥,执行行车调度员命令,严格按列车运行图组织行车。
④严格执行一次作业程序,熟悉行车设备的性能,掌握操作方法。
⑤控制车站广播,密切关注监视屏,掌握站台乘客动态,并视情况及时广播。
⑥现场操作员工作站停用时负责现场人工排列进路。
⑦非运营时间做好巡道、设备维修的登记和注销手续。
⑧保管使用行车设备备品,正确填写各种行车日志,字迹清楚。
⑨值班站长不在车控室时代理其职责。
⑩完成上级领导临时交办或外部门需协办的其他工作。

5. 售检票员

(1) 售检票员岗位技能。

①熟练掌握多功能终端阅读器(POS 机)、自动售票机(Ticket Vending Machine,TVM)的操作方法。
②熟练掌握对票卡的分析,熟知票务政策。
③掌握售票员结算单及乘客事务处理单等相关报表的填写。
④按照公司规定掌控车票、钱款的操作,确保车票、现金安全。
⑤处理与乘客相关的票务事宜。
⑥其他需要掌握的相关技能。
⑦掌握车站周边的地理环境及交通状况。

(2) 售检票员岗位职责。

①执行运营公司、部、中心、车站的有关规章制度,做到有令必行,有禁必止,为乘客提供优质服务。
②在客运值班员领导下,负责车站售票工作,妥善处理坏票、补票工作。
③按规定时间开关售票窗口。
④严格执行"一收、二验、三找、四清"的作业程序,准确发售票、卡,按规定提示乘客确认票卡面值,不得拒收分币。
⑤热情接待乘客,对乘客提出的问题,要按规定妥善解决。
⑥对无法过闸的票卡进行分析,并按规定处理。
⑦准确填写结算单,交清当班票款。
⑧正确使用设备,确保售票亭内整洁和设备内部清洁。
⑨加强防范,确保票款安全。
⑩完成上级领导临时交办的工作。

> **知识链接** — 售检票员处理乘客票卡问题的技巧
>
> 售票充值严格执行"一收、二验、三找、四清"的作业程序。一收:收取乘客票款,除银行规定不能收的钱币不收外,其他应按规定收取。严禁拒收旧钞、零币、分币的行为。对20元及以上面额执行唱票"收您××元",收取的票款不应直接放进钱箱。二验:采取"一看""二摸""三听""四测"(用验钞机测)的程序验明真伪后放于桌面。如判断为假币,向乘客说明:"对不起,

请您换一张。"三找：出售票卡并找零，必须一次完成。操作同时让乘客查看显示屏上信息，一次完成售票；按照操作步骤发售单程票，发售前执行二次分析制度。发售储值票时应向乘客说明押金金额，并提示其阅读"储值票使用须知"。储值票充值须做到"二次确认"：先请乘客确认余额和需充值金额，充值后再次提醒乘客确认充值金额。确认时应唱出读数，并五指并拢指向乘客显示屏，说："××元，请确认。"需要找零时，必须严格执行"找零一次完成"的作业要求，将大小面额找零和票卡一起交给乘客。唱找时应说："找您××元，请拿好慢走。"严禁强找零币、旧币。四清：待乘客离开窗口后，方可把桌面钞票放进电子钱箱。

行政处理严格执行"一问、二操、三确认"的作业程序。一问：耐心听取乘客讲述事情经过，并做相应分析处理。二操：确属于行政处理事务，立即通知站长到票亭处确认，"行政处理记录单"应按要求填写完整并签字，按照步骤操作并让乘客确认乘客显示屏信息，打印小单签字。三确认：将已经处理的票卡分析正常后交给乘客，需找零的唱出零钱金额，并让乘客确认。

乘客兑零时，从乘客手中接过钱币，并唱出所收金额，采取"一看""二摸""三听""四测"（用验钞机测）的程序验明真伪，找好零钱，说："找零××元，请清点。"乘客确认无误离开后，将所收钱币放入钱箱。

进闸刷票失败时，查看刷票时间。如果刷票时间在20分钟以内，更新票卡信息后递交乘客："请再次刷票进站。"如果刷票时间超出20分钟，则说："对不起，您需要补交×元更新车票。"处理完毕后递交乘客："请再次刷票进站。"车票无进站记录时，"您的车票进站没有刷卡，所以出闸受阻。请问您在哪站上车？"免费更新车票后归还："请拿好。"出闸刷储值票失败时，则查看刷票时间，如果刷票时间在20分钟以内，发放免费票递交乘客："请拿好，欢迎下次光临。"如果刷票时间超出20分钟，则询问进站地点，免费更新车票后，递交乘客："请拿好。"乘客持超时车票出闸时，说："对不起，您的车票超时，请补交×元车费。"乘客持超乘车票出闸时，说："对不起，您超乘欠费，请补交×元车费。"乘客无票出闸时，说："对不起，按照规定，您需要补交车票成本费×元。"递交车票并说："请拿好，欢迎下次光临。"

乘客办理非即时退款时，判断车票是否是人为损坏。若人为损坏达到储值票损坏标准，则将损坏的情况当面告知乘客，提示可办理非即时退款，卡内余额可全额退还，但押金按规定不能退。若属非人为损坏，则告知乘客："您的卡已不能正常使用，我们为您办理非即时退款。"非即时退款申请手续按程序办理完毕后，将打印小单交给乘客并告知："5个工作日后您可以凭小单到车站来领取退款。"乘客办理即时退款时，说："卡内余额×元，退卡押金××元，一共是××元，请您确认签字。"退还票款，则说："请走好。"

乘客持过期车票时，若为单程票，则说："对不起，您持的是过期车票，请您另外购票进站，按照规定，我将收回这张车票，谢谢合作。"若为储值票，延期后说："请再次刷卡进站。"

乘客索取发票时说："请稍候。"递给相应面额发票则说："请拿好。"

特殊情况下乘客无法乘车要求退票时,得到站长同意,分析车票,说:"对不起,退您×元,欢迎下次光临。"

6. 站台安全员

站台安全员主要负责站台乘客安全,维持站台秩序,及时处理站台乘客问题。上岗时,应携带口哨、对讲机,上岗前确认对讲机电池状态良好;运营开始前应提前15分钟全面巡视站台,确认线路空闲、无异物侵限,报告车控室;在岗巡视时,要以规范姿态来回走动,全面巡视站台的行车安全、乘客人身安全及设施、设备运行情况和卫生情况。发现问题时,及时处理并向车控室汇报;岗位轮换时,应在两班车间隙进行交接,交接内容为对讲机、设施设备状态等需要说明的问题;运营结束后,确保没有乘客滞留在站台上,关闭自动扶梯,全面巡视设备情况,确认其状况良好。

(1) 站台安全员岗位技能。

①应掌握站台层发生意外情况时的各种处理方法,即站务安全员应知应会知识。

②掌握信号灯使用及其显示规定。

③必须使用工具的操作和维护知识。

(2) 站台安全员岗位职责。

①实行属地管理,必须服从值班站长和值班员指挥,执行值班站长和值班员命令,协助值班站长进行事故处理。

②执行运营公司、部、中心、车站的有关规章制度,做到有令必行,有禁必止。

③随时关注站台乘客动态,防止跳下站台、进入隧道,组织乘客有序乘降,如发现乘客有违规行为,应及时制止,维护车站正常的候车秩序。

④负责站台、自动扶梯的客流组织(客流高峰时限流)工作,必要时采取一定措施,引导乘客站在安全线内候车。

⑤当车辆进站时,应于靠近紧急停车按钮处站岗,提醒乘客不要拥挤,不要手扶车门,注意列车和站台门之间的空隙。列车关门时,密切注意列车车门状态,防止乘客在关门时冲上车夹伤。

⑥列车启动时,注意乘客和列车动态。

⑦解答乘客问询,关注行动不便乘客,必要时扶其上下车,遇有清车或列车不停本站时,做好解释劝说工作。

⑧巡查站台,发现问题时应及时采取相应的处理措施;车站发生伤亡事故时,做好取证工作,并协助公安人员清理现场。

⑨清客完毕,需要向司机显示"一切妥当"的信号。

⑩完成上级领导临时交办的工作。

> 🔍 **小贴士**——"一迎、二接、三送"原则
>
> 一迎——列车进站前面向列车开来方向成立正姿势,提醒乘客文明乘车,先下后上有序登车;站在黄色安全线内候车,切勿探头张望;分散乘客至不同车门上车。
>
> 二接——列车进站越过站立处所时,向左转90度,面向列车,左右扫视

提醒乘客不要拥挤、不要手扶车门、注意列车和站台之间的间隙;列车上下客中间至发车前,注意防止乘客在列车和站台间隙处受伤;列车关门时防止乘客被车门夹伤。

三送——列车发出越过站立处所时,向左转90度,面向列车尾部呈立正姿势,至列车尾部出清站台区域时结束。

上下行列车同时到站时,接发列车工作由各车站根据实际情况自行制定,原则上由处于列车头部位置的人员接发相应的列车。

> 📎 **知识链接** — 站台安全员遇特殊情况的处理技巧
>
> ①大客流时,注意乘客动态,及时疏导乘客,并向车控室报告站台客流情况。
>
> ②乘客越过黄线时,立即上前阻止,情况紧急或距乘客较远时可先吹哨警示。
>
> ③乘客物品掉下站台时,第一时间明确告诉乘客:"请勿擅自跳下轨道,我会尽快帮您把失物捡回来。"在不影响行车的情况下,汇报行车值班员,征得同意后用拾物钳夹取;或请乘客留下姓名、联系方式,运营结束后为其拾取。
>
> ④客车关门导致夹人夹物时,立即用对讲机通知司机,若司机无法重开车门,视情况按压站台紧急停车按钮并报告车控室。
>
> ⑤乘客跳下站台时,立即按压站台紧急停车按钮,向车控室汇报,值班员按压上下行站台紧急停车按钮,实施救援。救援后对乘客进行教育。
>
> ⑥列车清客时,进入列车车厢,请全体乘客下车。(终点站用语:"终点站已到,请全体乘客下车。"列车中途清客用语:"本次列车因故不能继续运营,请全体乘客下车,换乘下趟列车。")当所有乘客离开列车时,向司机和车控室报告清客完毕。

7. 站厅(厅巡)岗站务员

站厅(厅巡)岗站务员主要在站厅巡视,及时处理乘客进出站时遇到的问题,不能处理的问题向值班站长请示。巡视的重点位置是进出口闸机、电扶梯口等。

具体要求:站厅巡视时,两列车间隙,站厅岗可在站厅范围内包括进出站闸机、自动扶梯处巡视或引导乘客购票、进闸、出闸,发现问题及时处理;乘客进出闸时,注意观察闸机指示灯和声音提示,遇使用工作证、乘车证、老人储值票、免费票时,可抽查相应证件。岗位交接,早中班站厅岗人员应在两班车间隙进行交接。

闸机引导严格执行"一迎、二导、三处理"的作业程序。一迎:乘客进出站时,应以规范站姿面向闸机提供站立服务,目光关注乘客进出站的动向。二导:引导乘客进出闸机,发现乘客车票无法使用时,应向乘客说明:"请让我帮您分析一下票卡。"三处理:对不能正常进出闸的票卡交半自动售票机(Booking Office Machine,BOM)操作员进行分析;拾获车票要及时交半自动售票机(BOM)操作员回收;使用专用通道做到随开随关。对需凭证件出入的乘客,应说明"请出示证件",认真验证后说"谢谢"并放

站台巡视作业

行。遇公司接待和团体票进出专用通道时,应提供站立服务。

购票引导严格执行"一察、二导、三处理"的作业程序。一察:注意观察乘客动态,及时发现不会使用自动售票机购票的乘客并给予帮助。二导:引导乘客购票。购票完毕后提醒乘客"请拿好您的钱和票",五指并拢,为乘客指明进闸方向"请从这边进闸"。三处理:出现卡币或卡票等情况时及时到自动售票机前处理,必要时通知值班站长和BOM操作员一起办理行政处理手续。

某城市轨道交通企业站厅(厅巡)岗站务员的岗位职责如下。

①发现乘客携带超长、超大、超重物品时,应劝阻:"对不起,您携带的物品不符合轨道交通有关规定,不能带进站。"并做好相应的解释工作。

②发现精神不正常乘客时,应该禁止其进站乘车,及时汇报车站控制室,必要时请求警务人员或同事的协助,同时保护自身安全。

③负责保证重点旅客(年老体弱者、小孩、残疾人、携大件物品乘客等)的安全,发现儿童在自动扶梯上嬉戏时,劝阻儿童:"请不要在自动扶梯上嬉戏、打闹。"并对其进行教育,必要时通知监护人。

④负责巡查站厅、出入口,保证设备设施的正常运行,并做好相关巡查记录,发现安全隐患时及时报修,发现有故意损坏地铁设备的应及时制止,并上报车站控制室。

⑤留意地面卫生,发现积水、垃圾、杂物等应及时通知保洁人员处理,同时设置警示牌,防止乘客摔倒。

⑥站厅、出入口发生治安事件时,应及时赶到,保护现场,寻找两名及以上目击证人。

⑦负责站厅、出入口的客流组织工作,乘客较多时,加强宣传和引导,防止乘客过分拥挤,必要时采取相应的限流措施。

⑧负责更换钱箱、票箱,引导不能正常进出闸机的乘客到客服中心办理。

⑨乘客反映站内 AFC 设备无法使用时,先确认设备状况,若设备故障,可安抚乘客:"对不起,我们会帮您处理。"并报告值班站长。

⑩关注乘客动态,发现进出闸机不规范行为,如发现违反地铁规定(乘客守则)的应及时制止,并对其进行教育,引导乘客办理购票或补票手续。

知识链接 — 心肺复苏术

(1)人工呼吸法。救护员将放在伤(病)员前额的手的拇指、食指捏紧伤(病)员的鼻翼,吸一口气,用双唇包严伤(病)员口唇,缓慢持续将气体吹入。吹气时间为1秒钟以上。吹气量700~1100ml(吹气时,病人胸部隆起即可,避免过度通气),吹气频率为12次/分(每5秒吹一次)。正常成人的呼吸频率为12~16次/分。

(2)胸外心脏按压法。按压部位:胸部正中。

①救护员用一手中指沿伤(病)员一侧肋弓向上滑行至两侧肋弓交界处,食指、中指并拢排列,另一手掌根紧贴食指置于伤病员胸部。

②救护员双手掌根同向重叠,十指相扣,掌心翘起,手指离开胸壁,双臂伸直,上半身前倾,以髋关节为支点,垂直向下、用力、有节奏地按压30次。

③按压与放松的时间相等,下压深度4~5厘米,放松时保证胸壁完全复位,按压频率为100次/分。正常成人脉搏为60~100次/分。

重要提示:按压与通气之比为30:2,做5个循环后可以观察一下伤(病)员的呼吸和脉搏。

 复习与思考题

1. 什么是职业生涯规划?进行职业生涯规划有什么重要意义?
2. 职业生涯规划的原则是什么?进行职业生涯规划应考虑哪些因素?
3. 职业生涯规划的基本步骤有哪些?
4. 如何进行职业生涯管理?
5. 时间管理的基本原则有哪些?
6. 什么叫坐标橱窗?
7. 时间管理四象限图有什么含义?
8. 时间管理的方法和技巧有哪些?
9. 如何正确处理人际关系?说明人际关系的建立和发展需要经历的四个阶段。
10. 城市轨道交通行车调度员应具备哪些基本技能?
11. 城市轨道交通电动列车司机应具备哪些岗位技能?
12. 城市轨道交通行车值班员应具备哪些岗位技能?
13. 城市轨道交通客运值班员应具备哪些岗位技能?
14. 对电动列车司机的心理素质要求有哪些?

城市轨道交通员工职业素养（第3版）

模块 5
MODULE FIVE
城市轨道交通员工职业能力

学习目标

1. 知识目标
（1）了解学习力概念，理解学习力三要素与学习力的三大内容；
（2）了解思想力概念与作用，掌握提升职工思想力的方法；
（3）理解执行力的内涵，了解提高执行力的方法；
（4）掌握沟通的原则与技巧；
（5）掌握团队合作的基础、原则与方法。

2. 能力目标
（1）能应用沟通的原则与技巧，与别人进行有效的沟通；
（2）能应用时间与精力理论，进行时间和精力的合理分配；
（3）能进行高效的信息处理。

3. 素质目标
（1）执行力是城市轨道交通安全运营的强力保证，城市轨道交通员工应将企业的执行理念和执行文化内化为自己的自觉行为；
（2）团队合作可以调动团队成员的所有资源，自动驱除所有不和谐与不公正现象，城市轨道交通员工应具备将团队合作意识内化于心、外化于行的基本素养。

建议学时

8学时

1974年,德国的梅腾斯在《关键能力——现代社会的教育使命》一文中对核心能力进行了系统的论述。梅腾斯认为,核心能力是指具体专业技能和专业知识以外的技能,是一种"跨专业的""可携带的能力",并且这种能力已经成为劳动者的基本素质,从而能够在变化的环境中重新获得新的职业知识和技能。在职业教育领域,一般认为职业能力是指职业人在其职业活动和职业生涯中所拥有的、具体专业技能和专业知识以外的、满足个人与组织发展需要的基本职业能力。

职业能力可以分为一般能力(Ability)、专业能力(Skill)和综合能力。作为跨专业的职业能力主要是一种综合职业能力,但也会涉及一般能力,因为不同能力素养本来就是相互影响的。本书介绍的职业能力主要有学习力、思想力、执行力、沟通力、精力分配能力、信息处理能力、问题解决能力、团队合作能力等。

单元5.1 学习力

联合国教科文组织在《学习,内在的财富》一书中明确指出,终身学习是人类进入21世纪的一把钥匙。21世纪所需的人才是具有创新与思考的学习力的员工。在知识经济时代,个人的学习力决定了处在企业中的位置与未来的职业生涯发展计划,而企业与企业之间的竞争,则面临整个组织学习力的竞争,谁能快速精确掌握了知识的行动力,就能以创造性思维提供给顾客更大的终身价值,并拥有市场的超额利润。因此,终身学习改变了终生雇用制度,不学习则终生难被雇用,必须由"学会"变成"会学"。

成功职业人的最大风险是拒绝学习。过去的丰富经验和突出的业绩表现,往往成为职业人学习的两大障碍。时刻保持谦虚的心态,不断学习,才能不断登上新的高峰。

> **小知识**
>
> 成年人慢慢被时代淘汰的最大原因,不是年龄的增长,而是学习热忱的减退。
>
> ——罗曼·罗兰

一、学习力的概念

学习力是指一个人或一个组织学习的动力、毅力和能力的综合体现。学习力是把知识资源转化为知识资本的能力。

个人的学习力,不仅包含他的知识总量,即个人学习内容的宽广程度和组织与个人的开放程度;也包含他的知识质量,即学习者的综合素质、学习效率和学习品质;还包含他的学习流量,即学习的速度及吸纳和扩充知识的能力;更重要的是他的知识增量,即学习成果的创新程度以及学习者把知识转化为价值的程度。

组织学习力是人们创新能力的集中体现,能直接转化为创新成果。它倡导团队学习比个人学习更重要,团队具有整体搭配的学习能力,团体内信息和知识自由流动,高度共享。团队学习既是团队成员相互沟通和交流思想的过程,也是团队成员寻求共识和统一行动的过程,从而也是产生团队的"创造性张力"的过程。

人物故事 —— 全国劳动模范张重阳:38岁再出发,七年时间从"门外汉"到首席专家

张重阳(图5-1),一位行走在一线的"地铁工匠",凭着对技能的不断钻研,仅仅用7年时间,就从"门外汉"转变为广州地铁首席维修专家。

2003年,张重阳转行到地铁维修行业。"隔行如隔山,说实话学习是比较难的。"回忆起自己38岁从化工行业转到城市轨道交通行业,张重阳非常感慨。尽管跨行业工作后在最开始遇到了不少麻烦,但把工作当成自己兴

图 5-1 全国劳动模范张重阳

趣爱好的张重阳,很快就找到了自己的目标。为了尽快熟悉工作,张重阳先后自学了计算机、电子、电气等相关专业技术知识。为了看懂国外进口设备的技术材料,张重阳在工作之余还一直坚持自学英语。在自学英语之后,张重阳便频频请教外国专家,在两年时间里,掌握了国外厂家认为"广州地铁不可能掌握的技术"。

2010年,他被评为广州地铁首席维修专家。2012年,广州地铁正式成立以张重阳为代表的首个劳模创新工作室。2015年,工作室被评为"广东省劳模创新工作室",成为助推地铁技术创新发展的重要平台,为推动"地铁制造"向"地铁智造"转型升级作出了积极贡献。作为广州地铁检测设备首席维修专家,张重阳凭借对专业的不懈钻研而取得了突出业绩,先后荣获"全国五一劳动奖章""全国劳动模范""全国知识型职工先进个人""广东省劳模""南粤工匠"等荣誉称号。

"知之者不如好之者,好之者不如乐之者。"这是张重阳时常挂在嘴边的一句格言。尽管已临近退休的年龄,但他对"推陈出新"的热情不减。"要树立终身学习的理念,必须不断翻开图纸手册或上图书馆查找资料,遇到难题自我设问、现场试验验证,才能第一时间掌握新的维修技术,适应新一轮科技革命和产业变革的需要。"张重阳说。

(摘编自央广网,2020年12月5日)

二、学习力的三要素

学习力是由三个要素组成的,分别是动力、毅力和能力。动力体现了学习的目标,毅力反映了学习者的意志,能力则源于学习者掌握的知识及其在实践中的应用,如图5-2所示。

一个人、一个组织是否有很强的学习力,完全取决于这个人、这个组织是否有明确的奋斗目标、坚强的意志、丰富的理论知识以及大量的实践经验。

学习力模型图揭示了学习力和其三要素之间的内在联系,如图5-3所示。这个模型告诉我们,学习力是其三个要素的交集,只有同时具备了三要素,才能成为真正的学习力。当你有了努力的目标,你只是具备了"应学"的动力;当你具备了丰富的理论和实践经验,你仅仅具有了"能学"的力量;而当你学习的意志很坚定的时候,你不过是有了"能学"的可能性。只有将三者合而为一,将三者集于一身,你才真正地拥有学习力。

学习力是本质的竞争力。当今时代是一个充满竞争的时代,在20世纪60年代,被《财富》杂志列为世界500强的大公司,堪称全球竞争力最强的企业。然而,到20世纪80年代,这些大公司的三分之一销声匿迹;到20世纪末,更是所剩无几。这一方面反映了风起云涌的新科技革命和新经济的产生迅速切换或淘汰传统产业的大趋势,另一方面反映出这些大企业不善于与时俱进,跟不上时代的节拍,被时代抛弃是必然的。实践证明,企业凡通过自我超越、心智模式、团体学习等提高学习的修炼,都能在原有基础上重焕活力,再铸辉煌。

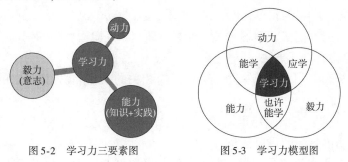

图 5-2　学习力三要素图　　　　图 5-3　学习力模型图

> **警句**
>
> 　　复旦大学原校长杨福家教授提出,今天的大学生从大学毕业刚走出校门的那一天起,他四年来所学的知识已经有50%老化掉了。当今世界,知识老化的速度和世界变化的速度一样越来越快。所以,为了使你在明天依然是一个货真价实的人才,一定要有学习力作为你的后盾。

三、学习力的三大内容

心理学上学习力包括注意力、记忆力与思维力。基于前述学习力在现今和未来所占的重要地位,我们必须认识到,我们的学习力正在下降当中,因为注意力、记忆力和思维能力一天天地下降要超越职场上的竞争对手,要从提高学习力上下功夫。只有站对位置、瞄对方向,以及学对东西,才能成为一位具有竞争力的员工。

下面针对学习力的三大内容,即注意力、记忆力和思维力,分别阐述如何改善和提高学习力。

1. 学习的源泉——注意力

面对来自网络、电视、广播、书籍等的海量信息,一个人的注意力立刻变成了稀有而珍贵的资源。戴文波特与贝克曾经对如何支配一个人的"注意力",如何防止注意力的涣散,如何吸引注意力,如何使注意力发挥最大的效益等,开展了研究。信息泛滥、信息超载与信息压力逐渐使人焦虑,患上信息疲倦症。信息疲倦症的症状包括烦躁、易怒、胃痛、失眠、倦怠等。从经济学的角度而言,当商品的供给过多超过需求量,均衡价格就会下跌;同理,当信息的供给超过个人所能消化的需要量,注意力就会下降。

人们忙于浏览与传播信息,反而少有时间思考与反省,因此必须设法改善,获得信息泛滥及注意力的平衡。心理学研究证实,注意力是有极限的。相关研究显示,常使用网络的人,花在其他事情上的时间,如看电视的时间,外出运动的时间,与其他人面对面沟通的时间等会减少。同样的道理,人们往往不知道该怎样有效地处理大量信息,最多只是大量储存。因此,人们没办法特别注意某些重要的信息,反而被其他的信息分散了注意力,实际上,人们也没有多余的时间仔细思索所有信息的含义。如果人们太常碰到注意力匮乏的情况,或是已经长久处于这种状态,会感到喘不过气,对工作与学习造成冲击。

所以,从知识学习的角度来看,必定先从引起注意开始获取信息,筛选可用的信息加以分类储存,通过记忆及理解,付诸行动,不断积累经验而产生知识的价值。

善用注意力有以下方法。

(1) 自己既然不可能读遍一个领域中所有相关的书,那就只把自己的注意力集中在一流的书上。

(2) 自己不需要恐惧漏掉重要信息,重要的是不要做信息的奴隶,也不要滥用注意力,而应当明确每天的重要信息。

(3) 没必要把自己当成"消息最灵通的人"(除非自己是记者或情报人员),但是必须把自己当成最善用信息的人。

(4) 善用注意力,就是善于掌握"优先次序",分清楚哪些是重要的及不重要的。

(5) 注意力本身是一种机会成本,所以应当管理好你的时间。

(6) 注意力难以聚焦的最大敌人,就是不肯说"不"。做人面面俱到,做事拖拖拉拉,讲话拖泥带水,决策左顾右盼,这些全都患有"注意力匮乏症"。

(7) 不要把"错"的问题,花很多注意力来解决。注意力既然是稀少的资源,应当要用在值得的事情上。如果对待一件事过于追求"明察秋毫",要考虑机会成本是否太高,需要慎思。

上述几个方法,体现了注意力的重要功能不是接收信息,而是剔除信息。优秀的职业人应该把少于一半的注意力,用于对付当前问题;把多于一半的注意力,用于策划未来的发展。越是面对难度大的问题,越要做好个人的注意力分配,这样才能解决好对应的问题。丧失注意力的人,等于丧失了自我;集中注意力的人,才能孕育创新。因此,善用注意力的人,才能发挥生命的创造力。

2. 学习的法宝——记忆力

一般而言,人们都比较关注如何改善学习的方法和学习的内容,却较少注意到,大脑的运作对于学习和行动有着极为重要的影响。如果大脑保持良好的状态,对于提升学习能力有莫大的帮助;相反,如果大脑阻塞,学习、行动和种种反应自然受到影响。身体消化不良,吃什么也不会吸收;同样地,大脑运作不良,学什么也会学不好。

从现代医学的观点可以知道,大脑是由将近1000亿个神经细胞集结而成。但是,大脑擅长遗忘多于记忆,就像俗话说的"左耳入,右耳出"。根据专家的研究指出,如果要毫无遗漏地把所有信息全部记下,大概5分钟就会达到极限,信息大都在没有记忆下来的情况下便被删去,此外,如果承受的压力上升,会造成皮质类固醇也跟着上升,此时我们的记忆就会下降。所谓的"艾宾浩斯遗忘曲线"也证明有一半的记忆会在4小时内消失,换言之,如果要背诵课文的话,与其在前晚夜深时死记硬背,不如留待当天早上背诵更为合适。另外一方面,强记忆的新内容由于干涉效应会让之前的记忆产生减退的现象。记忆力与遗传有关,但更主要的是取决于后天的努力,加强学习效果,重要的是要增强记忆力,究竟怎样才可以令我们的大脑运作得有效,并经常保持最佳的状态呢?

(1)提高记忆的方法。

人们往往最能留下深刻记忆的事情,常常是一些丢脸没面子,或是伤感情的往事,所以如果常常将学习和情感产生联系,那么对于记忆则会发生一定的效果。拿学习英语为例,在课堂学习时虽然因为说错了而感到害羞、伤自尊,但留存的印象确实能够历久弥新,所以学习语言就是该多讲,即使讲错了,反而学得快。因此,事实上失败得越多、记忆便越深刻。

有目的、有意识地记忆,一般称之为背诵。背诵的要领其实很多,但是针对记忆力而言,在此归纳出五种比较具有科学根据的原则。

①全盘理解。一般来说,先作粗略理解,再进行细节部分的注意。过于细微的部分,可留待日后逐步记下来,因为记忆本身就是粗略和含糊的。如果记下理解方法,便可找出不同事物之间的"法则"或"共通点",也就是所谓的规律、本质、特征,通过理解来加深记忆。因此,如果能有明确的记忆目标,给自己提出要求,并时时检查,这样便可更快、更深刻地理解事物。

②复习。不在一个月内复习,等于徒劳无功。反复背诵可以增强记忆,任何概念、公式、词汇,在第一次背诵时无意识地储存在头脑里面,由于是无意识所以记不出来,不过,当第二次学习时这种潜在的记忆背诵会自然地产生帮助,使记忆的印象能够提高,因此对记忆的对象要及时复习、经常复习,强化它在大脑中留下的痕迹。由此可见,三天读两小时会比一天读六小时更来得有效率。

③学习的次序。从基础开始学起,继而将难度逐步提高,最后必定可以学得好。往往人们在学习的时候太过贪多躁进,但在学习上没有捷径可言,除非你有过人的天赋,不然唯有按部就班、稳扎稳打以及努力付出,才能获得学习的成果。除此之外,跳跃式的学习也容易造成学习上的障碍。超过目前能力范围太多的学习内容会令人感到无趣,因此要对记忆对象产生浓厚的兴趣,必须循序渐进。对所学的知识有了兴趣,就会产生积极的情感和主动的热情,如此记忆才能比较深刻。

④睡眠计划。为了学会新知识、新技巧,学习当日必须有6小时或以上的睡眠时间。睡眠时,大脑会以各种形式去审核和整理过去的记忆和信息,就如在视窗系统控制面板里面的计算机管理工具中的磁盘碎片整理程序,先进行文件的分析,然后利用睡眠的时间整理记忆的碎片。做梦就是把脑袋中的信息和零碎记忆胡乱地联系起来的错误更新行为,所以有的时候在梦境里面,会出现时空与人事地物的交错怪象,然而起床之后,一般只会记起梦境中约百分之一的情节。如果睡眠的质量很好,基本上整理碎片及错误更新的过程不会留存在脑海里,所以人们有时不认为每次睡眠都会做梦。相对来说,有时候熬夜或是连续超过一两天没有睡眠的人,一旦超过了头脑记忆的负荷量,而又没有利用睡眠去进行整理,短期会显得精神恍惚,长期来说,对于记忆力会形成严重的伤害。

⑤生理现象。人体是个复杂的有机体,但是人们如果能够善于运用生物危机感与生物工程学,也能有助于改善记忆能力。所谓生物危机感,就是对危机的一种感知,例

如"饥饿"与"冷"。当人们感觉到肚子饿的时候,此时可以增强大脑的记忆力,所以一般而言,下午3点到晚餐前感觉饥饿的时间段,可以用来记忆。另外,如果降低室内的温度,使身体感觉到略微凉意,也有助于产生生物危机感,帮助人们记忆,通常22摄氏度左右较好。运用生物工程学,也称为人体工程学可以有效达到降低疲乏、增进记忆的效果。例如我们可以调整桌面、座椅的高度,坐垫的软硬程度,以及温度、湿度、空气质量以及光线的明亮度。如果没有重视这方面所带来的影响,极有可能造成健康上的问题,例如:近视、背颈僵硬酸痛、胃痛、感到压力、心理忧郁等,这些结果将导致记忆力的衰退。

　　心理学家也提出一些长期经营记忆力的建议。例如,吸收足够的营养,有助于提升记忆力、思考力和脑力;多运动,尤其是有氧运动,可以帮助增加脑内的氧气,可以使脑细胞活化,提升记忆力;训练自己多思考,利用拼图、猜谜等方法刺激脑细胞,也能增强记忆力;最重要的是时时刻刻让自己放轻松,可以减少更多的压力,并可以帮助人们集中精神,增强自己对记忆力的信心,相信自己一定可以记得很好。

　　(2)改善记忆力的步骤。

　　①在学习中,选定自己的学习目标,由小而大,由近而远,由浅而深,将正在学习的内容与已知的事物联想在一起。

　　②根据第一个步骤,实现了小目标之后,相对来说,对自己的记忆能力开始产生自信,此时进入一种学习的舒畅状态。

　　③排除不良干扰,投入情感和承诺,让所学的东西来影响你,使自己融入所学的情境之中,能够帮助记忆。

　　④使用最适合自己的方法来学习,无论是联想、关键词、回忆、故事法,还是通过行动去实际体会。立即重演就是用行动去重复一遍先前所习得的经验或感受,以加深对所学事物的知觉和体会,通过再体验而加深对新经验的记忆,可以提升学习的效果。

　　⑤将所学的东西反复在心里回想,或是将所学过的内容加以重新安排、整理,这种组织化的结果,可以让我们的记忆更为长久。如果将所记忆的内容转述给第三者,往往也能达到较好的记忆效果。

　　3.学习的关键——思维力

　　从知识管理的主要过程,如收集、分类、编码、储存、提取、转移、运用和创造来看,收集和分类代表了取舍的过程,也就是通过注意力,从海量的信息中取其精华、弃其糟粕;而编码和储存是利用人类的记忆力,采取各种技巧使人们可以随时使用显性和隐性的知识、思考与行动,并且在不断运用的过程中逐渐积累、提取、转移而至创造新知识的过程。

　　(1)思维的概念。

　　所谓思维,一般简单的说法就是思考,是人的大脑对客观事物的认识过程,包括了对客观事物的感性认知与理性认知阶段。通过运用思维,人们才能从客观事物获取大量的相关信息,再经过分析、综合,来深刻理解事物的本质。因此,思维力,就是一个人进行思维的能力,也是人类成长过程中必须培养与具备的智力素质之一。一方面,它可将内在知识外化为行动;另一方面,它可将外界的新知识和新能力内化到头脑当中,使人们的内在素质不断提高。思维分成两种方法:一种称为分析型的"垂直思维",即运用逻辑的、传统的思维方法;另一种称为启发型的"水平思维",它是打乱原本的思维顺序,从另一个角度来获得答案。

(2) 良好思维力的体现。

①思维力可以形成高度的独立性。思维力强的人,在学习中遇到疑点以及在生活中遇到困难时,都能通过独立思考寻求答案。

②思维力可以反映在灵活性与敏捷性方面。思维力可以迅速灵活地认识及解决问题,不墨守成规。

③思维力具有严谨的逻辑性。思维力能够以严密、科学的角度看待问题,对于前因后果,以清晰的思路抽丝剥茧,以充足的理由、证据来得出结论。

④运用水平思维能提高视角的全面性。思维力能避免片面地看待问题,而不偏废于某一特定的角度,更能整体地看待客观事物,不流于局限。

⑤思维力能产生积极的创造性。分析事物仅是过程而非结果,建设性的思维能对问题提出创造性见解,能够先行想到别人尚未能及的问题,比其他人多了一份预见性。

(3) 提高思维能力。

提高思维能力(垂直思维和水平思维能力),要重视培养独立思考的习惯,充分运用自己学过的知识和经验解决问题。当得出答案时,会产生成就感,提高思维能力,而且产生新的动力。另外,让自己经常处在问题情境之中,经常面对问题,大脑就会积极活动;通过请教他人、查阅资料、反复思考、积极讨论,设计解决问题的思路,参与解决问题的过程,设想解决的方法与程序,可提高解决问题的能力,提高分析、归纳、推理能力,进而促进学习力的提升。

四、个人的学习与发展

1. 个人生涯发展与终身学习的历程

以下通过个人生涯发展与终身学习的历程(图 5-4),来说明个人的学习与发展。

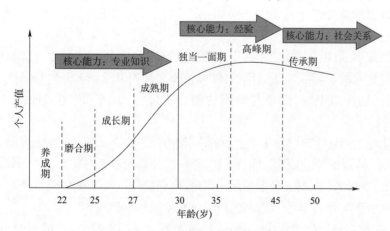

图 5-4 个人生涯发展与终身学习的历程

由图 5-4,我们可以看到,大致上以 30 岁为生涯的分界点。在 30 岁之前,必须多看多听多学多积累,学习重点在于强化专业能力;30 岁之后,秉持永续经营的原则,在学习上要强化管理能力。

2.知识内容的类型

在学校里面学习的大多是系统性知识,包括案例、规则和模型等。进入工作之后,学习的是专业知识和人际方面的技能。学习到了最高的知识层级,就是能力,例如组织能力、产品制造管理能力、服务能力。能力的养成需要团队及个人努力的整合、协调合作。

(1)按照经济合作与发展组织(OECD)的定义,依经济性把知识分成四类:

①Know what(知事),即关于事实认知的知识。例如律师、医师、会计师于专业领域的知识。Know what 与一般所称的"信息"意义接近。

②Know why(知因),即关于科学原理以及自然规律的知识。例如研究实验室所产生的新技术与创新应用知识。这类知识是产业进步与创新发展的最重要基础。

③Know how(技能),即从事业务的技巧、秘诀、窍门与能力,是专业技术工作者或知识工作者所必需的专业能力与知识。

④Know who(知人),即哪些人有特殊的知识及特殊社会关系。Know who 在社会中日益重要,可充分运用组织内外的专家。

(2)按照性质分类。

①目标设定或理想化的知识(Knowledge why):利用知识去找出我们可以找到的目标和价值。

②系统化的知识(Knowledge what):利用知识去深度分析问题,并且提出新的方法和选择。

③程序化的知识(Knowledge how):指决策以及事实性的知识。

④自动化的知识:将任务自动执行,不加入主观的因素。

(3)依照形式分类。

①隐性知识:无法用文字描述的经验式知识,不容易文件化与标准化的独特性知识,以及必须经由人际互动才能产生共识的组织知识,可重复使用的机会较少,通常应用在附加价值较高的作业活动上。例如:员工本身所具备的知识,包括个人能力、记忆、经验等。

②显性知识:可以文件化、标准化、系统化的知识。显性知识可以在知识库中直接复制或进行独立的学习。广泛适用性、能够被重复使用以及与人分离是显性知识的特点,因此使用显性知识时,无须与知识的创造者接触,就可以产生知识转移的学习效果。

与企业相关的显性知识存在于企业的内部和外部,内部知识的来源包括手册、简介、表格、备忘录、调查报告、组织图、评价系统、程序图及其他形式的文件。外部知识的来源则包括图书、期刊、学刊、财务金融与新闻报道、研究报告与产业分析等,而更广义的外部知识来源包括互联网、学术会议、趋势分析、预测专家、顾问等。

所以,在学习知识的过程中,必须清楚地知道知识的来源,以及适用的情况,才能将知识运用于实践。

单元5.2 思想力

拿破仑曾经说过,世界上有两种东西最有力量,一是宝剑,二是思想,而思想比宝剑更有力量。思想是经过思考和探索而产生的思维结果,是人类行为的基石,每个人都有思想。然而,在"思想"后面加上一个"力",其内涵就不同了,从物理学角度讲,"力"是指改变物质状态的作用力,思想力就是思想对客观物质世界的作用力。因此,思想力不是执行力、学习力、生产力等诸种力的一种,而是所有力的源泉,是人类行为的基石,是一个人经过成功和失败的洗礼而形成的经验和教训的结晶体。

一、思想力的概念

人人都有思想,每个企业也有思想。思想力是一个人经过成功和失败的洗礼之后,形成的一种有功能的思想。古语有言,"谋先事者昌,事先谋则亡"。有人说过,"思想改变,行动改变,命运改变","请关注你的思想,因为思想决定言行;请关注你的言行,因为言行决定习惯;请关注你的习惯,因为习惯决定命运"。这一切靠的是什么呢?靠的就是思想力。

究竟什么是思想力?思想力是指思想的深度和力度,是通过不懈地学习、磨炼,打造出坚定的方向,高度的自觉意识和不断增强的主观能动力。思想力就是创造性地思考和解决问题的能力,它是创新力的实质和根本。思想力必须能够抗打击,坚定地执行自己的意志,因此执行力是其第一要素。

二、思想力的作用

思想力是一把"双刃剑"。是战略重要,还是执行重要,一直是人们不断争论的话题。其实,一个糟糕的战略,被强有力地执行了,并不比一个好的战略被缓慢地执行好到哪里去。执行力来源于思想力,而思想力无疑也作用于执行力,指导着执行力,决定着执行力的大小和方向。

三、提升思想力的目的和意义

思想力是正确思维和判断是非的能力;执行力是贯彻战略意图、追求最佳效果而达到高度一致性的具体操作能力。思想力强了,企业就会有长远的战略规划、正确的经营思路和市场定位、完善的思想体系和管理制度、先进的管理模式;执行力强了,思想力就会转化成效益成果。如果思想出现了问题,也就出现了方向性的错误;思想力的问题解决了,而执行力得不到加强,那么再完美的战略规划、再完善的管理制度、再正确的市场定位也只能是纸上谈兵。

当今,企业里出现正确思想力的员工一定会受到欢迎。遇到问题时,他们会看作一种挑战,积极主动地想办法解决。很多本身具备不错的智力条件的员工之所以不能在职场上有所发展,原因就是他们没有把自己所具备的智力潜能转化为解决问题的思想力。

智力就像埋在沙子里的金子,只有转化为现实的思想力,它才能散发出耀眼的光芒。当我们走上一个工作岗位的时候,要想脱颖而出,就必须让自己的思想力发挥作用。在这个瞬息万变、竞争激烈的社会里,只有不断地产生新的思想,不断地在工作中有所创新,才能为企业创造更多的价值,也为自己创造成功的机遇。

工作上的事情总是千头万绪,不经意间就会疏忽细节上的许多东西,但是无论是多么细小之处,只要我们善于动脑,勇于实践,所有的问题都将迎刃而解。

案例

思想力对于一名行车调度员尤为重要。调度员在事故处理的过程中,既要有原则性又要灵活性,要随着事态的发展不断变换思路,从而达到最佳的行车调整效果。例如,某日南京地铁中胜—安区间发生跳闸事故。当日上午,一道极强雷电击中地铁供电设备,造成中胜至安德门区间接触网单向停电,并造成奥体至安德门单向停运1小时37分钟。在该事故的处理中,行车调度员初期决定奥体至中华门单线双向运行,中华门至迈皋桥小交路运行,但随着处理时间的增加,行车调度员变换了之前的调整手段,采用两种调整方式混合使用:奥体反向运行至安德门后经中华门渡线到上行继续载客;中华门下行的列车待反向列车过后,继续往奥体运行。这样既调整了列车间隔,又减少了清客,方便了车站的乘客服务,这就是思想力带给调度的收获。

四、提升职工思想力的方法

思想力是基础,执行力是归宿,没有好的思想力就没有好的执行力。如果思想力出现问题首先就要从思想力着手解决。在着手提升思想力的过程中,主要做好以下四个方面的工作:

1. 在城市轨道交通企业内部大力倡导建立学习型组织

通过学习,领导层更能够站高望远,让制定的战略规划、思想体系、管理模式和管理制度等更加切合公司实际;公司员工的整体素质可以得到进一步提升,对领导层的决策和意图就能够更准确地把握和理解,执行过程中就不会走样。

2. 让城市轨道交通企业的核心理念进一步深入人心

大力宣传做大做强城市轨道交通是为了整体员工的利益,是为了让员工生活更幸福、更有尊严,从而在思想上达到高度的一致性。

3. 让员工学会正确处理时间、空间,以及人与人之间的关系

在时间上避免拖拉,讲究高效率,树立起"时间就是金钱"的概念;空间上找准定位,学会协调联动;人与人之间的关系上要坚持原则,要相互帮助、和谐相处,形成一个

强有力的团队。

4. 进一步加强干部队伍思想作风建设

从自身做起,树标杆,将领导干部先进典型案例大力宣扬,从而为提升思想力和执行力创造良好的环境。

单元5.3 执行力

某世界五百强企业创始人认为,在未来面对挑战时,执行力是成功的关键。某世界五百强企业总裁认为,成功企业和经理人具备三大特征,即明确的业务核心、优秀的领导能力、卓越的执行力。仅有战略,并不能让企业在激烈的竞争中脱颖而出;只有执行力才能使企业创造出实质的价值。失去执行力,就失去了企业长久生存和成功的必要条件。没有执行力,就没有核心竞争力。

案例 — 制度和策略都不变就扭亏为盈

某企业甲经营不善导致破产,后被企业乙收购。厂里的人都在想企业乙能带来什么先进的管理办法?出乎意料的是,企业乙只派了几个人来。制度没变,人没变,机器设备没变。企业乙就一个要求:把先前制定的制度坚定不移地执行下去。结果不到一年,企业就扭亏为盈了。企业乙的绝招便是执行力。

一、执行力的内涵

执行是按质按量地完成任务,实现既定目标的具体过程。执行力是完成执行的能力和手段,它是贯彻战略意图、完成预定目标的操作能力,不是简单的战术,而是一套通过提出问题、分析问题、采取行动的方式来实现目标的系统流程;是一门将战略、人员、运作流程相结合,以实现预定目标的学问。

因此,执行力是一种行为、过程而不是结果,但执行力的力度决定结果。企业都会制定战略、制度、计划,但如果缺乏执行力,再漂亮的战略、再科学的制度和计划也会落空。所以说执行力不是力量,重在行动、重在快速、重在到位、重在跟踪、重在落实、重在持续。执行力是每位员工及每家企业必备的发展能力和竞争能力。

执行力是企业竞争力的核心,是把企业战略、规划转化成为效益、成果的关键。一个企业是一个组织,企业的执行力也应该是一个系统、组织和团队的执行力。执行力是企业管理的关键。城市轨道交通企业要解决管理中存在的问题,就必须在员工中打造一流的企业执行力。一个执行力强的企业,必然有一支高素质的员工队伍,而具有高素质员工队伍的企业,必定是充满希望的企业。

二、执行力的内容和要求

根据主体不同,执行力可以分为企业执行力和个人执行力。就职业人而言,可以认为,职业人的个人执行力就是职业人独自或者带领部属有效运用可控资源、保质保量完成工作和任务的能力。

执行力是针对角色来讲的,不同层级的职业人在组织中都要具备执行力,企业的高层职业人应该成为企业的高层执行者,中级职业人应成为中层执行者,基层职业人则应成为基层执行者,而基层职业人尤其要具备出色完成任务的能力,即执行力。那么,职业人的执行力有哪些内容和要求呢?

1. 执行力的内容

(1)领会与设计能力。执行始于委派,首先要明确需要完成的任务和完成任务所必需的条件;其次是对任务进行分解和设计,以制定完成任务的路线图,要有将模糊、笼统的期望转化成清晰、具体的目标的能力;最后是组成任务团队,要为每一项任务找到合适的负责人。

(2)按原则办事的能力。按原则办事,主要发生在授权和监督过程中。首先,要具备有效发出命令的能力,在授权时,要明确任务和任务背景以及完成任务的标准,既要给予权力和支持,又要向对方做出承诺;其次,要尊重公开承诺,培养责任感;再次要有严格的计划、时间表、预算和控制体系;最后,要能适时地监督(监督主要针对的是绩效表现,关键点在于监测工具和手段)。

(3)处理棘手问题的能力。职业人在生产和服务的过程中,常会碰到紧急、棘手的问题,这需要具备克服各种障碍、赢得支持的能力。要杜绝延误,具备保持主动性的能力。

(4)学习能力。受认知能力的影响,任务的领会和设计不是一次就能完成的,需要不断在实践中总结,向经验学习。另外,与不同的员工沟通和交流的方法、监督的方法等都需要不断地学习。

2. 执行力的要求

衡量一个职业人是否具备出色的执行力,主要看其是否能够做到以下几个方面。

(1)了解自己所在的企业、上司和员工。必须用一种客观的态度来看待企业和他人,尤其是在将自己所在的公司与其他公司进行比较的时候,要非常清楚地了解公司当前所发生的一切,同时要放开眼界,在衡量自己的进步时,把眼光放在与其他企业的对比之上,而不是仅仅局限于本企业内部。

(2)确立明确的目标和实现目标的先后顺序。职业人要关注那些重要而明确的目标,只有目标明确,才有动力和方向。再者,如果没有在事先设定清晰的目标顺序,在完成任务时很可能陷入无休止的争论之中。

(3)建立一种及时的跟进机制,以确保自己和同事能够切实完成自己的任务。因为"人们所做的并非你所期望的,而是你所要检查的"。

(4)对执行者进行奖励。职业人应该确保自己和他人都清楚地知道:得到的奖励和尊重完全建立在工作业绩之上。

(5)提高能力和素质。作为职业人,其工作与学习是分不开的,这需要与他人共享知识和经验,对管理者来说,更是如此。管理者需要指导和培训下属员工,通过这种方式来不断提高团队中个人和集体的能力。

(6)了解自己,认识自我。职业人必须具有坚忍的性格,只有这样,才能诚实地面对自己,诚实地面对自己的业务和组织现实。只有对自己和他人做出正确的评价,才能容忍与自己相左的观点,才能建立起一种执行型文化。

三、企业执行力的五大主要因素

1. 沟通是前提

沟通时要遵循以下 SMART 原则。

Specific——目标必须是具体的；

Measurable——目标必须是可以衡量的；

Attainable——目标必须是可以达到的；

Relevant——目标必须和其他目标具有相关性；

Time-based——目标必须具有明确的截止期限。

有效的沟通是成功的一半。通过沟通，群策群力，集思广益，可以让全员弄清战略的具体内容并执行，使企业执行过程更顺畅。

2. 协调是手段

协调内部资源往往是公司协调工作的主要内容。良好的执行过程一般需要一个公司至少百分之八十的资源投入。把资源协调到所要实现的战略上，从上到下一个方向，能达到事半功倍的效果。

3. 反馈是保障

执行的结果需要经过反馈得知，主要包括市场的被动反馈和市场主动调研。可以用具体而细致的数据来反馈信息，如城市轨道交通系统可靠性指标等。

4. 责任是关键

企业的战略应该通过绩效考核来实现，而不仅仅是从单纯的道德上来约束。从客观上形成一种阳光下进行的奖惩制度，才能不会使执行做无用功。可利用关键绩效指标（KPI）来管理执行力，从主要业绩、行为态度、能力等方面来评价个体执行能力。

5. 决心是基石

狐疑犹豫，终必有悔；顾小忘大，后必有害。这种人生信条同样也适用于管理执行。成功就像一扇门，如果战略这把钥匙已经找到，那么现在需要的就是把钥匙插进去并朝正确的方向旋转，把门打开。

四、提高执行力的方法

1. 共赢法则

有一个游戏是，每个人和身边的伙伴比手劲，在规定时间内，每回合赢者可获一枚钱币。许多人耗费大量时间使劲把别人扳倒，在规定时间内只能比很少的回合数。高明的人会让对手赢，对手也让自己赢，在规定时间内多比几个回合，这样能获得更多的钱币。这个游戏告诉我们，你让别人好，才会让自己更好。

2. 高效执行

在接受指令时，不要推诿责任，不要逃避挑战，用心地完成上级交给你的任务，这是一个员工执行力的基本表现。在一个企业中，创造一种被共同认可的主流价值是非常重要的,这就是企业的执行理念和执行文化。在城市轨道交通行业中,执行力是安全运营的强力保证。规章制度、安全生产的执行是相当重要的。管理层的各种精神传达与中下级的认真执行是一个相互依赖的整体。管理者高瞻远瞩、谋划全面、通盘考虑,执行者领会通透、精心实施,都是执行力的展现。

3. 不拖延,马上行动

执行最大的阻碍是拖延。事情没有做好,大部分是因为拖延。

仔细思考一下:拖延的事情迟早要做,为什么要等一下再做?现在就做,等下可以休息,有什么不好?现在休息,也许待会儿要付出更大的代价。

杜绝拖延最好的办法是:立即行动,做自己不敢做的事;强化奖励与处罚手段;把要做的事记下来提醒自己。今天的事今天毕,此时的事绝不拖到彼时。

案例 — 抢时间

有两个人,到非洲去考察。他们迷路了,正当他们在想怎么办时,突然看到一只非常凶猛的狮子朝他们跑过来。其中一人马上从自己的旅行袋里拿出运动鞋穿上。另外一人看到同伴在穿运动鞋就摇摇头说:"没用啊,你怎么跑也没有狮子跑得快。"同伴说:"嘿,你当然不知道,在这个紧要关头最重要的是我要跑得比你快。"

4. 分清轻重缓急

企业中什么是最有生产力的事?"培养核心竞争力,确保竞争优势""企业文化建设""改进客户关系"等,这些可以说是也可以说不是。最有生产力的事应根据企业情况来确定。取舍标准为:是否给企业带来利润及利润大小。做最有生产力的事是确保执行效率的前提。

案例

一位时间管理专家为一群商学院的学生讲课。他在现场做了演示,给学生们留下了一生都难以磨灭的印象。站在那些学生前面,他说:"我们来做个小测验。"他拿出一个广口瓶放在他面前的桌上。随后,他取出一堆拳头大小的石块,仔细地放进玻璃瓶。直到石块高出瓶口,再也放不下了,他问道:"瓶子满了?"所有学生应道:"满了!"

时间管理专家反问:"真的?"他伸手从桌下拿出一桶砾石,倒了一些进去,并敲击玻璃瓶壁使砾石填满下面石块的间隙。"现在瓶子满了吗?"他第二次问道。"没满!"学生们再次回答。

"很好!"专家说。他伸手从桌下拿出一桶沙子,开始慢慢倒进玻璃瓶。沙子填满了石块和砾石的所有间隙。他又一次问学生:"瓶子满了吗?""没满!"学生们大声说。他再一次说:"很好!"然后他拿过一壶水倒进玻璃瓶直到水面与瓶口平。随后,他抬头看着学生,问道:"这个例子说明什么?"

一个心急的学生举手发言:"无论你的时间表多么紧凑,如果你确实务力,你可以做更多的事情!""不!"时间管理专家说,"那不是它真正的意思。这个例子告诉我们:如果你不是先放大石块,那你就再也不能把它放进瓶子了。那么,什么是你生命中的大石块呢?与你爱的人共度时光,你的信仰、教育、梦想?切记先去处理这些大石块。"

5. 善于授权,人人参与执行

授权是一种开发员工潜能的方法。改善生产力不仅是管理者的责任,也是全体员工的责任。

授权时有以下注意事项。

(1) 明确工作目的及要求,说明"做什么"而非"怎么做"。

(2) 经常定期评估检查。

(3) 注重结果,掌控过程。

(4) 不能姑息"倒授权"。

(5) 授权人仍然要承担责任。

6. 自动自发

一个人会做是远远不够的,除了会做,还要愿意做,有工作的意愿(动机),即要自动自发。所谓自动自发,不是一个口号一个动作,而是要充分发挥人的主观能动性与责任感,在接受工作后想尽一切办法把工作做好。自动自发就是自觉而出色地做好自己的事情。对工作勤奋、对公司敬业、对自己充满信心。

案例

一家服装公司安排三个员工去做同一件事:调查供应商的材料数量、价格、质量情况。第一个员工花了5分钟就回来了。他并没有亲自去调查,而是向下属打听了一下情况。30分钟后,第二个员工回来报告。他亲自去供应商那里了解了情况。90分钟后,第三个员工回来报告。他亲自了解了供应商的价格、质量情况,并与销售经理详谈了公司最有价值的材料的情况,一一记录下来,回来的路上又去另外两家进行了比较,写了一份详细的报告。

第一个员工只是在完成任务;第二个只能算是被动听命;第三个人才是自动自发、尽职尽责。如果你是公司管理人员,你会选择谁?谁应该晋升加薪呢?

7. 认真做事,不找借口

不找借口是执行力的表现。无论做什么事情,都要牢记自己的责任,无论在什么样的工作岗位,都要对自己的工作负责。成功者不善于也不需要编任何借口,因为他们能为自己的行为和目标负责,也能享受自己努力的成果。

在极其平凡的职业中,在极其普通的岗位上,也时常蕴藏着巨大的机会。只要调动自己全部的智力,全力以赴,加强自我职业素养,做到自动自发、不找任何借口;只要勤勤恳恳,把自己的工作做得比别人更完美,就能发现机遇,推开通往成功的大门。

单元5.4 沟通力

职业人所需要的三个最基本的技能依次是沟通、管理和团队合作。在实际工作中,达不到预期的沟通效果,就不能保证工作的正常运转。沟通技巧可以帮助我们更有效地与他人沟通。

一、高效沟通概述

从出生到成长,我们无时无刻不在和别人进行沟通。每个人对沟通的理解是不一样的。对沟通的不同理解会造成沟通困难和障碍,最终导致沟通的失败。在实际工作过程中,不能有效沟通是造成工作效率低下的一个非常重要的原因。

1. 沟通的含义

沟通是为了一个设定的目标,把信息、思想和情感在个人或群体间传递,并且达成共同协议的过程。

2. 沟通的三大要素

沟通具有三大要素。

(1)一定要有一个明确的目标。

只有具备明确的目标,才叫沟通。如果没有目标,那就不是沟通,而是闲聊。经常有同事或经理过来说:某某,咱们出去随便沟通沟通。随便沟通沟通,本身就是矛盾的。有一个明确的目标,是沟通最重要的前提。所以,你在和别人沟通的时候,第一句话应该说:"这次我找你的目的是……"第一句话说出你的目的,是非常重要的,也是你的沟通技巧在行为上的一个表现。

(2)达成共同的协议。

沟通结束以后一定要形成一个双方或者多方都承认的协议,只有形成了这个协议才叫作完成了一次沟通。如果没有达成协议,那么这次不能称为沟通。沟通结束的标志就是:达成了一个协议。在实际的工作过程中,人们往往一起沟通过了,但是最后没有形成一个明确的协议,就又各自去工作了。由于对沟通的内容理解不同,又没有达成协议,最终造成工作效率的低下,双方又增添了很多矛盾。因此,当你和别人沟通结束的时候,一定要用这样的话来总结:"非常感谢你,通过刚才的交流我们达成了这样的协议……你看是这样的一个协议吗?"这是有效沟通的一个非常重要的体现。

(3)沟通信息、思想和情感。

沟通的内容不仅是信息,还包括更加重要的思想和情感。那么信息、思想和情感哪一个更容易沟通呢?是信息。例如,今天几点钟起床?现在几点了?几点钟开会?往前走多少米?这样的信息是非常容易沟通的。而思想和情感是不太容易沟通的。在人们工作的过程中,很多障碍使思想和情感无法得到很好的沟通。在沟通过程中,不能只关注信息的传递,还要重视思想和情感的传递。

3. 沟通的方式

在工作和生活中,人们会采用不同的沟通方式,其中用得最多的是语言沟通。

在语言沟通方面,人们除了用口头语言沟通,有时候还会用书面语言和肢体语言(如用眼神、面部表情和手势等)沟通。

通过不同形式的沟通,可以把信息、思想和情感传递给对方。

(1)口头语言与肢体语言。

口头语言常用于面对面的谈话、会议等。

书面语言常用于信函、图片等。

(2)肢体语言。

肢体语言包括手势、表情、眼神等(表5-1)。

肢体语言沟通　　　　　　　　　　　　　表5-1

肢体语言	行为含义
手势	柔和的手势表示友好、商量,强硬的手势则意味着"我是对的,你必须听我的"
表情	微笑表示友善礼貌,皱眉表示怀疑和不满意
眼神	盯着看意味着不礼貌,但也可能表示兴趣,寻求支持
姿态	双臂环抱表示防御,开会时独坐一隅意味着傲慢或不感兴趣

4. 沟通的双向性

人们在工作和生活的过程中,常把单向的通知当成沟通。沟通的一个非常重要的特征是:沟通一定是一个双向互动的过程。

5. 沟通的三个行为:说、听、问

双向的沟通必须包含三个行为,即说的行为、听的行为和问的行为。有效的沟通就是由这三种行为组成的。换句话说,考核一个人是否具备沟通的技巧,要看他这三种行为是否都出现。我们在沟通的时候,一定要养成良好的沟通习惯:说、听、问三种行为都要出现,并且这三者的比例要协调。

🎯 **案例**

某公司在面试员工的过程中,经常会让10位应聘者在一个空荡荡的会议室里一起做游戏。很多应聘者在这个时候都感到不知所措。在一起做游戏的时候主考官就在旁边看,他不在乎你说的是什么,也不在乎你说得是否正确,他是看你"听、说、问"三种行为是否都出现,以及每一种行为在三种行为中的比例。如果一个人的话非常多,喋喋不休,这个人将会第一个被请出考场或者淘汰。如果一个人坐在那儿,只是听,不说也不问,那么,也将很快被淘汰。只有在游戏的过程中,同时说、听、问,才意味着你具备良好的沟通习惯。

二、高效沟通的三个原则

1. 谈论行为,不谈论个性

谈论行为就是讨论一个人所做的某一件事情或者说的某一句话。不谈论个性就是不谈论针对某一个人的观点。

在工作中,有些职业人在沟通的时候严格遵循这个原则,就事论事地和你沟通,显得有一丝冷淡,其实这恰恰是一个专业沟通的表现。私下里议论某某同事非常热情、某某同事非常冷淡或者某某同事非常大方等,其实都不是在沟通中应谈论的。

2. 要明确沟通

在沟通的过程中,说的话一定要非常明确,让对方有一个准确的理解。在沟通过程中有人经常会说一些模棱两可的话,就像:"某某,你今年的成绩非常好,工作非常努力。"好像是在表扬对方,但是接下去还有一句:"明年希望你要更加地努力。"这句话好像又在鞭策对方,说对方不够努力。这就使人不太明白:沟通传达的到底是什么意思?所以,沟通中说的话一定要明确,努力了就是努力了,缺乏努力就是缺乏努力。

3. 积极倾听

倾听是高效沟通的基础。在沟通中,倾听对方的意见、想法和感受是非常重要的。

积极倾听能够增进彼此间的理解和尊重。当我们认真倾听对方的观点和想法时,我们可以更好地理解他们的立场和情感,从而更好地处理和解决问题。同时,积极倾听还能够让对方感受到我们对他们的尊重和认可,进而建立更加紧密的信任关系。

积极倾听能够帮助我们更好地掌握信息。在工作中,积极倾听能够让我们可以获得新的观点,更好地把握重点和难点,帮助我们更好地理解问题并做出更加明智的决策。同时,在社交场合中,积极倾听也能够让我们更好地了解他人,建立更好的社交关系。

积极倾听能够带来更加愉悦的交流体验。当我们认真倾听对方时,会更加投入和专注于交流过程,从而能够享受到与他人交流的乐趣。同时,当我们的对话对象感受到我们的倾听和关注时,他们也会更加愿意和我们交流,这可以进一步增进双方的友谊和信任。

三、沟通失败的原因

在平时的工作和生活中,不好的沟通给人们带来的伤害非常大,甚至比不好的习惯给我们带来的伤害都大。如果在工作中欠缺沟通技巧,那么就无法和同事正常地去完成一项工作,工作效率降低,同时也会影响到个人职业生涯的发展。在家庭中,不好的沟通甚至会造成家庭的破裂。

导致沟通失败的原因有以下几个。

(1) 缺乏信息或知识。

（2）没有说明重要性。我们在沟通的过程中，没有优先顺序，没有说明这件事情的重要性。

（3）只注重表达，而不注重倾听。

（4）没有完全理解对方的话。

（5）时间不够。

（6）不良的情绪。人是会受到情绪影响的，特别是在沟通的过程中，情绪也会影响到效果。

（7）没有注重反馈。

（8）没有理解他人的需求。

（9）职位的差距、文化的差距也会造成沟通的失败。

四、完整的沟通过程

完整的沟通的过程是一个双向沟通的过程：发送者要把他想表达的信息、思想和情感，通过语言发送给接收者；而接收者接到信息、思想和情感以后，会提出一些问题给对方反馈。在发送、接收和反馈的过程中，需要注意的问题是：怎样做才能达到最好的沟通效果？

五、沟通技巧

1. 有效发送信息的技巧

在沟通中，发送的不仅是信息，还有思想和情感。在发送信息的时候，需要注意以下几个问题：

（1）选择有效的信息发送方式（How）。

你在工作中如果要发送一个信息，首先要考虑用什么方法去发送，比如电话、电子邮件、传真、视频会议、面对面的沟通等方式。选择不同的沟通方法，所达到的沟通效果是完全不一样的。

发送方式要根据沟通内容偏重度来选择。例如：一份报告传给你的同事或交给你的上级，更多的是一种信息的沟通；在和客户沟通的过程中，更重要的是增进你和客户之间的感情和信任，这个时候，信息的沟通是次要的，情感的沟通是主要的。所以说，在选择方法的过程中，首先要考虑内容本身是以信息为主还是以思想和情感为主，然后选择合适的方法。

◎ 案例

一家公司为了增进员工之间的相互信任和情感交流，规定在公司内部200米之内不允许用电话进行沟通，只能面对面沟通，这产生了非常好的效果——员工之间的感情变得非常融洽。我们也看到，很多科技公司和一些网站制作公司虽然有非常多的沟通渠道，包括电子邮件、电话等，但忽略了最好的沟通方式，即面谈，致使公司员工之间的了解、信任和感情淡化。所以，作为一名沟通者，一定不要忘记使用面谈这种方式。

(2)何时发送信息(When)。

要选择合适的时间,应充分考虑对方的情绪。

(3)确定信息内容(What)。

在同别人沟通的时候,你说什么话是很重要的,加入相应的肢体语言,你所要传递的信息内容会更加确切。在选择具体内容的时候,我们一定要确定要说哪些话,用什么样的语气、什么样的动作去说,这些在沟通中非常重要。

(4)谁该接收信息(Who)。

在发送信息的时候还需要考虑以下问题。

①谁是你的信息接收对象。

②获得接收者的注意。

③接收者的观念。

④接收者的需要。

⑤接收者的情绪。

(5)何处发送信息(Where)。

发送信息时,还需要考虑环境和场合。

对沟通场地的选择越来越受到人们的重视。在实践中,很多管理者已经越来越认识到:环境对沟通效果的影响非常大。但在实际工作中,特别是上下级之间,沟通通常在上级主管的办公室中进行,因而往往达不到好的沟通效果。

案例

一家科技公司受全球经济危机的影响,经营受到严重打击,最后决定裁员。

第一次裁员,地点选在公司的会议室,通知全部被裁人员到会议室开会,在会议上宣布裁员,并且要求每一个人立即拿走自己的东西离开办公室,公司所有被裁员工都感到非常沮丧,甚至包括很多留下的人也感到沮丧不已,极大地影响了公司的士气。

第二次裁员的时候,公司接受上次的教训,不是把大家叫到会议室里,而是选择了另外一种方式:单独约见被裁人员到咖啡厅,在咖啡厅里说出公司的决策:由于公司的原因致使他暂时失去了这份工作,请他谅解,并给他一个月的时间寻找下一份工作。这次裁员的效果和上一次相比有天壤之别,基本上所有员工得知这个消息后,都会平静地接受,并且表示,如果公司需要他的时候随时可以通知,他会毫不犹豫地再回到公司。这样一种方式让被裁者和仍然留在公司的员工感受到公司对每一位员工的情谊。

两次裁员,由于选择了不同环境,所得到的效果是截然不同的。

2.积极倾听的技巧

说和听哪一个更重要呢?冷静地思考后你会发现,其实在沟通中听比说更重要。平时听别人说了很多的话,却没有认真去听对方真实传递的信息,会导致沟通失败。

所以,倾听是一种重要的非语言性沟通技巧。

(1)倾听的原则。

在倾听的过程中,需要注意倾听的原则:

①倾听者要适应讲话者的风格。每个人在发送信息的时候,说话的音量和语速是不一样的,你要尽可能适应他的风格,尽可能接收他更多、更全面、更准确的信息。

②眼耳并用。倾听不仅是用耳朵听,还应该用眼睛看。耳朵听到的仅仅是一些信息,而眼睛看到的是对方传递给你的思想和情感,所以倾听是耳朵和眼睛在共同工作。

③首先寻求理解他人,然后被他人理解。在听的过程中一定要注意,站在对方的角度去想问题,而不是去评论对方。

④鼓励对方。在听的过程中保持目光交流,并且适当地点头示意,表现出有兴趣的样子。

(2)有效倾听的四个步骤。

①准备倾听。

首先,要给讲话者一个信号,告诉对方你已做好准备,给讲话者以充分的注意。其次,准备倾听与你不同的意见,从对方的角度想问题。

②发出准备倾听的信息。

在听之前和讲话者有一个眼神上的交流,用眼神告诉对方:我准备好了,你可以说了。要经常用眼神交流,不要东张西望,应该看着对方。

③采取积极的行动。

积极的行为包括频繁点头,鼓励对方继续说。在听的过程中,也可以身体略微地前倾而不是后仰,这样是一种积极的姿态,这种积极的姿态表示着:你愿意去听,努力在听。同时,对方也会有更多的信息发送给你。

④理解对方全部的信息。

倾听的目的是理解对方全部的信息。在沟通的过程中,你如果没有听清楚或者没有理解,应该及时告诉对方,请对方重复或者解释。

(3)倾听的五个层次。

在倾听的过程中,因为每个人的倾听技巧不一样,所以看似普通的倾听又分为五种不同层次的倾听效果。

①听而不闻。

所谓听而不闻,简言之,可以说是不进行任何努力地去听。

听而不闻的表现有很多,比如眼神没有和说话对象交流,身体倒向远离说话对象的一边。听而不闻,一般不会有好的沟通结果,很难达成协议。

②假装倾听。

假装倾听就是做出听的样子让对方看到,但没有用心在听。在工作中常有假装倾听的现象发生,例如:你和客户交谈的时候,客户有另外一种想法,出于礼貌假装倾听,其实根本没有听进去;上下级在沟通的过程中,下级惧怕上级的权力,所以做出倾听的样子,实际上没有听。假装倾听的人会努力做出倾听的样子,他的身体大幅度地前倾,甚至用手托着下巴,但实际上没有听。

③选择性地倾听。

选择性地倾听,就是只听一部分内容,倾向于倾听所期望或想听到的内容,这也不是一个好的倾听。

④专注地倾听。

专注地倾听就是认真地听讲话的内容,同时与自己的亲身经历做比较。

⑤设身处地地倾听。

不仅是听,而且努力理解讲话者所说的内容,站在对方的立场上去听,去理解,才是真正的倾听。设身处地地倾听是为了理解对方,多从对方的角度去想:他为什么要这么说?他这么说是为了表达什么样的信息、思想和情感?比如对方在和你沟通的过程中频繁看表,说明他想赶快结束这次沟通,你必须去理解对方:是否对方有急事?这时可以约好时间下次再谈,这样做将为你们的合作建立基础。

3. 有效反馈的技巧

(1)反馈的含义。

在沟通过程中,最后一个步骤是反馈。什么是反馈?反馈就是沟通双方期望得到一种信息的回流。我给你信息,你也要给我信息反馈。在沟通过程中,没有反馈的信息,沟通过程就不完整,因为信息过去了却没有回来,是一种单向的行为。所以说,没有反馈就不能称为完整的沟通。

(2)反馈的类型。

反馈有两种:一种就是正面的反馈,另一种叫建设性的反馈。正面的反馈就是对对方做得好的事情予以表彰,希望好的行为再次出现。建设性的反馈,就是在别人做得不足的地方,给出一个建议。请注意,建设性的反馈是一种建议,而不是一种批评,这是非常重要的。

在反馈的过程中,我们一定要注意的情况包括:第一,指出对方做得正确或者错误的地方。反馈是你给对方的建议,为了使他做得更好。第二,对他人言行的解释,不是反馈。例如:"我明白你的意思,你的意思是……"这不是反馈,而是倾听的一种。第三,对于将来的建议也不是反馈。

4. 有效利用肢体语言进行沟通的技巧

好的第一印象会赢得对方一定的信任,愿意以合作的态度与我们沟通。当我们与别人进行沟通的时候,多长时间会形成别人对我们的第一印象?科学测试证明,当我们出现在别人面前的时候,7秒就形成了第一印象。所以在沟通的前7秒要给对方留下良好的第一印象。

对方的表情、眼神、衣着,对方的一两句简单的问候语,以及简单的动作,形成了第一印象。在沟通过程中,我们的表情、眼神是使对方产生信任进而与我们合作的非常重要的因素。这就需要我们在沟通之前,做必要的准备,以便能够给对方留下很好的第一印象。

信任是沟通的基础。在平时工作和生活中,如果双方缺乏信任,那么沟通肯定是无效的、失败的。在工作中与同事接触时,有些人沟通起来非常通畅,而有些人很难沟通。一个重要的因素,就是你和不同人之间的信任度不一样。信任是沟通的基础。而在沟通的过程中,有效的肢体语言可以赢得别人的信任。下面重点要探讨的是在沟通中如何运用肢体语言达到更好的沟通效果。

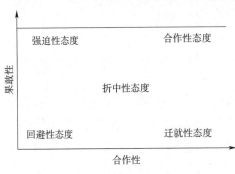

图5-5 沟通五种态度

(1)沟通的五种态度(图5-5)。

在沟通过程中,由于信任的程度不同,我们所采取的态度也不一样。如果态度不端正、不良好,那么沟通的效果肯定是不好的。在沟通过程中,根据果敢性和合作性的不同,可以分为五种不同的态度。请注意,态度决定一切。如果态度问题没有解决,沟通的效果就不好。

①强迫性态度。强迫性态度的果敢性非常强,却缺乏合作精神。在工作和生活中,确实有这样的情况,如父母对小孩子、上级对下级。在强迫性态度下,沟通实际上不容易达成一个共同的协议。

②回避性态度。在沟通中,对方既不果断地做决定,也不主动合作,那么就是回避性态度。他总是回避着你,不愿意与你沟通,不愿意做决定,所以得不到一个良好的沟通结果。

③迁就性态度。具有迁就性态度的人果敢性非常弱,但是合作性强,对方说什么他都会表示同意。通常,下级对上级往往采取迁就性态度。当你与下级沟通的时候,你要注意:他的态度是否发生了问题,采取的是不是迁就态度。如果是,那么沟通就失去了意义,得不到一个正确的反馈。

④折中性态度。具有折中性态度的人果敢性有一些,合作性也有一些,非常顾虑双方感受。

⑤合作性态度。在沟通过程中,理想的态度是既要有一定的果敢性,勇于承担责任、迅速果断下决定,又要有合作性。这样的态度就是合作性态度,能使沟通达成共同的协议。

(2)建立合作性态度的技巧。

①合作性态度的表象。

第一个合作性态度的表象,是双方都能够说明各自所担心的问题。你认为这个地方有问题,对方也认为这个地方有问题,双方都能够毫无保留地说明自己所担心的问题和所遇到的困难。只有双方是合作的态度,双方才会说出所有的问题。

第二个合作性态度的表象,是双方都积极地去解决问题,而不是去推卸责任。

第三个合作性态度的表象,就是双方共同研究解决方案。共同研究不是一方告诉另一方,更不是一方命令另一方,而是双方共同研究出一个很好的解决问题的方案。

第四个合作性态度的表象,是大家在沟通的过程中论事不对人,只谈论行为而不谈论个性。

第五个合作性态度的表象,是双方最后达成双赢的协议,一个考虑双方利益的协议。

实际上,在沟通的过程中,要想形成合作性态度是非常困难的。在平时的工作中,我们经常会和不同的人在沟通,只有态度问题解决了,沟通才有可能成功。

②上下级之间要建立合作态度。

作为公司的领导,如何使沟通中的所有参与者都保持一个良好的合作态度,尤为重要。如果对方的态度不是合作性态度,很有可能不能达到预期的沟通效果。

(3)沟通视窗的运用技巧。

肢体语言沟通过程中,有两个因素非常重要,即说和问。一个非常著名的方法叫沟通视窗(图5-6)。这个视窗说明,当我们在与不同对象沟通的时候,说得多,抑或问得多,会让别人产生不同的印象,影响别人对你的信任。

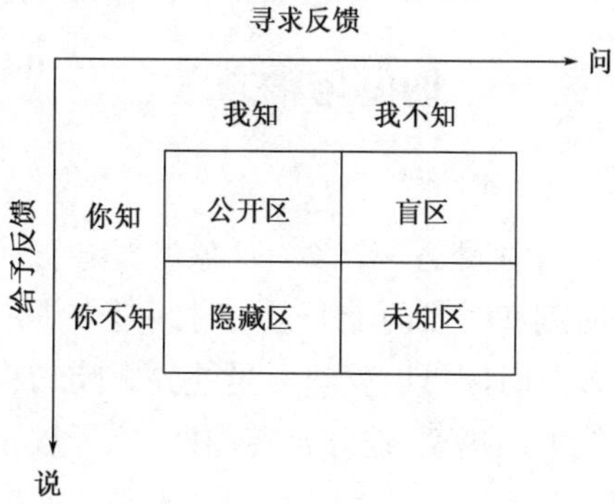

"沟通视窗"把关于你的所有信息分为四个区间。

图5-6 沟通视窗

公开区:就是你自己知道、别人也知道的一些信息。公开区的信息,主要是一些个人的基础信息,如姓名、性格、居住地、工作单位。

盲区:经常是某些缺点,可能是自己意识不到,但是别人能够看到的缺点。盲区的信息,如性格上的弱点或者平时不在意的一些不好的行为。

隐藏区:就是关于你的某些信息,你自己知道,但是别人不知道。

未知区:就是关于你的某一些信息,你自己不知道,别人也不知道。

任何人都有上述四种信息,只是这四种信息的多少不一样。沟通视窗的运用技巧如下。

①公开区的运用技巧。要想使你的公开区变大,就要多说、多询问,寻求别人的建议和反馈,多说、多问不仅是一种沟通技巧,也能赢得别人信任,是使别人以合作的态度与你沟通的重要保证。

②盲区的运用技巧。造成盲区大的原因是说得太多,问得太少,不去寻求别人的反馈。所以,在沟通中,你不仅要多说而且要多问,避免造成盲区大。

③隐藏区的运用技巧。如果一个人隐藏区最大,那么关于他的信息,往往只有他自己知道、别人都不知道。这是内心很封闭的人或者说是很神秘的人。这样的人我们对他的信任度会比较低。我们在和他沟通的过程中,可能合作性态度会少一些。为什么造成隐藏区最大?是因为他问得多,但是说得少。

④未知区的运用技巧。未知区大,就是关于他的信息,他和别人都不知道,换句话说,未知区大的一个现象就是他不说也不去问,可能是一些非常封闭的人。封闭很可能会使他失去很多机会,甚至是能够胜任的工作。当竞争激烈的时候,失去机会就意味着要落后,甚至被社会淘汰,所以每一个人一定要尽可能缩小自己的未知区,主动地通过别人去了解自己,主动地去告诉别人我能做什么。

单元5.5 时间与精力分配能力

一、时间与精力

1. 时间

时间是一个较为抽象的概念,是物质运动变化的持续性、顺序性的表现,时间包含时刻和时段两个概念。时间是人类用以描述物质运动过程或事件发生过程的一个参数。时间可以反映不受外界影响的物质周期变化的规律,例如月球绕地球周期、地球绕太阳周期、地球自转周期、原子震荡周期等。

> **知识链接 —— 时间管理的十三项原则**
>
> 时间管理和其他管理一样,是一个计划、监督、评估的过程。全面的时间管理必须做到消除时间浪费现象,根据事情的重要程度和紧急程度分配时间,不能忽视长期性的事情,要做好每日、每周的计划。时间管理的原则有以下十三项。
>
> (1) 有计划地使用时间。不会计划时间的人,往往容易失败。
>
> (2) 目标明确。目标要具体,将目标明确为可以实现的事件。
>
> (3) 将要做的事情根据重要程度赋予优先权。80%的事情只有20%的重要性,而20%的事情却恰恰有着80%的重要性,应当享有优先权。因此要善于区分这20%的有价值的事情,然后根据价值和重要程度,分配好时间,即花80%的时间做好20%的最重要的事情。
>
> (4) 将一天中从早到晚要做的事情进行罗列。
>
> (5) 要具有灵活性。一般来说,只将时间的50%计划好,其余的50%应当属于灵活时间,用来应对各种无法预测的事情。
>
> (6) 遵循你的生物钟。将优先办的事情放在你办事效率最佳的时间里。
>
> (7) 做正确的事情比把事情做正确更重要。
>
> (8) 区分紧急事务与重要事务。紧急事务往往是短期性的,重要事务往往是长期性的,给所有罗列出来的事情定一个完成期限。
>
> (9) 对所有没有意义的事情采用有意忽略的技巧。将罗列的事情中没有任何意义的事情删除。
>
> (10) 不要想成为完美主义者。不要过于追求完美,而要追求办事效果。
>
> (11) 巧妙地分解。如果一件事情不重要,你可以将这件事情细分为很多部分,只做其中一个部分。
>
> (12) 学会说"不"。一旦确定了哪些事情是重要的,对那些不重要的事情就应当说"不"。

(13)奖励自己。即使一个小小的成功,也应该庆祝一下。可以事先给自己许下一个诺言,事成之后一定要履行诺言。

2. 精力

(1)精力的概念。

精力是指精神和体力。《汉书·匡衡传》:"至衡好学,家贫,庸作以供资用,尤精力过绝人。"精力可以理解为一个人的精神状态、兴奋度,做事情的投入度、专注度、持续时间等。

(2)精力产生的四个维度。

精力的产生主要来源于四个维度,即身体(Physical)、情绪(Emotional)、心理(Mental)和精神(Spiritual),它们各自独立存在,却又相互关联和影响。

①精神层面的精力(Spiritual Energy)是和个人的价值观、信仰和使命紧密相连的,是我们做人做事投入激情和承诺的动力源泉,它能解释我们为什么要做我们正在做的事情。每个人都有自己的人生目标,可是当我们去描绘它时就会发现,我们心中的目标往往并非如我们想象的那样清晰,我们投入的精力也往往与我们的精神追求和价值观不完全符合。比如,如果家人是我们精神动力的源泉,那么,在忙忙碌碌地工作之后,我们却常常把最疲惫的身躯、最焦虑的情绪和最不专注的精力留给家人。

如果想清晰地勾勒出自己的精神动力源泉,并了解自己在这方面是否得到充分的能量补充,可以试着问自己一些问题:"我的人生目标是什么?""在这些目标里,对我最重要的是健康、财富、事业、快乐、家庭、社会责任、友谊、亲情还是社会地位?""我是不是把时间和精力真正投入到对我最重要的目标上了?"这样的练习可以帮助我们厘清思路,并了解我们精神上的动力和源泉。

②心理层面的精力(Mental Energy)指的是我们的专注能力,可以理解为"活在当下"的能力。培养这样的能力可以让我们提高效率,并将自己全身心投入的一面呈现出来。

③情绪层面的精力(Emotional Energy)代表了我们精力的质量。我们每一天都会遇到不同的情形,因此管理好自己的情绪,保持积极的心态,摒弃负面的情绪非常重要。创造和带动积极的情绪对管理者也非常重要,因为它可以激励团队,为大家带来正能量。

④身体层面的精力(Physical Energy)代表了精力的数量。它是由我们的饮食营养、身体健康状况、睡眠及休息状况来决定的,也是其他精力的重要基础,会直接影响其他三个维度的精力。试想,你在办公室里结束了一天的忙碌后,你的身体是不是会感觉非常疲惫?在回家的路上如果再碰到堵车,你情绪上会不会感觉焦躁、不耐烦?如果晚上睡眠再不好,第二天是否会很难让自己的思想聚焦、完全集中精力?如果这样的状况一直在重复,也许你会开始质疑自己为什么每天这么疲于奔命,甚至怀疑自己是否在事业和生活上做对了选择、走对了路。

3. 时间与精力的关系

大多数人学习过时间管理,但时间毕竟是有限的,真正帮助我们成功的关键因素并不是我们在一件事上投入了多少时间,而是在有限的时间内如何投入最有效的精力。时间只有在和高质量的精力交汇时才能产生最大效率。

二、合理地分配时间和精力

1. 合理规划

人的时间和精力是有限的。如果不确定一个顺序表,我们面对突然涌来的大量事务时会手足无措。当我们接到一份工作任务时,首先要弄清楚自己所要做的是什么,分出轻重缓急来。根据工作的轻重缓急,合理地安排自己的精力和时间。有些事情是我们非做不可的,而有些事情并不一定必须亲自去做,可以委派别人。在确定了应该做哪几件事情之后,我们必须按它们的轻重缓急开始行动,不要一味地被眼前紧急而又不重要的琐事牵着鼻子走,而要分清真正重要的事情。养成这样一个良好的习惯,会使我们每做一件事情都向目标靠近一步。心智成熟的人,做事前如果确定了至少三个目标,那么他最先要完成的不是最绚丽、最诱人的那一个,而是离自己最近的那一个。

具体该怎么做到这一点?需要我们在开始做事情的时候,先花几分钟的时间来思考,对于我们来说什么才是最重要的事。有了好的规划,我们才能做得更出色。那么,什么样的事才算是重要的事呢?面对每天大大小小、纷繁复杂的事情,如何分清主次,把时间用在最值得做的事情上?有两个判断标准:第一,我必须做什么;第二,什么能给我最高回报,给我最大的满足感。当我们知道事情的轻重缓急后,按重要性进行排序,并坚持按这个原则去做,就会发现,再没有比这个办法更能合理利用时间的了。

小故事

一家杂志社刊登过一道竞答题目:如果有一天卢浮宫突然起了大火,而当时的条件只允许从宫内众多艺术珍品中抢救出一件,你会选择哪一件?在数以万计的读者来信中,一位年轻画家的答案被认为是最好的选择——离门最近的那一件。这是一个令人拍案叫绝的答案,因为卢浮宫内的收藏品每一件都是举世无双的瑰宝,所以与其浪费时间选择,不如抓紧时间抢救一件算一件。

2. 有效的精力管理方法

我们对时间进行了有效的管理,却不能保证自己有充沛的精力,结果只能是疲于奔命。一天 24 小时,无论自律与否,都不会改变,但是,我们每天可用的精力是可以支配的。如何进行高效的精力管理呢?

(1)平衡使用四种精力,并适时补充。

我们常常对精力的使用不太在乎,仿佛精力是取之不竭,用之不尽的,其实,精力随着年龄的增长在渐渐衰退。丰富、快乐、有效的人生需要不时地"偷个懒",补充精力。人生就像一场没有尽头的马拉松,一些人在不停地透支健康,不停地往前赶。透支的尽头,就是疾病缠身或者过早走到生命的尽头。我们要把人生的马拉松化为一次次的短跑冲刺,每全情地完成一次冲刺之后,回归常态,放松,补充体能,然后,再一次投入下一个短跑冲刺。

（2）突破极限，提高精力承受力，要不停地训练。

压力是朋友，而非敌人。就像提高肌体承受力一样，我们要锻炼情感、思想和精神的承受力。就如尼采所言：凡不能毁灭我的，必将使我更强大。

（3）遵循内心的呼唤，不在不必要的地方浪费精力。

在价值观推动之下，长久地自发行动，遵循内心的呼唤，不在不必要的地方浪费精力。

3. 精力恢复的妙方

观察那些一直精力充沛的人，会发现那些人都有一套不断恢复精力的妙方。生活在继续，压力在增长，精力的需求越来越大，我们要遵循以下三个步骤，有效管理精力。

（1）确定目标。

快节奏的生活，让我们把大把的时间和精力花在应付紧急事务和完成别人交付的任务上。我们忽略了，要根据"什么对自己最重要"来安排工作和生活，要把有限的精力花在符合自身意愿与正确价值观的事情上。个人外在目标和内在价值取向保持一致，精力才有可能无穷无尽。

（2）面对现实。

想要高效管理精力，就要正确认识自己，明白时间和精力都花在什么事情上了，找到实施时间管理却依旧疲于奔命的原因。找到自己不能全情投入工作和生活的原因之后，我们才能着手改变。

（3）采取行动。

知道自己是什么样子，明白自己想成为什么样子后，需要行动这个桥梁。行动起来，改变习惯，坏习惯会破坏生活，好习惯能挽救生活。真的自律者，是高效管理精力的人，他们遵循内心价值观的驱使，知道什么时间应该做什么事。身体、情感、思想、精神这一体四面的精力，无时不在消耗也无时不在补充，为了长远的未来，忍受暂时的不适，改变习惯，管理精力。我们要做的，不是被动地感知精力随着年龄的增长而产生的下降，而是伴随好习惯的确立，保持并增强我们在各个层面的精力。

效率高的人总是紧凑地计划他们的时间，提前对每一天进行详细计划，分秒必争。当你更仔细地管理你的工作和生活时，你就开始对每一分钟和每一小时赋予更高的时间价值了。同时，你也开始给自己的工作和生活赋予更高的价值。你把自己的精力分配得越好，你就会越满意自己、尊重自己；而你越满意自己、尊重自己，你对自己的精力分配就会越好，这两个方面是互相促进的。

单元5.6 信息处理与问题解决能力

一、信息处理能力

信息处理指的是个体受到外界环境的刺激,进而组织材料、发现问题、形成概念和解决问题的一系列过程,以及运用语言和非语言符号的方式。根据学者对信息处理的界定,我们将信息处理能力定义为:个体从各种性质的材料、信息中提取关键的、有效的信息,对提取出的有效信息进行加工、处理、整合,解决实际问题,并对信息进行评价与创新的能力,具体可以从以下四个方面去理解。

(1)信息的提取。信息的提取指的是根据一定的目标,能够采取一定的方法、手段从众多的信息源中搜集到符合目标的信息。要全面地提取所需信息,必须了解和掌握各种信息源,判断所需信息的信息源范围。信息提取能力是信息处理能力的基础,只有有效提取所需信息,才能对信息进行加工、处理、利用以及表达。

(2)信息的加工和整合。信息的加工和整合是指对所提取的信息进行分析整理,去粗取精,去伪存真,筛选出有效信息。用各种方法手段对信息进行加工处理,使信息有序化、系统化,形成一个统一的知识网络,以便理解其中隐含的信息。信息的整合是指通过对信息的提取、鉴别、加工处理,把自身的信息和所获取的信息进行系统综合,并表达交流。

(3)信息的应用。信息的应用是将经过分析、加工、整合的新信息,用来解决实际问题的过程,目的是实现知识的升华。信息的提取、加工和整合就是为了有效利用信息,只有有效地利用信息来解决问题,信息的价值才能真正得以体现。

(4)信息的评价创新。对所需信息进行提取、加工、整合和应用后,还要对信息进行评价,以便创新信息并进一步将处理成果应用于实际工作和生活中。

二、问题解决能力

1. 问题解决能力的概念

问题是指在目标确定的情况下却不明确达到目标的途径或手段。解决问题是指在问题空间中进行搜索,以便使问题的初始状态达到目标状态的思维过程,是个体对问题情境的反应过程。心理学对解决问题的解释是:由一定的情境引起的,按照一定的目标,应用各种认知活动、技能等,经过一系列的思维操作,使问题得以解决的过程。例如,证明几何题就是一个典型的解决问题的过程。几何题中的已知条件和求证结果构成了解决问题的情境,而要证明结果,必须应用已知的条件进行一系列的认知操作。

问题解决能力就是一种面对问题的习惯和处理问题的能力。这种能力体现在一个人在遇到问题时,能自主地谋求解决,能有规划、有方法、有步骤地处理问题,并能适当地、合理地、有效地解决问题。

问题解决能力可以通过发展数学思维能力来培养与提高。解决问题的能力的培养是复杂的,涉及多种能力的培育,如预测能力。我们每天都会面对许多问题。一般来说,受限于时间和资源,我们无法在调查完所有情况后再解决问题。如果能在限定的时间内只用很少信息就能找到最佳解答,这就意味着解决问题的能力已经有所提高。如果预测能力不足,就很难高效地选择信息,一旦信息过多,就会延误决策的时机,最终影响问题解决。

2. 解决问题的主要步骤

(1)制订解决计划。

问题的解决计划可以理解为解决问题的总体思路或者总体方案。

制订解决计划要坚持如下原则:解决途径应当或是分析性的,或是启发性的,或者二者的结合。二者都必须首先确定以前的经验、原先的知识和解决方式能被用在当前场合的程度。

分析就是将研究对象的整体分为各个部分、方面、因素和层次,并分别加以考察的认识活动。"分析的意义在于细致地寻找能够解决问题的主线,并以此解决问题。"分析心重点是找到问题的性质。问题的性质不同,相应的解决途径也不同,解决的步骤计划也不一样。

在解决问题的过程中,工作人员要根据任务需要和自身学习的客观规律,结合问题的实际情况,采用多种思维方式,如发散性思维,达到启发思维并调动自己的主动性和积极性的目的。若要引发自己对以前遇到的类似问题的解决方法的联想,这需要自己对信息有一定的储备,再根据不同的具体情况,进行有效选择。"在问题情境中,总是存在三个基本情境因素,即主体已掌握的信息,掌握过程,要掌握的信息。"这三个基本情境因素往往会影响自己解决问题的程序,影响自己所需要的知识和技能。解决问题的计划,是在分析上述情境因素以后形成的。解决计划中,可能涉及多种解决方案。

(2)提出假设和论证假设。

提出假设是在前一个步骤的基础上进行的。建议根据解决一般问题的经验和现有储备的知识,确定自己行动的顺序,进行必要的优化,得出解决问题的方法,或者运用直觉思维,通过假设来部分或者完全解决问题。

要获得假设,可以通过两条途径:一是从已知的理论、观念、原则和准备中引出;二是根据工作和生活经验中已知的,或根据经过观察或进行试验而获取的那些事实和现象,对这些事实和现象进行必要的归纳而得出。这既是问题性学习的过程,也是一般形态上的科学性研究的过程。

假设是在最初的、不确切的概念和观念上做出的,有合理的成分,也有不合理的成分,这就需要进行下一步思维活动,即从多种假设中选择较为合理的一种。例如,"是什么力量推动着大洋里的水运动"这个问题,可以有四种假设:①大洋的底部不平,水从浅处往深处流;②大海连接陆地,因而高于大洋,故水从大海流向大洋;③流入大海和大洋中的河水引起海洋中水的运动;④风引起海洋中水的运动。经过进一步分析,前三个假设都不成立,只有第④个假设似乎成立从而成为假想。可见,不是所有假设都能成为假想,只有那些经过论证的假设才能成为假想。

(3)证明假想。

某一思想的真理性可以用"实践已证明的另一种思想"来论证,这种逻辑行为就叫作证明。同时证明也有其相应的结构:论题——它的真理性需用别的判断来论证;论据——借助它们来论证论题的真理性;论证过程本身——是论据与论题的逻辑联结,即一连串推理,其中一个推论跟另一个推论紧密相连。这里的"别的判断"是指经过实践检验或者事实验证的结论,也就是现有的重要的概念、事实和各种方法以及确立的原则,用它们来做证明的论据。

这意味着个体要善于分析和把握信息,分清主要成分和次要成分,沿着推理的思路,对目标进行分析论证。在这个过程中,个体的思路要指向分析、比较和结论等方面,利用事实对假想进行论证。

(4)检验问题的解决结果。

问题的解决方案是否有效,这需要检验。在一般情况下,已解决的问题是否能立即检验取决于问题的性质,因为不同问题所需要的检验时间是不同的。对于即时性问题,可以立即检验;而对于需要时间来检验的问题,立马判断问题解决的效果是不合理的。不过,对于需要时间来验证的"解决问题",重温和分析解决过程是必要的步骤,它有助于问题的真正解决。

(5)重温和分析解决过程。

为了进一步解决问题,或者为了稳固问题解决的效果,重温和分析解决过程显得尤为必要。清楚地重温解决过程的步骤和方法,尤其是分析解决过程中的错误,认清出现错误的原因,可以帮助个体认识到哪些逻辑方式和操作是合理的,哪些是错误的。重温和分析问题解决过程可以让个体反思:是不是有更为准确、更为清晰的问题解决方法?有没有更为合理的解决途径?实际上,重温和分析问题解决过程是解决问题的必要步骤,有助于经验的积累,有助于解决问题能力的提高。

总之,解决问题的五个步骤,其实就是强调过程的重要性。问题的解决过程,实质上是通过解决问题来掌握知识、技能的过程,所以职业人需要经常独立自主地解决问题。

单元5.7 团队合作能力

一、团队

1. 团队的内涵

团队是由员工和管理层组成的一个共同体。该共同体合理利用每一个成员的知识和技能,协同工作,解决问题,达到共同的目标。

2. 团队的主要构成要素

(1)目标。团队应该有一个既定的目标,为团队成员导航,知道要向何处去。没有目标,这个团队就没有存在的价值。

(2)人。人是构成团队最核心的力量。三个及三个以上的人就可以构成团队。目标是通过人员具体实现的,所以人员的选择是团队中非常重要的一个部分。在一个团队中可能需要有人出主意,有人订计划,有人实施,有人协调,有人去监督、评价。不同的人通过分工来共同完成团队的目标。在人员选择方面要考虑人员的能力如何,技能是否互补,人员的经验如何。

(3)定位。这包含两层意思:一是团队的定位,如团队在企业中处于什么位置,由谁选择和决定团队的成员,团队最终应对谁负责,团队采取什么方式激励下属;二是个体的定位,即成员在团队中扮演什么角色,是订计划还是具体实施,抑或是评估。

(4)权限。团队当中领导人的权力大小跟团队的发展阶段相关,一般来说,团队越成熟,领导者所拥有的权力相应越小,在团队发展的初期领导权相对比较集中。

(5)计划。计划有两层含义:一是目标的最终实现需要的一系列具体的行动方案,可以把计划理解成目标的具体实现程序。二是团队实现目标的进度保障。只有按计划实践,团队才会一步一步地贴近目标,从而最终实现目标。

(6)协作。协作是指劳动协作,即许多人在同一生产过程中,或在不同但相互联系的生产过程中,有计划地协同劳动。在一个企业中,协作是指为实现预期的目标,员工之间的协调与配合。协作能创造出比单个战略业务单元收益更大的收益,即实现协同效应。协作的优点是可以充分有效地利用组织资源,扩大企业经营范围,缩短产品的生产时间,便于集中力量在短时间内完成个人难以完成的任务。

3. 团队的类型

根据团队存在的目的和拥有自主权的大小,可将团队分成三种类型。

(1)问题解决型团队。

问题解决型团队的核心是提高生产质量、提高生产效率、改善企业工作环境等。在这样的团队中,成员就如何改进工作程序和工作方法相互交流,提出建议。成员几乎没有实际权力来根据建议采取行动。

(2)自我管理型团队。

企业总是希望能建立独立自主、自我管理的团队——自我管理型团队(图5-7)。但推行自我管理团队并不总是能带来积极的效果,虽然有时员工的满意度随着权力的下放而提升,但同时缺勤率、流动率也在增加。所以首先要看企业的成熟度,员工的责任感,然后确定团队的类型。

🎯 **案例**

某公司成立了一个能源管理小组,成员来自各连锁店的不同部门,他们对怎样降低能源问题提出自己的方法。能源管理小组把所有的电源开关用红、蓝、黄等不同颜色标出,比如红色是开店的时候开、关店的时候关。通过这种色点系统他们就可以确定,什么时候开关最节约能源,同时又能满足顾客的需要。这种能源小组其实也是一个自我管理型团队,能够起到降低运营成本的作用。

(3)多功能型团队。

多功能型团队(图5-8)由来自同一种等级不同领域的员工组成,成员互相交换信息,激发新的观点,解决所面临的问题。

图5-7 自我管理型团队

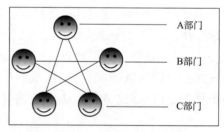

图5-8 多功能型团队

🎯 **案例**

某公司有一个危机管理队伍,由来自营运部、训练部、采购部、政府关系部等部门的资深人员组成,他们平时共同接受关于危机管理的训练,甚至模拟当危机到来时怎样快速应对。比如,广告牌被风吹倒,砸伤了行人,这时该怎么处理?处理方案包含如何快速把被砸伤的人送到医院;如何回答新闻媒体的采访;当家属询问或提出质疑时如何对待;如何对受伤者负责,保险谁来出,怎样确定保险。所有这些都要求团队成员能够在复杂问题面前快速行动,并且进行专业化的处理。

4.团队目标

(1)团队目标的作用。

建立高绩效团队首要的任务就是确立目标。目标是团队存在的理由,也是团队运作的核心动力。目标是团队决策的前提。团队是处于动态过程中的,领导者需要随时进行决策,没有目标的团队只会走一步看一步,处于投机和侥幸的不确定状态中,风险系数较大。团队目标的实现关系到全体成员的利益,是鼓舞斗志、协调行动的关键因素。

(2)确定团队目标的原则。

①确定团队目标的制订人员。团队目标的确定需要几个方面的成员,首先,领导者必须参加;其次,团队的核心成员,也可能团队的全体成员参与。

②团队的目标必须与团队的远景相连接。目标是与远景的方向一致的,它是达成远景的一部分,所以目标必须与团队的远景(也可能就是团队远期发展的目标)相连接。

③必须发展一套程序来随时纠偏或修正目标。目标不见得一定是准确的,还需要根据监督、检查的情形随时修改。

④实施有效目标的分解。目标来自远景,远景又源于组织的大目标,而个人的目标来自团队的目标,它对团队目标起支持性的作用。

⑤必须有效地把目标传达给所有的成员和相关的人。相关的人主要是团队外部的成员,比方说相关的团队、有业务关系的团队。

(3)设定目标的"四要"。

在制定目标的过程中还需要了解一些设定目标的窍门,归纳为"四要"。

①要使用精确的描述性语言。"我们要在三天内回答客户的问题",这就是一个精确的描述性语言;不要使用形容词和副词,如"我们对待客户尽量要表现得专业些"。

②要使用积极的动词。如增加、提升、取得等。

③要具体、明确。比如,"人力资源部要求每三天更换一次报告",这就是一个具体明确的说法;不要泛泛而谈,如"在团队中增强客户意识"。

④要使用简单有意义的衡量标准。例如,"团队今年的预算要比去年同期减少15%",这就是个相对比较简单有意义的衡量标准;不要使用一些模糊的衡量标准,如"把部门的预算控制在去年的水平内"。

为了让目标尽可能符合 SMART 标准,必须按照一定的衡量标准来确定。

(4)制定目标的过程中的"四不要"。

①不要确定高不可攀的目标。高不可攀的目标不仅没有办法激励员工的士气,反而会使员工泄气。目标最好适当偏高,好的目标就像跳起来够树上的柿子,努力一把就能够着。

②不要低估你的团队,也不要低估团队成员的潜力,他们有能力完成得比现在更好。同理,如果目标定得太低,不需要努力就能完成,这也不是一个有挑战性的目标。

③不要用让人感觉很难记住的文字或数字。一个好的目标应该简洁可操作,并且需要集中到关键的领域。

④不要保密。目标定了以后,一定要通过各种渠道,包括会议、沟通、张贴公告等让所有的成员知道。

二、团队精神

1. 团队精神的含义

团队精神有两层含义：一是与别人沟通、交流的能力；二是与人合作的能力。

员工的个人工作能力和团队精神对企业而言是同等重要的，如果说个人工作能力是推动企业发展的纵向动力，团队精神则是横向动力。

(1) 团队精神的基础——挥洒个性。

团队业绩来自哪里？从根本上说，首先来自团队成员个人的成果，其次来自集体成果。一句话，团队业绩所依靠的是凭借个体成员的共同贡献而得到的实实在在的集体成果。团队精神的形成基础是尊重个人的爱好和成就。企业要设置不同的岗位，选拔不同的人才，给予不同的待遇、培养和肯定，让每一个成员都发挥长处。

(2) 团队精神的核心——协同合作。

团队有一大特色：团队成员在才能上是互补的。共同完成目标的保证就在于发挥每个人的特长，并注重流程，使之产生协同效应。

(3) 团队精神的最高境界——凝聚力。

全体成员的向心力、凝聚力是从松散的个人集合走向团队最重要的标志。向心力、凝聚力来自团队成员内心，来自共识，很难想象在没有展示自我机会的团队里能形成真正的向心力；同样也很难想象，在没有明确的协作意愿和协作方式下能形成真正的凝聚力。

2. 团队精神的作用

(1) 目标导向功能。

团队精神的培养，使企业员工齐心协力，拧成一股绳，朝着一个目标努力。对单个员工来说，团队要达到的目标是自己所努力的方向。团队整体的目标需要分解成小目标，在每个员工身上得到落实。

(2) 凝聚功能。

任何组织都需要凝聚力，传统的管理方法通过组织系统自上而下的行政指令，淡化了个人感情和社会心理等方面的需求，而团队精神通过对群体意识的培养，通过员工在长期的实践中形成的习惯、信仰、动机、兴趣等文化，来沟通人们的思想，引导人们产生共同的使命感、归属感和认同感，反过来逐渐强化团队精神，产生一种强大的凝聚力。

(3) 激励功能。

团队精神会使员工自觉地要求进步，力争与团队中最优秀的员工看齐。

(4) 控制功能。

员工的个体行为需要控制，群体行为也需要协调。团队精神所产生的控制功能，是通过团队内部所形成的一种观念的力量、氛围的影响，去约束、规范、控制员工的个体行为。这种控制不是自上而下的硬性强制力量，而是软性内化控制；由控制员工的短期行为，转向对其价值观和长期目标的控制。因此，这种控制更为持久有意义，而且容易深入人心。

三、团队合作

团队合作指的是一群有能力、有信念的人在特定的团队中,为了一个共同的目标相互支持、合作奋斗的过程。它可以调动团队成员的所有资源,并且会自动驱除所有不和谐和不公正现象,同时会给予那些帮助者适当的回报。如果团队合作出于自觉自愿,必将会产生一股强大而且持久的力量。

案例 — 大雁飞行

> 大雁飞行时会自动地呈 V 形排列,会定期变换领头雁。领头雁在前面开路,能帮助它两边的雁队形成局部的真空。科学家发现,大雁以这种形式飞行,要比单独飞行节省 12% 的能量。

1. 团队合作的四大基础

(1) 建立信任。

要建设一个具有凝聚力并且高效的团队,第一个且最为重要的一个步骤,就是建立信任。这是以人性脆弱为基础的信任。这意味着一个有凝聚力的、高效的团队成员必须学会自如地、迅速地、心平气和地承认自己的错误、弱点、失败,并会求助。他们还要乐于认可别人的长处。

以人性脆弱为基础的信任在实际行为中有许多表现方式,如团队成员坦率说出"我办砸了""我错了""我需要帮助""我很抱歉""你在这方面比我强"等。

(2) 团队良性的冲突。

团队合作最大的阻碍,就是对冲突的畏惧。这来自两种不同的担忧:一方面,很多管理者采取各种措施避免团队中的冲突,因为他们担心丧失对团队的控制,以及有些人的自尊会在冲突过程中受到伤害;另一些人则把冲突当作浪费时间。他们更愿意缩短会议和讨论时间,果断做出自己看来早晚会被采纳的决定,留出更多时间来实施决策,以及其他他们认为"真正的"工作。

(3) 坚定不移地进行决策和行动。

具有凝聚力的团队必须学会在没有完善的信息、没有统一的意见时进行决策。而正因为完善的信息和绝对的一致非常罕见,决策就成为一个团队最为关键的行为之一。

但如果一个团队不鼓励建设性的和没有戒备的冲突,就不可能学会决策。这是因为只有当团队成员彼此之间热烈地、不设防地争论,直率地说出自己的想法,团队才可能有信心做出充分集中集体智慧的决策。不能就不同意见而争论、交换未经过滤的坦率意见的团队,往往会发现自己总是在一遍遍地面对同样的问题。实际上,在外人看来机制不良、总是争论不休的团队,往往是能够做出决策和坚守决策的团队。

需要再次强调的是:如果没有信任,行动和冲突都不可能存在。如果团队成员总是想要在同伴面前保护自己,他们就不可能彼此争论。这又会造成其他问题,如:不愿意对彼此负责。

2. 团队合作七项要求

(1)愿意接受并遵守团队决定。

在做决策后,每个人需要告诉自己"已经尽力,别太在意",接受并且遵守团队的共识,这样可以更好发挥团队的整体力量。万一仍有不同观点,也应该在下一次团体讨论中提出,试着说服大家使之成为新的共识,而不是消极抵制或我行我素。

(2)主动表达高度合作意愿。

合作,是团队运作的基础。即使有些时候,一个人做事似乎更有效率,但为了团队长远的利益,个人仍要积极跟团队分享专业知识:"这是我对这件事的想法",并耐心询问每个人是否有其他的看法:"不知道各位有没有更好的点子?"

(3)重视其他成员的利益。

一个好的团队成员之所以能受到大家的喜欢,是因为他拥有良好的同理心。换句话说,他有能力了解并重视每个人的想法及感受。在这方面,一个很漂亮的做法可以是,在讨论中提出自己的建议后,主动问大家:"我这个想法是否会对任何人造成不便呢?"或是:"不晓得我这个建议如何能放进团队原先的构想中?"

(4)肯定其他成员的成就。

团队动力是需要相互激发的,因此请别忘了对团队中其他成员的杰出表现,给予真诚大方的赞美。适当的称赞,才会发挥真正的激励效果。

(5)提出建设性的批评。

在团体中一不小心,就很可能会因为相互的批评,而扼杀了好不容易建立起来的情感基础。所以在提出不同意见时,应当给予对方建设性的批评,即批评对方的做法,而不是对方本身,也就是所谓的"对事不对人"。比如把"你忘了把报告中这两项资料互调了"改成"这两项数据在报告中的顺序颠倒了"。

另外,不论你多会给善意的批评,请别忘了永远要做个"赞美比批评多"的团队成员。

(6)主动承担问题解决的责任。

真正的团队成员绝对不是光说不练的意见发表者,而是一个脚踏实地的实际行动者。有问题,大家坐下来讨论该如何处理。一旦有了结论,优秀的团队成员就会衡量状况,主动承担责任:"有道理,我们的确该检讨客服的流程,如果大家同意的话,我很乐意先拟个修正方案,然后在下星期开会时提出来作为讨论的参考。如何?"

这个做法的重点在"主动"二字,在别人未开口要求前,率先表达乐于做苦工的意愿,就是团队精神淋漓尽致的完美呈现。

(7)帮助其他成员完成工作。

在工作进行当中,别忘了关心一下其他成员的工作状况,如果有任何帮得上忙的地方,赶快主动地表示你愿意出力相助,并且说到做到:"我刚好手上有这些资料,要不要我顺便复印一份给你?"人人都喜欢乐于助人的同事,更何况在一个团体中,帮助小组成员成功,就是等于帮助自己成功,何乐而不为呢?

3. 团队合作的六个原则

(1) 平等友善。

与同事相处的最重要原则便是平等。不管你是资深的老员工,还是新进的员工,都需要丢掉不平等的关系,无论是心存自大或心存自卑,都是同事相处的大忌。同事之间相处具有相近性、长期性、固定性,彼此需要有较全面深刻的了解。要真诚相待,才可以赢得同事的信任。信任是联结同事间友谊的纽带,真诚是共事的基础。即使你各方面都很优秀,即使你认为自己一个人就能解决眼前的工作,也不要显得太张狂。要知道,你并不一定能完成一切工作。

(2) 善于交流。

同在一个公司、办公室里工作,你与同事之间会存在某些差异,知识、能力、经历导致你们在对待和处理工作时会产生不同的想法。交流是协调的开始,要把自己的想法说出来,倾听对方的想法。

(3) 谦虚谨慎。

要学会谦虚谨慎,只有这样,我们才会不断进步,与同事和平共处。

(4) 化解矛盾。

与同事有点小摩擦是很正常的事,千万不要把这种"小不快"变成"大对立",甚至变成敌对关系。对别人的行动和成就表示关心,是一种表达尊重与欣赏的方式,也是化敌为友的纽带。

(5) 接受批评。

从批评中寻找积极成分。同事对你的错误大加抨击时,不要与之争论不休,而要从积极方面来理解。这样,不但对你改正错误有帮助,也避免了语言敌对场面的出现。

(6) 创造能力。

培养自己的创造能力,不要安于现状,试着发掘自己的潜力。

一个有不凡表现的人,除了能保持与人合作以外,还需要所有人乐意与之合作。总之,团队成员应该做到坦诚而不轻率,谨慎而不拘泥,活泼而不轻浮,豪爽而不粗俗,和其他同事融洽相处,提高自己团队的能力。

4. 团队合作的重要性

(1) 团队合作的作用。

随着知识经济时代的到来,各种知识、技术不断推陈出新,竞争日趋紧张激烈,社会需求越来越多样化,使人们在工作学习中所面临的情况和环境极其复杂。在很多情况下,单靠个人能力很难处理各种错综复杂的问题并采取切实高效的行动,因而团队成员要相互依赖、相互关联、共同合作,共同解决错综复杂的问题,并进行必要的行动协调,提升团队应变能力和持续的创新能力,依靠团队的力量创造奇迹。

案例 — 两只鸟的故事

一只鸟看到另一只鸟可以自由地在鳄鱼嘴里钻进钻出,就非常羡慕那只鸟,而且感到很奇怪:一只小鸟竟然可以自由地在鳄鱼这样凶猛的动物嘴里钻进钻出!于是它也钻到鳄鱼嘴里,结果被鳄鱼吃掉了。直到死它也不知道为什么。

原来那只鸟叫鳄鸟,鳄鸟跟鳄鱼之间是一种合作伙伴关系。当鳄鱼吃饱了,懒洋洋地待着的时候,鳄鸟就会飞下来,进入鳄鱼的嘴里,帮助鳄鱼清扫它的口腔,得到的回报就是鳄鱼牙缝里的碎肉。鳄鱼当然也很高兴,它美餐之后,如果口腔卫生处理不好,可能会得蛀牙或其他疾病,正是因为有了鳄鸟的帮助,它才能保持口腔的清洁和健康。由于和鳄鱼存在合作关系,鳄鸟才可以自由地在鳄鱼嘴里钻进钻出。

(2)不合作的后果。

当一个人处于不合作状态时,这个人是不可能融入团队中去的,也不可能设身处地地为团队多付出、多奉献。在工作中所表现出来的就是明哲保身、怕担责任、爱发牢骚等。不合作的人遇到问题只会抱怨,不去想解决办法,因为他觉得事情不一定要由自己来做。没有合作精神的人得不到团队的感召和协作。如果不合作,自我价值就得不到发挥。

案例 — 拉绳实验

每8个人为一组,每个人都拼尽全力去拉同一根绳子。然后记录下每个人用的力,也就是每个人100%用力的时候,所施加给这个绳子的力。

然后将8个人进行自然组合。首先,每2个人为一组,同时用力。1个人施加给绳子1份的力,2个人就是2份力。每个人的情况有所不同,但是实验结果是,当2个人去拉这根绳子的时候,产生的力是应该有的2份力的95%。接着往下做,每3个人为一组,再去拉绳子,3个人都要用尽全力,最终得到的力是3份力的85%。如果8个人全上,最终得出来的结果是8份力的49%。

点评:当团队的人数增加到一定规模时,团队成员都在自觉或不自觉地保留实力,或者说没有贡献出自己的全力。

5. 团队合作方法

(1)形成正确的团队合作观念。

一个人要形成正确的团队合作观念。观念很重要,有没有团队合作观念将会直接影响一个人的行动。团队合作观念深入骨髓时,就会影响行动。若只是简单知道或了解,则对行动的影响不大。

(2)合作需要勇气。

合作是智慧,也是勇气的一种体现。也就是说,一个人敢不敢有团队精神,是一种勇气的体现。人往往做不到与不如自己的人合作。

(3)合作需要奉献。

雁千百为群,有一雁不眠,它是哨兵。白天,当别的大雁在休息或进食的时候,站岗的大雁则不吃不喝。值班放哨的大雁为什么要这么做?为了保障别的大雁的安全。

为团队付出时间、精力、热情和智慧,有所付出才会有所收获。企业表达对一个人的高度信任时,就可能会交付给他更富挑战性的工作。

(4) 合作需要改变。

在团队中,每个人都应该调整和改变自己,并对自己固有的观念、习惯等进行修正。

在企业初期时,招人门槛较低。当企业处于上升阶段时,出于对人才的需求,会吸收更优秀的人。当企业发展到一个比较壮大的阶段时,还需要新人的加入,这时一部分人的心态就变得复杂了,不愿意让真正有能力的人、能够超过自己的人进入公司,甚至给新人设置障碍或不配合,让新人很难融入团队。

但是,一个人要真正成长,要向前走,要与高手对比,才能实现真正意义上的快速成长。当比自己优秀的人进入公司后,自己的能力也会相应提升。当有优秀人才加入时,自己快速进行改变,适应新环境的变化,会快速成长。否则,在给新人设置障碍的同时,也会阻碍自己的进步。

(5) 合作需要创新。

在现实中,做事有以下两个层面:第一个层面,是能力层面,当一个人的积极性不高的时候,他只是驾驭了自己的能力,去完成一件事。第二个层面,是潜力层面,当一个人的积极性高的时候,他会上升到潜力层面,可能会创造性地完成难度大的事。

所谓创新,就是做一件事情时能找到更好的方法。创新是每个人都可以做到的。从科学的角度上来讲,做任何事情至少有两种方法,这两种方法中肯定有一种更好。在能力层面上,可能把这件事情按部就班地做完了。但创新的观念表明,做事情都有更好的方法,当对自己有这样一个要求时,就已经上升到潜力层面做事了。

(6) 合作需要忠诚。

如何忠诚于团队,如何忠诚于企业呢?要远离诱惑。

如果一个人在企业中,尤其是发展到一定程度,成为一个真正意义上的人才的时候,可能来找他的人会很多,这就要做到远离诱惑。当远离诱惑的时候,事实上得到的是更多的机会。经受住了诱惑,会得到被磨炼的机会;经受住了诱惑,会得到被培养的机会;经受住了诱惑,还会得到驾驭资源的机会。

(7) 合作需要坚忍。

在大雁漫长的迁徙过程中,总有一只大雁带头搏击茫茫苍穹,领头雁始终保持明确的方向。这给团队的启示是,每个人都应该努力承担责任,竭尽全力。

(8) 合作需要沟通。

飞行中的大雁会利用叫声,鼓励飞行在前面的同伴,提升它们战胜困难的勇气和信心。同样,在团队中,也需要正面积极的沟通,不说消极的话。在团队当中,沟通的前提是不要让团队的成员抵触自己。要让自己说的话不受团队其他成员的抵触,就要进行换位思考。这种沟通不仅是体现在说话上,还体现在做事情的方式上。

案例 — 不同的教育方式的后果

两个孩子考试同样得了 80 分。一个孩子的父母说:"你怎么这么笨,离 100 分还差 20 分!"孩子一听,20 分确实挺多的,他可能就会有畏难情绪。

而另一个小孩的父母沟通的方法就不一样。他们对孩子说:"真不错,你的同桌才考了 83 分,你跟他只差 3 分,肯定能追上。"这个孩子一想,3 分好像是没多少,追上没问题。这样,他的行动就完全不一样了。等得到了83分,父母就会说,孩子真努力,要是得了90分,就更优秀了。孩子一想,就差7分,问题也不大。所以,这个孩子就不会有抵触的情绪。

(9)合作需要学习。

年幼的大雁在迁徙的漫漫征程中受到互相协助、团队合作、坚忍、忠诚等大雁精神的熏陶,从而逐渐成长、成熟。大雁的精神也得以一代一代地传承下去。同理,在团队中,学习是一种能力,是使得团队里的成员进步,并得以成长和成熟的能力。

每个人都知道学习很重要,但不知道学什么。现在是知识爆炸的年代,未知的领域太多了,不可能什么都要学,所以一定要找到该学的东西、学以致用的东西。今天学的东西,可能会影响到明天的结果。所以,学习的时机要把握好。

 复习与思考题

1. 什么是学习力?学习力三要素指的是什么?
2. 良好的思维力主要体现在哪些方面?
3. 简述个人生涯发展与终身学习的历程。
4. 如何提高记忆力?
5. 什么是思想力?如何提升城市轨道交通企业职工的思想力?
6. 什么是执行力?企业执行力的关键是什么?
7. 如何提高城市轨道交通企业职工的执行力?
8. 什么是沟通?沟通的三大要素指的是什么?
9. 沟通的技巧有哪些?
10. 什么叫沟通视窗?如何运用?
11. 如何正确理解信息处理能力?
12. 解决问题的主要步骤有哪些?
13. 什么叫团队精神?团队精神有什么作用?
14. 团队合作的基础、原则及要求各是什么?

模块 6
MODULE SIX
城市轨道交通员工职业培养

学习目标

1. 知识目标
（1）了解城市轨道交通员工职业观念；
（2）理解管理理论；
（3）掌握职业理念；
（4）掌握职业角色。

2. 能力目标
（1）能运用PDCA循环理论，分析具体的工作项目；
（2）能运用鱼刺图，分析具体产品质量问题。

3. 素质目标
（1）弘扬社会主义核心价值观，树立良好的职业观念，具备良好的职业理论；
（2）以交通强国建设为己任，城市轨道交通员工应具有多种的角色定位，树立建设交通强国的远大抱负。

建议学时

6学时

城市轨道交通员工职业素养（第3版）

单元6.1 职业观念

企业应对所有员工的职业素养进行培养和引导,帮助员工在良好的氛围下逐渐形成良好的职业素养。要成为职业化的员工,除了发扬良好的职业道德、培育敏锐的职业意识、修炼积极的职业心态,还必须树立十二种职业观念。

一、理念至上

理念至上,全面制胜。把正确的工作理念放在第一位,那么不管遇到什么样的困难都能够克服,不管面对什么样的挫折都能够战胜。一个人的理念就像是黑暗中永远不会熄灭的光,就像是荆棘路上握在手中的一把剑,只要你树立正确的职业理念,那么一定会成功。

除了自己分内的工作之外,找机会为公司做出更大的贡献。使自己的能力得到提升的最好办法就是多做一点。在做好分内事的同时,尽量为公司多做一点,这不但可以表现你勤奋的品德,还可以培养你的工作能力,增强你的生存能力。

二、火热激情

热情不仅是促进团队作用的润滑剂,还是一个人品质的另一种体现。如果员工本身不能热情地对待自己的工作的话,那么即使让他做他喜欢的事情,一个月后他依然觉得工作乏味至极。

兢兢业业、神情专注、充满热情的员工更加容易得到大家的信任。这些员工的积极心态也往往会感染团队其他成员。另一方面,在那些冷漠、马虎、懒惰的员工的影响下,团队其他成员的工作态度也会改变很多,存在一种得过且过的心理。人们会自觉地与有良好心态的员工在一起,对那些不专心工作、逃避责任、不注重实绩的员工,有一种本能的排斥心理。

名人名言

> 热忱是一种力量,它可以融化一切;热忱源自内心,它不是虚伪的表象。热忱使人充满了魅力和感染力。在一个积极有力的人面前,纵然是坚冰也不再冷漠。
>
> ——埃德加·爱伦·坡

三、敬业为魂

敬业的人能从工作中学习到比别人更多的经验,这些经验是个人向上发展的基石,就算以后换了地方,从事不同的行业,敬业精神也会带来帮助。因此,把敬业变成一种习惯的人，从事任何行业都容易成功。如果你自认为敬业精神不够，那就趁年轻的时候强迫自己敬业——以认真的态度做任何事情！

四、挑战自我

挑战自我，就是勇于向自己的弱点和缺点宣战。谁能做到这一点，谁就能不断地完善自我。然而，向别人挑战易，向自己挑战难。一个成功的人往往能够自觉地向自己的弱点和缺点宣战，向自己心中的"怕"和"懒"二字宣战，有跳起来去摘取胜利果实的勇气。

案例

很多成功企业有一个共同的特点，那就是都十分重视职工的学习。某公司的大楼上写着"学无止境"四个字，公司每年投入大量费用进行上百万人次的培训，不仅创建了各类培训学院，还建立了网上大学，采取"自助餐式培训"的方式，为员工的自选培训提供了更多的便利，由此造就了众多优秀人才。

全世界排名前10位的企业，100%是学习型企业。可以说，重视员工的学习培训，积极创建学习型企业，正是这些企业成功的关键。

五、勇争第一

第一是目标，更是信念。有人问，登上美洲大陆的第一名探险者是谁？没有人犹豫，那是哥伦布。又有人问，世界第一高峰是什么峰？也没有人犹豫，那是珠穆朗玛峰。那么如果有人问，第二个踏上美洲大陆的人是谁？世界第二大高峰又在哪里？你还能回答自如吗？没有人刻意追寻那第二、第三，虽然只一位之差，但已距离得太远。专业第一就是专业顶级，叫品牌。行业第一就是行业旗帜，叫标志。产业第一就是产业龙头，叫引领。

六、自动自发

工作需要热情和行动，工作需要努力和勤奋，工作需要积极主动、自动自发的精神。只有以这样的态度对待工作，我们才可能在工作中有更多的收获。现代化社会中，企业需要的不是那种虽然遵守纪律但缺乏热情和责任感，不能积极主动、自动自发工作的员工。

七、立即行动

拖延会侵蚀人的意志和心灵，消耗人的能量，阻碍人的潜能的发挥。处于拖延状态的人，常常陷于一种恶性循环之中，这种恶性循环就是：拖延低效能—情绪困扰—拖延"。

小故事

有一位老农的农田当中，多年以来横亘着一块大石头。这块石头碰断了老农的好几把犁头，还弄坏了他的耕种机，老农对此无可奈何，巨石成了他种田时挥之不去的心病。

一天在又一把犁头打坏之后,想起巨石给他带来的无尽麻烦,老农终于下决心要清理这块巨石。于是,他找来撬棍伸进巨石底下。他惊讶地发现,石头并没有想象中埋得那么深,稍使劲就可以把石头撬起来。他用大锤打碎石头,把碎块清出地里。老农脑海里闪过多年来被巨石困扰的情景,再想到可以更早把这桩头疼事处理掉,禁不住一脸苦笑。

从这则寓言故事中,我们可领悟出一个道理:遇到问题应立即弄清根源,立马处理,绝不拖延。平时在工作中,往往会遇到反复出现的问题或不良现象,若讳疾忌医或拖延了事,积压下来,必然给工作造成困难。所以,对工作中出现频率较高的问题,不应回避,而应及时调查,追根溯源,找出解决问题的途径和办法。

八、全力以赴

全力以赴是打开成功之门的钥匙,是积极进取的人生理念,是成功人士的必备条件。人本来是有很大潜能的,但是往往会对自己或对别人找借口:"管他呢,我已经尽力而为了。"事实上,尽力而为是远远不够的,尤其是在这个竞争激烈的年代。

小故事 —— 兔子与猎狗

一天,猎人带着猎狗去打猎。猎人一枪击中兔子的后腿,受伤的兔子拼命地奔跑。猎狗在猎人的指示下也拼命地追赶兔子。可是追着追着,兔子跑不见了,猎狗只好悻悻地回到猎人身边。猎人开始骂猎狗了:"你真没用,连一只受伤的兔子都追不到。"猎狗听了很不服气地说:"我尽力而为了呀。"

兔子带伤终于跑回洞里,它的兄弟们都围过来惊讶地问:"那只猎狗很凶呀,你又带了伤,怎么跑得过它的?""它是尽力而为,我是全力以赴呀。它没追上我,最多挨一顿骂,而我若不全力以赴的话就没命了呀。"

成功是没有止境的,成功背后还会有更大的挑战,接受挑战意味着更大的成功。经验在人生的旅途上会让你少走许多弯路,获得心灵的浇灌和抚慰。一旦你的理想逐渐实现,你将会获得真正的成就感,将会更自信,发挥自己更大的价值。

九、执行

执行是员工的第一要务,没有服从理念的员工不是优秀的员工,也无法向自己的人生目标迈进。无条件执行不是盲目地遵从,而是睁大眼睛,审时度势,利用丰富的想象力和首创精神设法规避障碍,寻找解决办法,直到完成指定的工作,甚至包括那些不很重要的细节。

城市轨道交通系统要求司机服从行车调度命令,尤其是在发生故障时,要以行车调度指令为动车依据,就是要求司机在无条件执行的要求下,尽力配合指挥者处理突发状况,使得对乘客的影响降到最低。城市轨道交通司机要为列车上乘客的安全负责,因此有效执行命令、服从命令,站好每一班岗,是每一个城市轨道交通司机的必备理念。

> 💬 **谚语**
>
> 　　如果你真的想做一件事,你一定会找到一个方法;如果你不想做一件事,你一定会找到一个借口。
>
> ——阿拉伯谚语

十、为自己奋斗

　　不管你从事什么领域的工作,都要全心全意地投入其中。应该抱着开创新局面的期待去工作,应该专心于自己当前的工作,调整自己的想法,并且发挥创造力,规划出可行的策略,在工作中不断提升能力。

单元6.2 职业人需要了解的管理理论

一、PDCA 循环

1. PDCA 循环的概念

PDCA 循环又叫戴明环,是管理学中的一个通用模型,最早由休哈特博士于 1930 年构想,后来被美国质量管理专家戴明在 1950 年挖掘出来,并加以广泛宣传和运用于持续提高产品质量的过程中。它是全面质量管理所应遵循的科学程序。全面质量管理活动的全部过程,就是质量计划的制订和组织实施的过程,这个过程就是按照 PDCA 循环不停顿地周而复始地运转的。PDCA 循环实际上是有效进行任何一项工作的合乎逻辑的工作程序。在质量管理中,有人称其为质量管理的基本方法。PDCA 循环模型如图 6-1 所示。

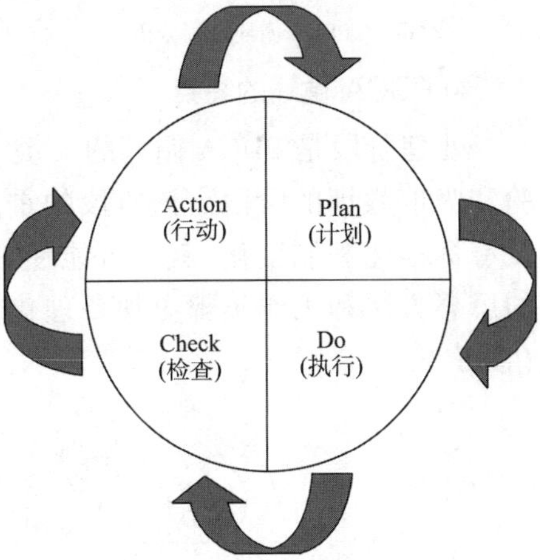

2. PDCA 的含义

图 6-1 PDCA 循环模型

PDCA 是英语单词 Plan(计划)、Do(执行)、Check(检查)和 Action(行动)的第一个字母,P、D、C、A 四个英文字母所代表的意义如下。

P(Plan)——计划。包括方针和目标的确定以及活动计划的制订。

D(Do)——执行。执行就是具体运作,实现计划中的内容。

C(Check)——检查。总结执行计划的结果,分清哪些对了、哪些错了,明确效果,找出问题。

A(Action)——行动(或处理)。对总结检查的结果进行处理,成功的经验加以肯定,并予以标准化,或制订作业指导书,便于以后工作时遵循;对于失败的教训也要总结,以免重现。对于没有解决的问题,应在下一个 PDCA 循环中去解决。

以上四个过程不是运行一次就结束,而是周而复始,一个循环完了,解决一些问题,未解决的问题进入下一个循环,从而阶梯式上升。

3. PDCA 循环分析说明

戴明环的最初目的是解决生产中的质量问题,并且它也确实可以有效解决各种质量问题。随着其理论不断发展,此方法逐渐运用于生产管理及服务的各个环节。甚至我们生活中的很多问题也同样可以用这种方法来思考并处理。下面我们说明这个循环的过程(图 6-2)。

(1)计划制订阶段——P 阶段。这一阶段的总体任务是根据生产异常情况确定改

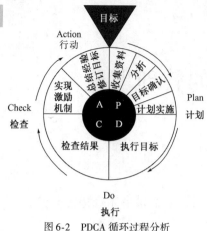

进目标,制订改进计划,拟定实施措施。其实这是在 C、A 阶段分析的基础上进行的。

(2)计划执行阶段——D 阶段。按照计划执行相应的处理措施,开展改善工作。

(3)计划检查阶段——C 阶段。在计划执行过程中及其后要不断进行查核,评价其结果。

(4)计划处理阶段——A 阶段。此阶段的工作有两个步骤:一是把执行计划成功的经验总结并整理成标准,以便巩固提高。二是把本项工作循环尚未解决的问题以及出现的新问题提交到下一工作过程中去解决。

图 6-2　PDCA 循环过程分析

4. PDCA 循环的特点

处理阶段是 PDCA 循环的关键。因为处理阶段就是解决存在的问题,总结经验和吸取教训的阶段。该阶段的重点在于修订标准,包括技术标准和管理制度。没有标准化和制度化,就不可能使 PDCA 循环螺旋上升。PDCA 循环可以使我们的思想方法和工作步骤更加条理化、系统化、图像化和科学化。它具有如下特点(图 6-3)。

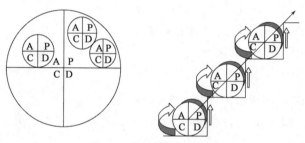

图 6-3　PDCA 循环特点分析

(1)大环套小环,小环保大环,推动大循环。

PDCA 循环作为质量管理的基本方法,不仅适用于整个工程项目,也适应于整个企业和企业内的科室、工段、班组、个人。各级部门根据企业的方针目标,都有自己的 PDCA 循环,层层循环,形成大环套小环,小环里面又套更小的环。大环是小环的母体和依据,小环是大环的分解和保证。各级部门的小环都围绕着企业的总目标朝着同一方向转动。通过循环把企业上下或工程项目的各项工作有机地联系起来,彼此协同,互相促进。在 PDCA 循环中,一般来说,上一级的循环是下一级循环的依据,下一级的循环是上一级循环的落实和具体化。

(2)不断前进、不断提高。

每个 PDCA 循环,都不是在原地周而复始运转,而是像爬楼梯那样,每一循环都有新的目标和内容,这意味着质量管理,经过一次循环,解决了一批问题,质量水平有了新的提高。

(3)门路式上升。

PDCA 循环不是在同一水平上循环,每循环一次,就解决一部分问题,取得一部分成果,工作就前进一步,水平就进步一步。每通过一次 PDCA 循环,都要进行总结,提出新目标,再进行第二次 PDCA 循环,使品质治理的车轮滚滚向前。PDCA 每循环一次,品质水平和治理水均匀进步一步。

5. PDCA 循环步骤

步骤一:分析现状,找出题目。

发现题目是解决题目的第一步,是分析题目的条件。

步骤二:分析产生题目的原因。

找准题目后分析产生题目的原因至关重要,可以运用头脑风暴法等多种集思广益的科学方法,把导致题目产生的所有原因统统找出来。

步骤三:要因确认。

区分主因和次因是有效解决题目的关键。

步骤四:拟定措施、制订计划。

5W1H,即:为什么制定该措施(Why)？达到什么目标(What)？在何处执行(Where)？由谁负责完成(Who)？什么时间完成(When)？如何完成(How)？措施和计划？这些是执行力的基础,尽可能使其具有可操性。

步骤五:执行措施、执行计划。

高效的执行力是组织完成目标的重要一环。

步骤六:检查验证、评估效果。

"下属只做你检查的工作,不做你希望看到的工作。"这句话将检查验证、评估效果的重要性一语道破。

步骤七:标准化,固定成绩。

标准化是维持企业治理现状不下滑,积累、沉淀经验的最好方法,也是企业治理水平不断提升的基础。标准化是企业治理系统的动力,没有标准化,企业就不会进步,甚至下滑。

步骤八:处理遗留题目。

所有题目不可能在一个 PDCA 循环中全部解决,遗留的题目会自动转进下一个 PDCA 循环,如此,周而复始,螺旋上升。

PDCA 传播一种持续改进的文化,在现代社会中得到了广泛的应用,并取得了良好的效果。PDCA 循环也是企业班组管理的基本方法之一。

案例 — 内部员工培训

计划(P):收集培训需求,明确培训目的,确定培训负责人,培训内容,培训师,需要参加培训的人员,时间,地点,培训形式及需要哪些条件,培训资料,策划如何评价这次培训。

实施(D):发通知,确认参加,举办培训,培训记录。

检查(C):通过调查、访谈、测验、实践检验等方式检查是否达到了培训目的,培训安排是否有问题,培训师在内容和形式上有没有需要改进的地方,培训资料是否满足需要,参训人员还有没有其他建议和要求。

处理与改进(A):把成功的和行之有效的地方固化下来,形成标准;把需要改进的地方明确下来,制订改进计划,进入下一个 PDCA 循环。

二、5W2H 分析法

5W2H 分析法又叫七要素分析法。该方法简单、方便、易于理解、使用，富有启发意义，广泛用于企业管理，对于决策和执行性的活动也非常有帮助，有助于弥补考虑问题的疏漏。下面说明 5W2H 法的应用程序。

(1) Why——为什么？为什么要这么做？理由何在？原因是什么？
(2) What——是什么？目标是什么？做什么工作？
(3) Where——何处？在哪里做？从哪里入手？
(4) When——何时？什么时间完成？什么时机最适宜？
(5) Who——谁？由谁来承担？谁来完成？谁负责？
(6) How——怎么做？如何提高效率？如何实施？方法怎样？
(7) How Much——多少？多少程度？数量多少？质量如何？费用产出？

5W2H 法用五个以 W 开头的英语单词和两个以 H 开头的英语单词进行设问，发现解决问题的线索，寻找思路，进行构思。用 5W2H 法提出疑问、发现问题和解决问题是极其重要的。创造力高的人，都具有善于提问题的能力。提出一个好的问题，甚至意味着问题解决了一半。"5W2H"的思维方式，是管理的精确化、数字化，不只限于执行工作指令时有用，还可以运用到管理的一切方面。在你做任何事情的时候，头脑中有"5W2H"的思维方式，能避免在工作中的盲目冲动或感情用事。

三、鱼刺图

1. 鱼刺图概念

"鱼刺图"是一种寻找产品质量问题产生的原因，即分析原因与结果之间关系的图解（图 6-4）。在生产过程中影响产品质量的要素，不外乎人、机器、材料、工艺、环境五个方面，每个方面都有许多具体因素，这些因素又是其他因素的结果。在分析时，要把影响产品质量的各种因素条理化，把原因和结果关系搞清楚。原因部分由大枝（大原因，如人、机器、工艺、材料、环境等）、中枝（中原因）、小枝（小原因）、细枝（更小原因）等组成。通过对原因的依次展开，即把对结果有影响的因素加以分类和分析，并由大到小，由粗到细，直到能直接具体地采取有效的措施解决问题为止。

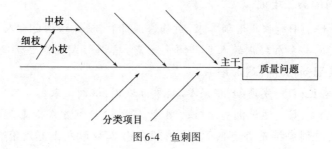

图 6-4 鱼刺图

2. 绘制方法

(1) 确定要分析的问题。

将质量问题写在右边，画出主干，箭头指向右边。

(2)确定造成质量问题的因素分类项目。

例如,分析制造过程中的质量问题,可按影响工序质量的因素——人、机器、材料、工艺、环境等分类,也可按工艺的先后顺序分类。画大枝箭头指向主干,在箭头尾端记上因素分类的项目。

(3)将上述项目分别展开。

中心表示对应的项目中造成质量问题的一个或几个原因,一个原因画一个枝,箭头平行于主干指向大枝,将中枝记在中枝线的上下。

(4)将上述原因再展开,分别画小枝。

小枝为造成中枝的原因。如此展开下去,一直到能够提出有效的解决措施为止。

(5)注明鱼刺图的名称、绘制者、绘制时间、参加分析的人员等。

鱼刺图的图形比较简单,图的质量与追问深度有关,追问越深,探索的原因因素也越细。如果没有一定的技术水平和生产经验,对生产过程没有比较全面、深入的了解,是难以针对存在的问题提出其根源的。因此,这种图最好是集体讨论绘制。不同岗位的工作人员,可以根据自己的经验对影响质量的原因提出不同的认识。大家集思广益,把影响质量的各种主次因素都统一到鱼刺图上来,这样画出的图比较完整,既能群组化,又有连续性,逻辑关系强,能够恰到好处地表达事物内在的原因结构。画好一张鱼刺图,还应注意:原因分析尽可能深入细致,细到可以直接采取措施为止,原因表达简练、明确;确定主要原因后应到现场去进行调查核实,并落实主要原因的项目,然后制订对策加以解决。鱼刺图同样可用来分析其他问题。

🎯 **案例** 一 某城市轨道交通志愿者引发的投诉的原因分析鱼刺图(图6-5)

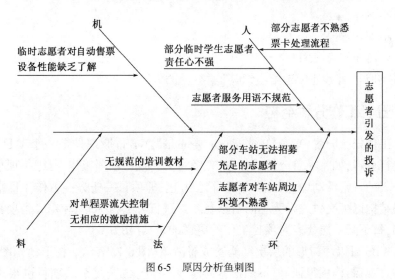

图6-5 原因分析鱼刺图

四、行动后反思

行动后反思(After Action Review,AAR)又称行动后学习或事后回顾,其定义为:

对一事件的专业性讨论,着重于表现标准,使参加者自行发现发生了什么、为何发生、如何维持优点并改掉缺点。行动后反思的目的不是在评定对错、成败与奖惩,而是在于学习。行动后反思与检讨会不可彼此替代,因为二者各有不同的功能。

具体而言,开展行动后反思这样的活动,其层面有二:一是设定层面,谁、在何时、何地、讨论什么、进行多久;二是历程层面,讨论如何进行的程序、促进者(facilitator)如何辅助行动后反思讨论的进行。

AAR 具体步骤和问题设置。

步骤一:讨论行动的意图。

当初行动的意图或目的是什么?当初行动时尝试要达成什么?是怎样达成的?

步骤二:讨论发生了什么。

实际上发生了什么事?为什么?怎么发生的?真实地重现过去所发生的事并不是容易的,人类的知觉与推论有很多偏误,而且不同人所看到的常是不同的。有两个方法是常被使用的:依时间顺序重组事件;成员回忆他们所认为的关键事件,并优先进行分析。

步骤三:讨论从中学到什么。

我们从过程中学到了什么新东西?如果有人要进行同样的行动,我会给他什么建议?

步骤四:讨论如何将学习转化为行动。

接下来我们该做些什么?哪些是我们可直接行动的?哪些是其他层级才能处理的?是否要向上呈报?

步骤五:采取行动。

知识存在于行动中,知识必须通过应用才会发挥效用,必须产生某些改变的行为才是学习。

步骤六:分享。

谁需要知道我们"生产"的上述内容?他们需要知道什么?如何"杠杆性"地把"有用知识"有效地传递给组织其他"有用的人"?

五、工作分解结构

工作任务分解(Work Breakdown Structure,WBS)原理是把一个项目,按一定的原则进行分解,如将项目分解成任务,任务再分解成一项项工作,再把一项项工作分配到每个人的日常活动中,直到分解不下去为止,即项目—任务—工作—日常活动。工作分解结构以可交付成果为导向对项目要素进行分组,它归纳和定义了项目的整个工作范围,每下降一层代表对项目工作的更详细定义(图6-6)。

WBS可以由树形的层次结构图或者清单(图6-7)表示。树形结构图的层次清晰,非常直观,结构性很强,但不是很容易修改,对于大的、复杂的项目也很难表示出项目的全景,一般在小的、适中的项目中的使用较多。

创建WBS过程的五个步骤(以打扫房间为例,图6-8)。

(1)先问:需要干什么?打扫房间——项目。

(2)再问:打扫房间需要做什么?清洁地板、收拾家具、擦窗户、清理垃圾——任务。

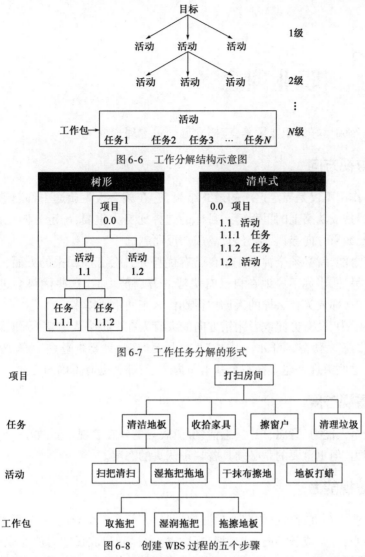

图 6-6　工作分解结构示意图

图 6-7　工作任务分解的形式

图 6-8　创建 WBS 过程的五个步骤

(3) 接着问：如何清洁地板？扫把清扫、湿拖把拖地、干抹布擦地、地板打蜡——完成任务的活动。

(4) 然后问：如何用湿拖把拖地？取拖把、湿润拖把、顺序拖擦地板、洗净拖把、晾晒拖把——湿拖把拖地这项活动的工作包。

(5) 最后问：是否正确和完整？有无遗漏？是否易于分配责任和角色？资源是否很容易确定？工期是否容易估计？任务完成的衡量标准是否清楚？——检验工作分解结构的正确性。

单元6.3 职业理念

员工要养成良好的职业素养,应树立五个关键理念。

一、重视方向

目标的作用不仅是界定追求的最终结果,它在整个人生旅途中都起着重要作用。可以说,目标是成功路上的里程碑。目标的选择比努力重要,确定方向比出力流汗重要。可以说,如果方向错误,越努力,离成功反而越远。

要发挥潜能,就必须全神贯注于自己有优势并且会有高回报的方面,目标能助你集中精力。另外,当你不停地在自己有优势的方面努力时,这些优势会进一步发展。在实现目标时,你成为什么样的人比你得到什么东西重要得多。

现实生活中,没有方向或者跑错方向的大有人在。很多人坚信"天道酬勤""一分耕耘,一分收获""勤奋+汗水=成功""世上无难事,只要肯登攀""笨鸟先飞"等格言,殊不知,这些道理是建立在一个基本前提之上,那就是有正确的方向。

二、重视态度

态度是个人能力、意愿、想法、感情、价值观等的外在表现。要做好一件事,需要具有一定的能力,但更重要的是必须具备端正认真的态度。

三、重视能力

每个职业人在进行自己的职业生涯规划时,一般有三个导向:一是薪酬导向,就是以薪酬为中心;二是成长导向,就是把自己的能力提升和成长空间放在职业选择的首位;三是兴趣导向,就是把兴趣、爱好作为自己职业选择的主要标准。这三种导向没有对错之分,但是作为一个想在职业道路上有大发展的人来说,能力导向应该是第一位的。因为有了能力的依托,薪酬不用担心,也有更大空间选择发展的兴趣。

在职业生涯的初始阶段,懂得投资自己更有意义。无论何时何地,都要把自己的职业成长和能力提升放在第一位。我们要懂得以自己的能力为根本,任何时候都不要忘记提高自己,这样才是真正地为自己积累财富。

案例

很多城市轨道交通运营公司目前处于发展阶段,每年会有很多新人到岗,每年也会因为不同的原因产生很多新的岗位,而在竞聘这些岗位的员工中,尤其是在生产部门,每次竞聘成功的人都是大家公认的在技术上、专业上比较出类拔萃的人员,无论他们是生产岗还是管理岗。因为他们之前积累了经验,提高了自己的能力,没有把着眼点放在薪酬上,而当他们竞聘成功以后,薪酬也自然会随之增加。

职业人士的价值是由市场需求和自己的能力决定的。一个职业人如果缺乏业绩的支持,会随时面临被市场抛弃的可能。因此市场价值是职业人的生命,失去了市场价值,就意味着职业生涯的终结。所以,我们必须树立一个最基本也最重要的理念,即"个人成长第一"。要抓住一切可能的机会,创造一切可能的条件,在职业实践中提高自己。

四、重视团队

一撇一捺两笔相互依靠和支撑便组成了"人"这个字,由"人"字组成的成语也是多不胜数,比如"人才辈出""人单势孤""人多势众""人各有志"等。随着人生经验的丰富,我们对这个字的含义会产生更多、更深刻的理解与诠释。"人"字有两笔,其中一笔是自己,另一笔则是你身边的人。一个人的成功,除了自身的努力外,更离不开周围的人的支持、帮助和辅佐。中华五千年,从历史上看,无论哪一代的君主成就伟业都离不开一群人的支持、辅佐。从企业上来看,一个成功部门离不开员工的努力付出;对于个人而言,正是因为有家人、朋友的支持与帮助,我们才能够安心地投入,实现个人的理想。

团队是由单个个体所组成的。在工作中,每个员工在端正态度、掌握专业技能的同时,更需要具备团队精神,和团队中的其他成员积极协调配合,这样才能把工作做到出色。没有完美的个人,只有完美的团队。曾经有人问一位哲学家:"一滴水怎么样才能够不干?"哲学家回答说:"把它放到大海里去。"这简短的对话揭示了一个深刻的道理:个人与他人之间是相互支撑的,只有得到团队或者别人的支持,才会有无穷的力量。如果没有别人的支持,没有团队每个成员的群策力量,我们就无法克服重重的障碍,闯过道道险关。离开了团队,即使你在困难面前使出浑身的力量,也终究会有枯竭的一天。

案例

在大自然中生存的狼绝大多数是以团体的方式生存的,独狼很难在大自然中生存。以狼猎食为例:在狼群中有严格分工,如侦察、战斗、保护幼狼、指挥等。在猎取食物中,在狼王下达攻击的命令后所有参加的狼都会竭尽全力地战斗。狼正是有这样的团队精神,才在自然界中没有被淘汰。

拿破仑说:"不想当将军的士兵不是好士兵。"一名优秀的员工不仅要有坚定的理想追求和言行一致的德行,还应有勇争第一的精神。其实第一与第二的比较就是一种心态的比较。如果没有积极上进的心态很难在自己的岗位上有所作为和发展。要不断告诉自己第一比第二重要,其实我们可以做得更好,不断地去超越自己,相信在不远的将来我们的工作生活都会发生根本性的变化,曾经的理想将不再遥远。

五、重视情商

情商(Emotional Quotient, EQ)又称情绪智力,是表示认识、控制和调节自身情感的能力。情商主要反映一个人感受、理解、运用、表达、控制和调节自己情感的能力,以及处理自己与他人之间的情感关系的能力。情商所反映个体把握与处理情感问题的能力。情感常常走在理智的前面,它是非理性的,其物质基础主要与脑干系统相联系,大脑额叶对情感有控制作用。心理学家认为,情商包括以下几个方面的内容:一是认识自身的情绪,因为只有认识自己,才能成为自己生活的主宰;二是能妥善管理自己的情绪,即能调控自己;三是自我激励,它能够使人走出生命中的低潮,重新出发;四是认知他人的情绪,这是与他人正常交往,实现顺利沟通的基础;五是人际关系的管理,即领导和管理能力。要善于与人交流,富有自觉心和同理心。自觉心就是中国人常说的"有自知之明",对自己的素质、潜能、特长、缺陷、经验等有一个清醒的认识,对自己在社会工作生活中可能扮演的角色有一个明确的定位,而同理心就是将心比心。

智商(Intelligence Quotient,IQ)是用以表示智力水平的工具,智商的高低反映智力水平的高低。智商主要反映人的认知能力、思维能力、语言能力、观察能力、计算能力、律动能力等,也就是说它主要反映人的理性能力。

某研究机构调查了 188 个公司,研究了每个公司的高级主管的智商和情商对工作的影响力。结果发现:情商的影响力是智商的影响力的 9 倍。李开复说:"情商意味着:有足够的勇气面对可以克服的挑战、有足够的度量接受不可克服的挑战、有足够的智慧来分辨两者的不同。"

单元6.4 职业角色

职业角色(Job Role)是指社会和职业规范对从事相应职业活动的人所形成的一种期望行为模式。简言之就是人们在一定的工作单位和工作活动中所扮演的角色。随着社会的发展,职业角色作为一个最重要的社会角色越来越受到人们的关注。职业角色是以广泛的社会分工为基础而形成的一整套权利和义务的规范、模式。由于社会地位是社会角色的内在本质,因此社会地位的多样性也就决定了社会角色的多样性。职业角色作为社会角色的一种类型,除具有社会角色的一般特征外还具有专门性、相对稳定性、合法性和社会性等特征。要成为职业化的员工,除了要发扬良好的职业道德、培育敏锐的职业意识、修炼积极的职业心态、提升必要的职业能力,还应明确正确的职业角色定位。

一、布置者

对每个人、每个组织、每个民族来说资源都是有限的,比如时间资源也是如此。人类一直追求在有限的资源内,来实现欲望最大化。因此在资源有限的情况下,决策需要博弈。但是在企业里,布置者和执行者之间如果沟通不顺畅,就会使企业效率降低。

布置者在企业中的职位可以是经理、主管,有时也可是一个项目或一个团队的负责人。作为布置者,其个人魅力也是影响工作任务的布置和执行的重要因素之一。一名优秀的布置者应该具有以下几个"力"。

1. 指导力

作为布置者,必须对团队成员负有指导的责任,能够指导员工如何去更好地完成任务,启发员工如何去更好地把个人利益与团队利益、眼前利益与未来利益相结合,如何更好地超越自我,如何更好地规划人生职业生涯。

2. 亲和力

"以人为本"的管理思想,要求布置者从"人性"的角度出发,以"人文关怀"的理念去理解、尊重、培育员工。团队应该是一个和谐的团队,是一个充满激情、充满活力的团队,这就需要布置者具备有较强的亲和力。

3. 权威力

作为任务的布置者,其专业素养和专业可信度都达到较高水平。布置者在发布命令或下达任务时,要具有权威性,否则很难让执行人员认可下达的命令,从而造成下属完成任务不够及时、准确。效率思维要求布置者做每一件事都要考虑依据的充分性与表达的准确性。有精确而完整的细节,往往能提高一件事的成功率。作为布置者要提高自己发布信息的技能,从而提高组织的整体工作效率。

二、执行者

有专家在研究很多企业失败的原因后发现,导致失败的原因往往不是企业战略、营销策略、公司运营机制,而是公司的执行力。团队的执行力取决于团队的执行者,因此,作为团队管理者,始终要以自我为表率,扛起"执行力"大旗,走在团队之前,建立起团队高效的执行力体系。

执行者在面对任务分配紧急、时间紧张等因素制约时,可采用6W3H方法来体现其执行力。6W(即What、When、Where、Who、Why、Which)3H(即How、How many、How much)针对不同的任务进行分解,并最终归纳出任务的核心内容,集中精力解决关键问题。

作为一名优秀的执行者,要有主动积极回应的态度,要确认上司的意图,要有勇气承担做错的事。

三、领导者

所谓领导者就是在一定的社会组织或群体内,为了实现预定目标,运用其法定的职权和自身的影响力,采用一定的形式和方法,率领、引导、组织、指挥、协调下属完成预定任务的活动过程的牵头人或是为首者。

领导是社会管理的高层次劳动。企业领导者的领导工作的过程与管理是一致的,即围绕企业的战略定位,为实现企业某一阶段性的目标任务所采取的方法和措施。

四、监督者

一个企业要发展,不仅需要一支高素质的职工队伍和一个和谐的发展环境,更需要一个能够促进企业发展的长效监督机制。员工,既是企业的被管理者,也是企业的管理者;既是企业的被监督者,也是企业的监督者。

不少人认为企业监督应该由外部进行,其实这一观点是片面的。因为这里的监督不仅是对企业本身,还包括了对团队内各成员是否完成自身职责进行考量,以及相应的奖惩手段。因此如果缺乏行之有效的监督机制,那么一个企业只能退化成为成员不负责任地捞取个人利益的工具。

监督作为一种协作手段,其作用之一是处理好成本和收益的关系。用经济学的概念来解释:即任何理性的人,都希望以最小的成本来达到最大的收益。反映在一个大的项目组中,即项目组中的任何成员都想花费自己最少的精力来完成既定的任务,而他们节约自己工作成本的方式,就是让其他组员承担原本须由自己完成的工作。因此,如果缺乏有效的监督,就会导致所有项目组成员都偷工减料,从而使该项目彻底失败。

五、训练者

在企业的工作团队中,多数的员工并不是在一个知识平台上互补,他们在思维方式的基础层面上就存在差异。如果员工在学习对只以记忆为目标,而不对知识进行整合并在企业中加以运用,学习的效果将不适应企业发展需求。这样的学习不能改变已有的局面,即只有少数人,也只能够由这些少数人进行思考和决策。这会造成智力资源的浪费。

从员工成长的角度进行训练,最好的方法是使每一个员工在规划职业生涯的同时还要打造自己的学习生涯规划,通过学习生涯规划制订一个学习与成长的路线,让自己具有成长和改造环境所需要的能力。学习和训练是终身的,训练者的角色是贯穿职业生涯始终的。训练者角色在职业化员工的职业生涯中贯穿始终,可以让员工具有能力借助集体的力量,不断地提升自身能力,进而助力企业发展。

六、调配者

调配者不仅要关注企业里的岗位和工作,而且还要关注员工的能力和行为,用有形的劳动契约与无形的心理契约双重纽带把员工与企业紧密地联系起来,在企业里实现人与人、人与岗位、岗位与岗位、人与企业的相互匹配。

下面以班组长为例介绍调配者。班组是企业的最小生产单位,无论什么行业、工种,它的共同特点就是拥有共同的劳动的手段和对象,直接承担着一定的生产任务。班组长是企业中人数相当庞大的一支队伍,班组长综合素质的高低决定着企业的政策能否顺利地实施,因此班组长是否尽职尽责至关重要。班组长的职责主要包括:人员的调配、排班、勤务、考勤、员工的情绪管理、生产现场的卫生、班组的建设等。生产管理职责包括现场作业、人员管理、产品质量、制造成本、材料管理、机器设备保养等。班组长还应及时、准确地向上级反映工作中的实际情况,提出自己的合理建议,做好上级领导的参谋助手。班组管理是指为完成班组生产任务而必须做好的各项管理活动,即充分发挥全班组人员的主观能动性和生产积极性,团结协作,最重要的就是合理地组织和调配人力、物力,充分地利用各方面信息,使班组生产均衡有效地进行、产生"1+1>2"的效应,最终做到按质、按量、如期、安全地完成上级下达的各项生产计划指标。

七、支持者

团队目标的实现需要员工的相互支持和全力以赴,而仅靠商业契约或劳动合同是难以达到的。那么,还需要注重心理契约的建立。所谓心理契约是指对一系列相互的心理期望的理解与认可,这些期望是契约双方相互知觉但非明确表达的一种心理需求,他包含了甲乙双方的心理期望。

我们看与团队相关的两个英文词:Team 和 Teamwork,这两者具有不同的含义,前者是指一群人为了共同的目的而合作;后者是指可以发挥创造性,并维持信任、支持、尊重、相依和合作的环境和氛围的群体。

支持者的角色离不开团队。员工进入支持者的角色,首先需要团队建立共同的有价值的远景。远景必须能够振奋人心,启发智慧,还要符合员工的价值观,并具有挑战性。此外,还要有凝聚力的领导核心。一位有凝聚力的团队领袖对员工进入支持者的角色来说至关重要。优秀的管理者能够培养团队成员之间的信任、尊重和支持,因此他能够将团队成员变成追随者和支持者。

◎ **案例**—《西游记》中的人物角色

唐僧是领导,是管理者,应当说是四人中最关键、最受尊重的人,他事业心极强,非常执着;孙悟空是开拓进取型的员工;猪八戒是懒散型的员工;沙和尚是忠实员工。

　　唐僧只要还有一口气,那就是向西、向西、向西!这体现了团队目标对他的支持。孙悟空争强好胜的个性和超强的本领,是除魔降妖的力量支持;猪八戒虽然馋吃懒干,但却常打诨逗趣,是不可缺少的活跃团队氛围的支持者,要是没有他,西天的路上是何等的无趣,当然他也能干具体的活,比如挑担、降妖。沙僧虽然没有多大的能耐,但他不和他人争风邀功,很随和,组织中必须有这样老黄牛的人提供各项基础的支持工作。

八、传播者

　　传播活动实质上是一个由传播主体(传播者)运用共同享有的符号、系统、媒体(统称媒介),将信息传递给传播受众(传播客体、传播对象),并接受其反馈的过程。

　　企业这一特殊组织,需要进行对外传播活动,其中企业文化传播是其重要的内容。全面、准确地对外展示、传播本企业的文化,最终在社会公众心目中留下一个美好印象,塑造兼具文明度、知名度和美誉度于一体的企业形象,对企业发展意义重大。

　　企业的文化与企业每个人都息息相关。每个员工都是企业文化的传播者。对于城市轨道交通企业来说,更好、更快、更舒适、更安全不是讲出来的,是勤勤恳恳、踏踏实实做出来的。每个人尽到岗位责任,才能保证行车的安全。

九、协调者

　　协调是一门学问,也是一门艺术。协调者的作用在某种意义上来说近乎沟通者、理解者。对城市轨道交通企业来说,其成长与壮大需要协调和处理好来自各个方面的因素。就城市轨道交通企业票务中心与站务中心的市场化运作模式的探索及其将来的合作来说,需要协调的因素就很多,包括责权的分配、利益的分配等。票务中心与站务中心在某种意义上来说是一个利益共同体,票务中心为站务中心提供及时、迅速、优质的设备维修保养服务,站务中心购买其服务并对其维修过程和维修效果进行监督和管理。这就是一个相互协调的过程,票务中心与站务中心双方都是协调者。

复习与思考题

1. 什么是 PDCA 循环?它有哪些特点?
2. 5W2H 的内容有哪些?
3. 鱼刺图的绘制步骤是什么?
4. 如何开展 AAR 活动?
5. 职业员工应树立哪些观念?
6. 职业员工转变的关键有哪些?
7. 如何理解情商比智商重要?
8. 如何理解团队比个人重要?
9. 作为城市轨道交通职业员工应具有哪些职业角色?

参 考 文 献

[1] 刘兰明.职业基本素养[M].北京:高等教育出版社,2019.
[2] 李昊轩.思想力[M].北京:中国华侨出版社,2008.
[3] 徐新玉.城市轨道交通运营管理规章[M].3版.北京:人民交通出版社股份有限公司,2020.
[4] 人力资源和社会保障部,交通运输部.城市轨道交通列车司机国家职业技能标准[M].北京:中国劳动社会保障出版社,2020.
[5] 人力资源和社会保障部,交通运输部.城市轨道交通服务员国家职业技能标准[M].北京:人民交通出版社股份有限公司,2020.
[6] 南京地铁运营分公司.地铁运营职业化员工读本.南京:南京地下铁道有限责任公司运营分公司,2009.
[7] 李霞.大学生礼仪指导与训练[M].北京:首都经济贸易大学出版社,2009.
[8] 丁晓昌.职业素养职业能力考试指南[M].南京:南京大学出版社,2017.